组合市场决策的
库存与供应链管理研究

魏 莹 著

科 学 出 版 社
北 京

内 容 简 介

本书将市场营销决策引入传统的库存和供应链模型，探讨企业库存控制、供应链管理和市场营销交叉学科的一系列问题。这些问题的共性在于：企业制定组合的市场和库存决策，一方面通过市场策略影响需求，另一方面通过库存决策满足供给以达到利润最大。本书分别选取具有代表性的日常化的市场策略作为决策变量，如价格、促销、货架展示、促销努力、商品选品等，主要从三个部分探讨组合优化决策：组合市场决策的无限规划周期库存优化模型研究、组合市场决策的供应链优化模型研究，以及基于互联网电商平台的商品组合与订购的联合决策研究。研究成果既是对传统库存、供应链研究的深层次延伸，具有理论意义；又为在竞争激烈、快速多变的市场环境下解决现代企业面临的组合市场决策和库存管理的问题提供理论依据与管理启示。

本书可以作为高等学校管理科学与工程、工商管理、物流与供应链管理、市场营销、工业工程、应用数学等专业的研究生和高年级本科生的参考书，也可供以上有关专业的教师、研究工作者以及企业管理人员阅读和参考。

图书在版编目（CIP）数据

组合市场决策的库存与供应链管理研究 / 魏莹著. —北京：科学出版社，2018.12

ISBN 978-7-03-054048-5

Ⅰ. ①组⋯ Ⅱ. ①魏⋯ Ⅲ. ①库存–研究 ②供应链管理–研究 Ⅳ. ①F253 ②F252.1

中国版本图书馆 CIP 数据核字（2018）第 182628 号

责任编辑：李 莉 / 责任校对：贾娜娜
责任印制：张 伟 / 封面设计：无极书装

科 学 出 版 社 出版
北京东黄城根北街 16 号
邮政编码：100717
http://www.sciencep.com

北京盛通商印快线网络科技有限公司 印刷
科学出版社发行 各地新华书店经销

*

2018 年 12 月第 一 版　开本：720×1000　1/16
2018 年 12 月第一次印刷　印张：11 3/4
字数：240 000

定价：96.00 元
（如有印装质量问题，我社负责调换）

前　　言

近二十年来，随着科技的进步和发展，企业能够以更低的成本、更多更新的营销手段吸引顾客，从而能够改进对需求的预测和操控，也可以更好地利用顾客信息从供给端改善生产或服务。实践中企业采用组合市场和运营的联合决策方式，例如，零售企业根据超市库存状态决定是否促销产品；航空公司和酒店根据客户群体及库存进行区别定价与销售以最大化企业利润；电商平台随时间以及库存状态不断对商品价格进行调整，等等。

基于以上商业实践，本书从学术研究的视角，探讨企业在不同商业情景和模型下，以最大化企业的整体利润为目的，如何制定组合市场决策的库存优化决策，进一步延伸到在供应链环境下如何制定组合市场决策的供应链优化决策，以最大化供应链成员以及供应链整体的利润。

本书将市场营销决策引入传统的库存和供应链模型，探讨企业库存控制、供应链管理和市场营销交叉学科的一系列问题。主要从以下三个部分进行探讨：组合市场决策的无限规划周期库存优化模型研究；组合市场决策的供应链优化模型研究；基于互联网电商平台的商品组合与订购的联合决策问题研究。

本书主要内容来源于作者多年来在组合市场与库存决策模型和方法方面的研究成果。在研究过程中，作者参阅了大量国内外有关文献和书籍，也得到了不少前辈和同行的帮助，特别是香港城市大学陈友华教授、严厚民教授和四川大学特聘教授冯有翼，在此表示衷心的感谢。借此作者也对那些直接或间接对本书有帮助和贡献的学者及同行表示诚挚的谢意。

此外，本书的写作和出版得到了国家自然科学基金（编号：71101063、71572070）、中央高校基本科研业务费专项资金项目（暨南启明星计划）（编号：15JNQM003）、广东省教育厅特色创新类项目（人文社科类）（编号：2015WTSCX005）、暨南大学"杰出青年学者"支持计划、暨南大学管理学院重点学科建设育题基金等的资助。在本书撰写的过程中，作者受国家留学基金管理委员会资助、受美国哥伦比亚大学商学院终身讲席教授（MUTB Professor of International Business）陈方若邀请在哥伦比亚大学商学院访问一年。在此期间，作者有幸得到名师指点，感受到名校开放、浓郁的学术氛围，结识了诸多良师益友，见识到纽约大都市动感、璀璨的一面，受益良多，衷心感谢陈方若教授，以及暨南大学管理学院同事的帮助和支持。

本书的完成还要感谢作者的学生熊礼洋、洪俊杰的贡献，以及周淼、张晓乐、黄丽、熊思佳、苏昱瑜、杜倩等帮助录入、排版和校对。科学出版社李莉编辑为本书的顺利出版做了大量细致的工作，作者谨借此机会表示感谢。最后，感谢家人对我工作的默默支持和包容。

由于作者水平有限，书中难免存在不足之处，敬请广大读者和同行专家不吝指正。

作　者

2018 年 2 月于暨南园

目　　录

前言

第一篇　基　础　篇

第1章　绪论 3
1.1　库存管理 4
1.2　供应链管理 6
1.3　组合市场决策的库存与供应链管理 8
1.4　研究问题与研究意义 11
1.5　库存模型的基本特征和分类 12
1.6　本书的结构 14
参考文献 15

第2章　组合市场决策的库存管理研究现状与方法 16
2.1　组合定价的随机库存模型 16
2.2　需求受市场决策影响的供应链研究 21
2.3　组合其他销售杠杆的库存和供应链模型 23
2.4　需求受库存影响的库存和供应链研究 25
2.5　本书主要贡献 27
参考文献 27

第二篇　组合市场决策的库存模型

第3章　组合市场决策的无限规划周期库存管理研究：延期交货 35
3.1　概述 35
3.2　模型描述与假设 35
3.3　优化 (s,S,z) 策略 44
3.4　(s,S,z) 策略的最优性条件 57
3.5　本章小结 63
参考文献 64
附录 64

第4章 组合市场决策的无限规划周期库存管理研究：销售丢失 70
- 4.1 概述 70
- 4.2 销售丢失和延期交货之间的差异 70
- 4.3 特例：组合定价的库存模型 71
- 4.4 一般销售杠杆 78
- 4.5 本章小结 79
- 参考文献 79

第5章 组合市场决策的无限规划周期库存管理研究：数值分析 81
- 5.1 概述 81
- 5.2 组合一般销售杠杆的库存模型 81
- 5.3 组合定价的库存模型 89
- 5.4 本章小结 96
- 参考文献 97
- 附录 97

第三篇 组合市场决策的供应链模型

第6章 需求受价格和促销投资费用影响的供应链优化决策研究 103
- 6.1 概述 103
- 6.2 模型描述与假设 103
- 6.3 批发价契约下的供应链优化决策 105
- 6.4 收益共享契约下的供应链优化决策 106
- 6.5 比较及分析 107
- 6.6 本章小结 107
- 参考文献 108
- 附录 108

第7章 需求受价格、促销和货架展示量影响的供应链优化决策研究 111
- 7.1 概述 111
- 7.2 模型描述与假设 112
- 7.3 收益共享契约下的供应链优化决策 113
- 7.4 批发价契约下的供应链优化决策 117
- 7.5 数值分析 120
- 7.6 本章小结 123
- 参考文献 124
- 附录 124

第四篇 商品组合与订购联合决策研究

第 8 章 商品组合与订购问题描述 ·················· 133
    8.1 研究背景与问题概述 ·················· 133
    8.2 相关理论与文献 ·················· 136
    8.3 商品组合与订购联合决策问题描述 ·················· 139
    8.4 本章小结 ·················· 141
    参考文献 ·················· 141

第 9 章 基于商品组合的消费者选择与需求预测 ·················· 143
    9.1 模型描述与假设 ·················· 143
    9.2 不考虑替代性的消费者选择及需求预测 ·················· 145
    9.3 考虑替代性的消费者选择及需求预测 ·················· 151
    9.4 本章小结 ·················· 154
    参考文献 ·················· 154
    附录 A 商品基础需求量的计算 ·················· 155
    附录 B 商品替代系数的计算过程 ·················· 162

第 10 章 商品组合与订购联合决策求解 ·················· 165
    10.1 基于遗传算法的商品组合与订购联合决策求解 ·················· 165
    10.2 不同方案分析与比较 ·················· 169
    10.3 本章小结 ·················· 175

第五篇 总 结 篇

第 11 章 总结与展望 ·················· 179

第一篇 基 础 篇

第1章 绪　　论

　　企业组织有三项基本职能：生产运作、市场营销以及财务。生产运作是一项最基本的职能活动。企业投入大量人力、物力及财力生产和制造社会需要的产品、提供顾客需要的服务。有效的生产运作对于提高企业的经济效益至关重要。市场营销的职能在于发现与挖掘顾客需求，让顾客了解企业的产品和服务，实现产品和服务从企业到顾客的转换，从而为企业带来收入。生产运作与市场营销需要资金支出，财务的职能在于为企业筹集资金并合理地运用资金。

　　这三项基本职能相互依存。发现需求为生产运作提供方向，即便具备生产和制造的能力，如果没有市场，其也不能转化为企业的收入来源；有了资金和市场，企业如果缺乏制造和生产能力，也不能满足顾客和市场的需求；具备市场和生产能力，如果缺乏资金保障，无法实现正常的运作流程，企业也不能有效地将产品转化成收入。传统企业管理中，这三项职能由不同的业务部门承担，决策彼此独立。

　　生产运作管理中，物资存储是满足生产制造、服务提供和配送等活动的一项必不可少的要素。考虑到物资占用大量流动资金，存储过多会导致资金浪费，存储过少会导致缺货，不能满足顾客需求并实现价值转化，合理的物资存储控制对于企业来说非常重要。库存管理主要研究如何有效地制定产品库存决策以保障生产运作和服务提供，隶属于生产运作职能的一部分，库存管理通常以库存成本最小化为目标，以"何时订购？""订多少货？"等为基本决策。

　　另外，市场营销管理侧重于如何更好地收集顾客信息、了解顾客需求、推广和销售产品与服务。常用的市场营销手段包括动态定价、促销、销售努力、展示等。传统企业管理中市场营销决策由市场部门决定，以促进销量为目的；而库存的控制和管理由运营部门负责，以降低成本为目的。考虑到如果需求增加，企业必须事先配置足够的库存以满足消费者，从而实现价值转化。如果部门单独制定决策、各自为政，势必忽略提升企业整体利润才是最终目的。

　　近二十年来，随着科技的进步和发展，企业能够以更低的成本，更准确地收集顾客信息，采用各种新的营销手段了解并获知顾客的信息，一方面能够改进对需求的预测；另一方面可以更好地准备物资进行生产或服务。注意到运营与营销职能的相互依存关系，企业开始采用一种新型的组合市场和库存的决策方式。例如，零售企业，如沃尔玛，根据超市库存状态决定是否将产品降价或者以展示的方式进行促销；类似地，在线商城唯品会根据库存状况以及与供应商的契约决定是否以特卖或团购的方式促销商品；戴尔公司一方面采用"按订单生产"的模式降低生产运营成本，另一方面按照客户群体进行区别定价以最大化企业利润；天猫和淘宝卖家在"双十一"之前，准备好库存和物流设备以应对未来的需求剧增；在电商平台，如京东商城和亚马逊上，常见消费品的价格随着时间以及库存状态不断发生变化，等等。

基于以上商业实践，本书从学术研究的视角，探讨企业在不同商业情景和模型下，以最大化企业的整体利润为目的，如何制定组合市场与库存的优化决策，进一步延伸，在供应链环境下如何制定组合市场决策的供应链优化决策，以最大化供应链成员以及供应链整体的利润。

1.1 库存管理

1.1.1 库存的基本概念

库存是社会经济活动中的一部分。随着生产现代化程度的提高和企业间竞争的日益激烈，为了保障生产和经营活动的有序进行，企业往往需要储备一定数量的物资。例如，东莞的富士康工厂为了保证生产的正常进行，需要储备一定数量的电子元器件和半成品；麦德隆大卖场为了满足零售顾客的需求，需要储备足够的商品；京东商城为了快速配送货品到顾客手中，需要设置各级仓储中心，并保证货源充足；银行为了正常地服务顾客，每天需要准备足够的现金等。如果没有库存，企业组织将无法正常运作。

在许多行业中，库存是最主要的成本之一。在美国，每年有高达1万多亿美元花费在库存上。有效的库存管理对于企业和供应链非常重要。库存是指在企业生产和物流渠道中存储的原材料，零部件，在制品，成品，维护、维修、操作（maintenance，repair and operations，MRO）物料，以及在途商品等的总和。其中原材料、零部件库存来源于供应商，由企业组织存储以备生产运作所需。在制品库存指企业组织内部各个环节之中操作使用的半成品库存。成品库存，也称为制成品库存，是指完成生产制造准备发往顾客的产品储备。MRO物料对生产运作起支持作用，但是不属于最终产品的一部分，如生产设备的零部件、办公用品等。原材料、零部件以及在制品库存等为保证生产的持续性提供储备。成品库存为满足未来的需要提供储备。

1.1.2 库存的作用

库存的基本作用主要包括以下两方面。

（1）库存缓解需求的不确定性。下面举一个简单的例子。"双十一"购物节即将来临时，消费者利用商家大幅度降价促销的机会进行采购。对于顾客来说，他们希望一旦下单就可以尽快得到自己心仪的物品；但是对商家来说，生产和采购商品需要一定时间，而且商家无法事先知道有多少顾客、将会购买多少商品。面对这种需求和供给的不匹配，就要求商家提前安排生产，准备好商品并放在仓储中心以尽快配送给顾客。这些事先准备好的商品就成为消化需求不确定性的缓冲器。近些年随着产品生命周期的缩短、企业间竞争的加剧，需求的不确定性增加，库存作为缓冲需求的必要因素，其重要性不言而喻。

（2）库存也能缓冲供给的不确定性带来的供需矛盾。例如，企业通过准备安全库存以缓解由地震、海啸等自然灾害或者社会动荡导致的供给中断；通过在制品、成品库存以应对供给时间和供应数量的不确定性等。

库存为持续生产提供保障，确保工序作业活动的独立性。企业生产流程通常可以分解为多个相对独立的工序。每个工序可能有不同的生产批量。要使各个工序活动可以独立运作，降低相邻工序之间的相互关联，避免其他工序的故障或者其他原因导致生产中断，一种有效的方法是储备一些上游工序的在制品库存。

总体说来，库存的基本作用在于为需求和供给提供缓冲，这种缓冲有利于平衡供需关系，缓解供需矛盾。此外，企业可以从大批量订购中获取利润，如要求更多的折扣以降低整体订购成本，整车运输以降低运输成本。也有企业投资库存并将其视为一种投机手段，如在市场价格比较低的时候大量购入大宗原材料商品，如大豆、钢铁等，在市场价格高的时候高价卖出以赚取差价。本书仅讨论库存的基本作用，并仅限于对需求的不确定性的缓冲作用。

1.1.3 库存控制

在社会经济活动中，储备库存能够更好地满足客户需求，保障生产的可持续性和独立性。一方面，持有库存需要投入资金，过量库存容易导致企业现金流不健康，也容易导致库存积压，形成呆滞库存。另一方面，库存过少导致缺货、销售减少、顾客满意度下降、生产供给不足、利润下降等。因此，合理的库存控制是企业面临的一个基本的、重要的运营问题。

但是，匹配供应与需求是一个非常大的挑战，在正确的时间、正确的地点持有合适数量的库存非常困难，如以下几种情况。

1993年，预测到即将到来的亏损后，戴尔公司的股票价格迅速下跌。戴尔公司承认实际需求远远低于预测需求，这直接导致其库存的账面减持。

1994年，低效的库存管理导致IBM公司陷入ThinkPad生产线不足的困境。

1997 年，波音公司宣布，由于原材料短缺、内部及外部零件短缺以及生产力的低效率，账面亏损 26 亿美元。

2001 年，思科公司因为销售下降导致 22.5 亿美元的过剩库存（大卫·辛奇-利维等，2010）。

2011 年突如其来的行业寒冬对李宁公司造成了巨大的打击，2012～2014 年，李宁公司存货分别为 9.2 亿元、9.42 亿元、12.89 亿元；在此期间，其分别亏损 19.79 亿元、3.92 亿元、7.81 亿元，三年累计亏损 31.52 亿元（新华网，2016）。

以上例子提出了库存管理的两个重要问题。由于大多数情况下，需求是不确定的，如何根据不确定需求确定库存的决策，订购量应该大于、等于或者小于预测的需求？另外，是否存在一些手段或者方法能够操控需求，并且调整库存量以应对需求的变化？传统随机库存模型研究为第一个问题提供方法，组合市场决策的库存研究为第二个问题提供思路。

1.2 供应链管理

1.2.1 供应链的基本概念

随着全球市场竞争越来越激烈，新产品的生命周期越来越短，顾客期望值越来越高，企业需要以更低廉的价格、更快的配送速度满足顾客需求，这些因素促使企业从关注自身内部运营转移到关注供应链的有效运作。一个典型的供应链系统包括供应商、制造商、仓储与配送中心以及面向消费者的零售商。物资从原材料形态开始，经过生产加工和运输，在各个供应链节点之间流动，最终到消费者手中。与之对应的是相关信息的流动，如订单信息、库存信息等的流动，以及资金的流动。供应链系统的"三流"包括：物流、信息流以及资金流。图 1.1 显示了一个供应链系统的典型架构。

供应链系统的有效管理对于帮助企业降低成本、提升服务、提高自身竞争优势非常重要。什么是供应链管理？本书沿用如下定义：供应链管理是一系列有效组合供应商、制造商、仓储以及零售商的方法，其使得商品能够以正确的数量，在正确的时间、正确的地方进行生产及配送，从而最小化整个系统成本，同时能够满足一定的服务水平（大卫·辛奇-利维等，2010）。

该定义显示了如下内容。

（1）供应链管理包含对多个供应链节点的管理。供应商、制造商、零售商甚至消费者都属于供应链的一部分，对供应链绩效产生影响。

（2）供应链管理的目标是整个系统的效率和成本最优。要用系统的方法对供应链进行控制，而不是仅限于局部或者某个节点的最优。

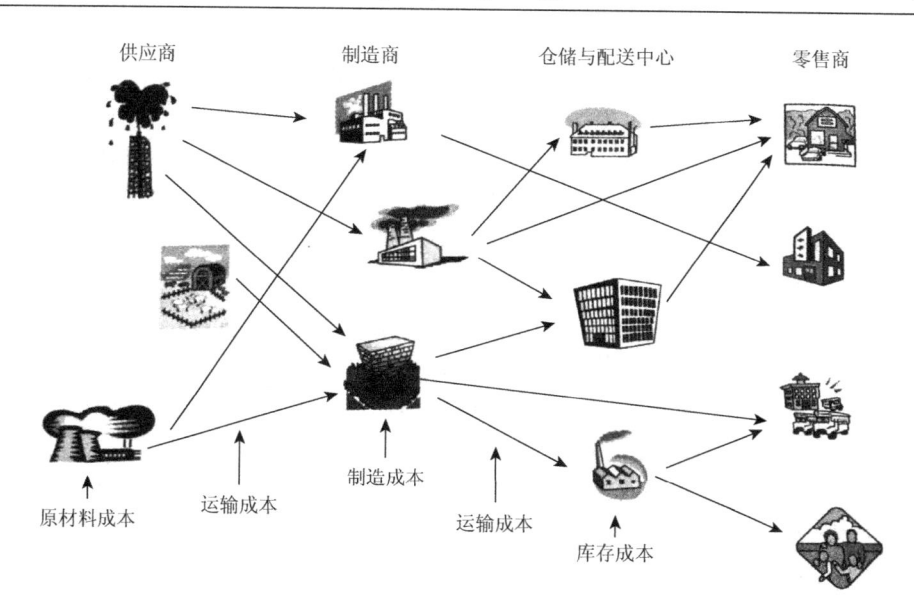

图 1.1　一个供应链系统的典型架构（大卫·辛奇-利维等，2010）

（3）供应链管理是对供应链系统各个节点决策的有效集成，其内容覆盖企业战略、战术，以及运作层面的活动。

1.2.2　供应链决策与契约管理

在竞争激烈、复杂多变的市场环境下，优化供应链管理决策存在诸多挑战，如需求不确定的风险、外包导致的供应风险、供应链成员的信息不对称、供应链成员的利己行为和供应链管理的整体优化目标发生矛盾等。

供应链环境下，库存管理从单纯的传统意义上的企业内部成本控制，进一步外延至与供应链其他企业发生联系。以制造企业为例，其发展出与供应商相关的供应商库存管理；与零售商相关的不同契约，如收益共享契约、回退契约下的库存管理等。狭义的库存管理已经不能胜任，而是应拓展到不同的供应链契约下的供应链环境下的库存管理。库存战略因此成为企业供应链战略的一个重要组成部分。

供应链成员在利己驱动下，以最大化自身利益为目标制定决策，而偏离供应链整体利益最大化的最优决策，由此导致整个系统绩效低下。如何通过制定合理的激励机制，以促使供应链成员制定的决策与供应链系统最优决策相一致，实现供应链协同，这是供应链契约管理研究的内容。

Cachon（2003）回顾和探讨了供应链契约管理的相关理论与文献，以一个制造商和一个零售商组成的简单二级供应链为对象，制造商生产制造产品，零售商从制造商处批发商品并在终端市场面向消费者进行销售,典型的供应链决策如下。制造商首先制定契约,其中标明批发价格以及其他要素;面向终端需求,零售商根据契约决定并提交订购量,付出相关成本;制造商根据零售商订购量生产产品并配送;零售商满足顾客需求并获得利润。

最简单的契约仅包含批发价格要素,称为批发价契约。现有研究表明,批发价契约下,零售商的利己最优订购量低于供应链系统的最优订购量,不能实现供应链协同,这种现象称为"双重边际效应"。为了促使零售商的利己最优订购量和供应链系统的最优订购量一致,制造商可以在契约中加入一些其他要素,如承诺以合适的价格回购零售商未能卖出的商品,用以促进零售商增加订购量,称为回购契约;或者以低于制造成本的批发价格刺激零售商订购,与此同时,通过分享零售商商品销售的收益补偿制造商,称为收益共享契约,或者分享零售商的利润,称为利润共享契约;或者设计数量折扣契约,对于零售商不同数量的订购量,制造商制定不同的批发价格,通常订购量越高,批发价格越低,从而促使零售商多订购。

本书仅探讨制造商与零售商之间的契约和库存管理问题,不考虑供应链管理的其他重要问题,如供应风险以及信息不对称问题等。有兴趣的读者可以参阅 Graves 和 de Kok(2003)的文献。

1.3 组合市场决策的库存与供应链管理

以零售企业为主要研究对象,本书侧重探讨面向终端消费者的零售商制定的市场决策。但是其研究方法和主要结论同样适用于制造商或供应商面向企业客户的营销决策。

零售业是我国近年来经济发展中增长最快、市场化程度最高、竞争最为激烈的行业之一。根据国家统计局数据,2016 年全年社会消费品零售总额为 332 316 亿元,比上年增长 10.4%。快速平稳增长的同时,零售业竞争激烈,几乎已经达到白热化的程度。如何采用有效的方法吸引顾客、提高销售量、增加获利空间、提高顾客满意程度从而提升市场竞争力成为零售商非常关注的问题。

零售企业服务于终端消费者,零售企业从生产企业或者批发企业购进商品,再通过百货店、专卖店、超市、网上商城等各种渠道进行销售。由于消费者的购买决策受到市场环境、营销手段、产品特点,乃至个人偏好等诸多因素影响,企业面临的市场风险大,总量需求通常难以预测,并且不确定性大。如何合理地设置存货水平从而更好地匹配市场需求,这是每一个零售企业都面临且急需解决的重要问题。

现实生活中,零售商运用各种市场策略吸引顾客以增加销量,从而获取更多的收益，或赢得更大的市场份额。常见的方式包括动态定价、价格促销、货架展示、捆绑销售等。

动态定价是指商家根据市场响应和需求的不确定性调整价格，从而使得收益达到最大化的一种定价策略。现代技术进步和互联网电子商务平台使得商家方便和及时地掌握需求的变化，同时大大降低了动态定价的成本，所以动态定价成为现代零售业最常用的一种市场策略。

现实中存在诸多动态定价的典型实例。例如，航空公司根据时间以及所剩舱位的数量（舱位数量可以视为库存的多少）频繁地更改机票价格。通常来说，距离航班时间越短，机票价格越贵；所剩舱位数量越少，机票价格越贵。但是到"最后一分钟"（如航班前一天）航空公司往往以非常低廉的价格售卖机票以清舱。类似的动态定价策略在旅游业、酒店业、电商平台也经常能观察到。戴尔公司网站利用动态定价区分客户群体，配置完全相同的计算机视购买用户是私人用户、中小企业或大企业用户、政府用户、教育部门以及健康行业用户不同而标价不同。图1.2列出了美国亚马逊电商平台上，乐高某型号（LEGO Minecraft The Wither 21126（B01AW1R0TK））儿童组装玩具2016年3月1日～2018年1月4日的价格变化。

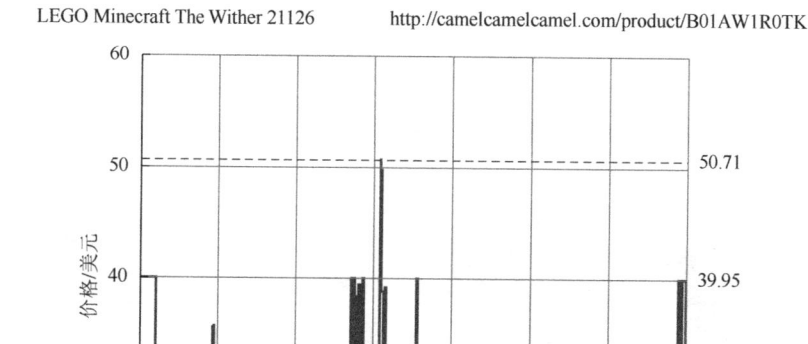

图1.2 美国亚马逊电商平台乐高某型号价格变化图

与动态定价不同，价格促销提供临时性价格优惠给消费者，通常会导致明显的短期销售高峰（Blattberg and Neslin，1993）。价格促销方式广泛应用在各个消费品零售行业。常见受欢迎的价格促销包括折扣、优惠券和代金券等。一个典型应用是服装行业。时装商品由于季节性变化大（每一年在米兰、纽约、伦敦、上海等主要城市都有时装周，发布未来销售季节的最新流行款式），销售季节相对较短，而产品设计、生产周期相对较长，零售商必须远在销售季节开始之前决定订购量。如果订购量过少，则供不应求，企业将承担收益降低的风险；反之，订购量过多，则供过于求，企业将承担成本增加的风险。因此，企业经常在销售季节末尾采用"季节清货"的策略清空剩余库存。在欧洲，每年夏季 7 月和冬季 12 月是固定的折扣季节。在美国，每年 11 月底感恩节前的"黑色星期五"标志着一年最大折扣季节的开始。在中国，每年"五一""十一"和新年假期商家都提供大幅度的折扣。此外，商家也经常使用一种变相的价格折扣方式：优惠券和代金券。优惠券和代金券一方面可以刺激价格敏感型消费者，另一方面也增加了用户的黏性与忠诚度，如美国最大的百货公司梅西百货公司会长期为会员提供八折优惠券。

货架展示（in store display）对产品销售也有显著影响（Blattberg and Neslin，1993）。对于实体零售店，商品在店内摆放的位置、货品量，以及促销力度等对于其销量的影响非常大。商场入口和邻近收银台位置的货架往往更容易受到顾客关注，从而增加销量。类似地，在电商平台上，根据关键字搜索，排列结果在前面的商品能够得到用户更多的关注，从而增加销售量。货架展示也经常和价格折扣等其他促销方式一起使用。图 1.3 给出了京东商城上搜寻"电饭煲"列出的商品结果。

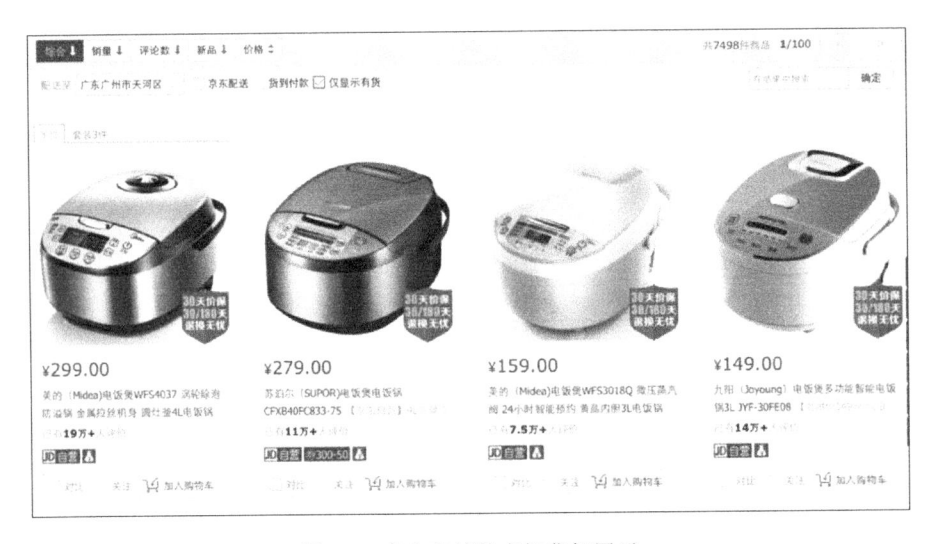

图 1.3　京东商城的虚拟货架展示

此外，商家经常将不同商品捆绑销售，或为消费者提供可选的捆绑增值服务（bundled value-added service）从而提高产品销量。捆绑增值服务项目包括购买家用电器免费或低价收费安装、延长产品保修期，电信公司为消费者提供智能手机和上网捆绑服务等。如图 1.3 所示，购买"电饭煲"类产品时，京东商城提供 30 天价保、30/180 天退换无忧的服务保障。

综上所述，随着竞争越来越激烈，零售商为促进销量采用各种市场手段。现代科技进步下电商和移动电商平台的大规模使用，一方面使得商家的定价、促销、展示等市场决策的沉没成本大幅减少，而让这些市场决策频率趋于日常化（经常性决策）；另一方面，顾客获取市场信息的成本也大幅度降低，从而降低用户的"负效应"，增大其购买的可能性。从需求的角度来看，这意味着企业可以更灵活地利用日常化的市场决策影响并增加销量；从供给的角度来看，企业同时必须提供匹配的库存以满足市场需求，从而使得利润最大化。

显然，这些市场策略的成功运用与商品库存控制密切相关，而这种市场策略和库存控制相互协调的模式显然已经超出传统运营部门的责权范围，所以要求企业内运营部门和市场部门通力合作、联合决策。

在供应链环境下，一方面，零售商提供各种市场营销手段以促进销量；另一方面，实施营销需要成本，如何和制造商一起分担成本、如何分配营销决策，以及如何和制造商分享利益，对应地，制造商如何制定合理的契约以优化成员和供应链决策等，这些问题隶属于组合市场决策的供应链决策的研究内容，也是本书关注的内容。

1.4 研究问题与研究意义

本书隶属于运作管理和市场营销交叉学科研究，旨在研究组合市场决策的库存和供应链管理的一系列问题。这些问题的共性在于：决策的主体是零售商，市场策略和订购策略是决策变量，需求是随机的而且和市场策略相关，或者说受市场策略影响。

传统库存和供应链模型不考虑市场决策，需求通常假定是随机的并且由外生因素决定（exogenous determined），决策目标是找到最优订购量从而最小化成本。本书将市场策略纳入库存模型中，考虑各种市场策略，如价格促销、货架展示及多种促销方式组合等对需求的影响。在此设定下，需求是可控的并且由内生因素决定（endogenous determined），决策目标是找到最优市场策略和订购量从而最大化零售商利益。

和传统库存模型比较，市场策略被视为决策量，使现代库存模型能够更为准确地刻画现代零售业发展出现的新情境，不过模型的复杂程度大为增加。决策变量从单一订购量增加为市场策略-订购量双重变量，也增加了问题求解的难度。

本书主要采用数学建模、优化求解、动态规划和博弈的方法，分别对价格促销、货架展示及多种促销方式组合的库存和供应链模型进行研究，分析企业如何一方面通过制定适当的市场策略影响需求；另一方面通过制定库存决策提供供给，以达到利润最大化。研究成果既是对组合市场决策的库存模型的深层次探讨，作出理论贡献；又为竞争激烈、快速多变的市场环境下现代零售业面临的组合市场决策和库存管理的问题提供思路。

1.5　库存模型的基本特征和分类

从建模角度看，一个典型的组合市场决策的库存系统通常包含许多要素。模型的复杂性取决于对需求、市场决策、成本结构以及系统物理特征的假设等。以下结合标准库存模型，总结出一些重要的要素。

（1）需求。需求是一个库存系统中最重要的因素之一，通常可以分为确定性需求以及不确定性需求两种。

确定性需求分为两种情况。最简单的一种情况，需求是常数，不随时间发生变化，经典的经济批量订购（economic order quantity，EOQ）模型即假设需求为常数。另外一种情况是指需求随时间变化但是这种变化是可以预知的，即需求可以被精确地预测，不存在干扰或者其他不确定因素。两种情况都可以视为对实际需求的一种近似。

不确定性需求，根据其定义，是指需求随机且不确定，无法事先精确地预知。通常经典库存系统中随机需求假定为外界给定，但是，在考虑市场策略的库存模型中，通过参数化内生市场决策建立不确定性需求模型。

（2）市场决策。本书的市场决策特指一种或多种销售技巧。常见的短期销售技巧有定价、对销售团队的激励、促销活动等，本书通称为销售杠杆。

定价。价格是需求和收益最重要的决定因素，正如 Gallego 和 van Ryzin（1994）的结论所示，作为库存水平和时间的函数，价格的动态调整可以提供很大的好处。通常假设需求随着价格的增加呈现下降趋势，即价格越高，需求越小。

对销售团队的激励。销售团队是公司与客户联系的重要枢纽，销售人员不仅知道消费者想要什么，而且还知道他们服务的市场的销售前景。因此，对销售团队的激励会影响销售人员愿意付出多大的努力，这相应地决定了企业的销售量。一般情况下，激励越大，销售团队付出的努力就越多，那么需求就会越多。

促销活动。促销以各种形式在许多行业中是非常受欢迎的。本书主要考虑短期促销方式，如价格促销、货架展示和产品捆绑服务等，或者不同促销方式的组合。

（3）成本。标准库存模型一般考虑以下成本因素。

单位订购/生产成本。其指企业组织生产或采购单位产品支付的费用。

再订购成本，或固定订购/生产成本。其指针对某种产品进行再订购支付的费用，包括订单制作的相关费用、收货检查环节的费用、设备的开工和使用费用、管理费用等。当企业自行生产产品时，再订购成本或固定生产成本指设备准备生产时发生的固定费用，如重新配置机器产生的机会成本、操作人员的闲置成本、试运行效率较低导致的机会成本等。

订购/生产成本分为固定成本与可变成本两部分。其中固定成本与订购/生产的数量无关，只与订购的次数有关。可变成本，顾名思义，与订购/生产数量的多少有关。可变成本通常表示为单位订购/生产成本与订购/生产数量的函数。

库存持有成本。其也称为储存成本，指在一定时期内，持有库存产生的费用，包括资金成本（如机会成本、贷款利息等）、租赁或者建设存储空间耗费的成本（如租金、供热、供电等）、存货损失（如货损、货品过期、丢窃等）、物料搬运处理费用、管理费用以及保险费用等。不同货品的库存持有成本也不尽相同。典型物品的库存持有成本占据其单位成本的19%～35%（唐纳德·沃尔特斯，2005）。一般来说，库存持有成本反映了为满足需求持有库存的经济后果。库存持有成本通常假设为单位库存持有成本与库存量的函数。

缺货成本。当需求发生时，如果企业没有足够存货以满足需求，则此时缺货发生。缺货成本反映了需求未得到满足的经济后果。一旦缺货发生，存在两种情况：延期交货或者销售丢失。如果未满足的需求可以延期交货，则产生处理延期交货订单的成本，如发布紧急订单、支付特殊送货费用、采用更加昂贵的替代品等。如果销售丢失，不能满足顾客需求，则企业损失销售收入。通常情况下，缺货还会对企业未来的需求造成负面影响，客户未来购买意愿降低，有损企业的声誉，甚至影响投资人对企业未来前景的判断，影响企业股票市值波动等。通常情况下，缺货成本难以测量。但是基本达成共识的是，缺货会给企业组织的正常运作造成破坏性的影响，通常企业宁愿承担一定的库存持有成本以降低缺货的发生概率。

标准库存系统中，一种简化的处理方式是，将库存持有成本视为在持库存量的线性函数，将缺货成本视为缺货量的线性函数。在更加一般的情况下，假设库存持有和缺货总成本是剩余库存或缺货数量的凸函数（或拟凸函数、单峰函数）。

如果在库存模型中加入市场决策，那么还需要考虑执行市场决策的成本。

执行市场决策的成本。为简化起见，该成本可以是一次性固定费用，如广告促销发生的一次性费用、货架展示的一次性费用、企业为虚拟货架展示排位支付的费用等。但是不同市场决策导致的执行成本不同。例如，货架展示电子消费品的租赁成本与零售商的报纸广告促销的费用不同。

（4）库存模型的其他因素。

规划时间段。规划时间段是指制定库存和市场决策时要考虑的规划时间周期。规划时间周期可以是单个周期，也可以是多个周期。多个周期可以进一步区分为有限规划周期和无限规划周期两种。

回顾时间。如果需求和库存能够实时记录与监测，这样的库存系统就称为连续回顾系统（continuous review system）。反之，如果仅能在某些离散的时间点获得需求和库存信息，则称为定期回顾系统（periodic review system）。

超额需求。当需求超过现有库存时，未满足的需求通常有两种处理方式：延期交货或者销售丢失。如前所述，不管哪种情况发生，都会产生一定的缺货成本。

订单提前期。从订单发出开始，到货品收到为止的时间间隔称为提前期。最简单的处理是提前期为零，即"即订即得"。提前期可以假设为确定提前期或者不确定提前期。

1.6 本书的结构

本书的内容共分为五篇。

第一篇为基础篇，分为两章。第 1 章为绪论，介绍本书的研究背景、主要研究问题、相关基本概念，以及基本模型结构。第 2 章回顾主要相关文献。

第二篇介绍组合市场决策的库存模型研究。假定未满足需求延期交货，第 3 章介绍面向无限规划周期的组合市场决策的库存管理研究：首先提出模型及关键假设，借助辅助函数提出一个较新的计算最优策略的算法；然后验证最优策略为全局最优。第 4 章研究未满足需求销售丢失的情况下，组合动态定价和库存决策的优化算法研究。第 5 章进行数值分析。

第三篇主要探讨供应链环境下需求受到内生市场决策影响的供应链优化问题。第 6 章介绍需求受价格和促销投资费用影响的供应链优化决策研究。第 7 章介绍需求受价格、促销和货架展示量影响的供应链优化决策研究。

第四篇介绍跨境电商平台中小型企业商品组合与订购联合决策问题。第 8 章介绍商品组合与订购问题的背景和描述。第 9 章描绘模型设定、假设等，并分析消费者选择及需求预测。第 10 章提出遗传算法以求解该问题，并结合某企业 A 的实际数据，计算并比较不同方案下的企业绩效，得到相关管理启示。

第五篇总结全书。

参 考 文 献

大卫·辛奇-利维, 菲利普·卡明斯基, 伊迪斯·辛奇-利维. 2010. 供应链设计与管理: 概念、战略与案例研究[M]. 3版. 季建华, 邵晓峰, 译. 北京: 中国人民大学出版社.

唐纳德·沃尔特斯. 2005. 库存控制与管理[M]. 李习文, 李斌, 译. 北京: 机械工业出版社.

新华网. 2016. 李宁库存达9.6亿 走出困境尚需时间[EB/OL]. [2017-12-03]. http://www.xinhuanet.com/fashion/2016-05/15/c_128980261.htm.

Blattberg R C, Neslin S A. 1993. Sales promotion models[J]. Handbooks in Operations Research and Management Science, 5: 553-609.

Cachon G P. 2003. Supply chain coordination with contracts[J]. Handbooks in Operations Research and Management Science, 11 (11): 227-339.

Gallego G, van Ryzin G. 1994. Optimal dynamic pricing of inventories with stochastic demand over finite horizons[J]. Management Science, 40 (8): 999-1020.

Graves S, de Kok T. 2003. Handbooks in Operations Research and Management Science: Supply Chain Management[M]. Amsterdam: Elsevier (North-Holland).

第 2 章 组合市场决策的库存管理研究现状与方法

由于库存管理的重要性，对于库存模型的理论研究成为运营管理研究的重要组成部分。本章仅回顾与本书研究问题密切相关的库存模型研究问题和方法，以及组合市场决策的库存管理和供应链管理的研究现状与方法。

假设随机需求受价格影响，2.1 节回顾组合定价的随机库存模型研究现状。2.2 节总结需求受市场决策影响的供应链研究。2.3 节总结需求受其他销售杠杆影响的组合市场-库存决策研究。2.4 节回顾一种特殊的市场策略：库存量本身作为促销手段，且需求受库存影响的库存和供应链研究。2.5 节总结本章，指出本书的学术贡献。

2.1 组合定价的随机库存模型

经典随机库存模型中通常假设需求随机并且由外界给定。而微观经济和市场模型研究中一个基本假设为：需求受价格影响。因此，组合定价的库存模型考虑需求受价格影响，由于此时价格是决策变量，需求被视为由价格决策内生决定。

现有研究通常假设随机需求函数包括两部分：对价格敏感的部分 $d(p)$，通常假设为确定性需求，以及与价格无关的随机变量 ϵ。二者通常以加和或者乘积的形式存在，分别称为加法需求模型和乘法需求模型。两种需求模型的特点如表 2.1 所示。

表 2.1 加法需求模型和乘法需求模型

模型	需求	均值	方差	变异系数
加法需求模型	$D(p,\epsilon)=d(p)+\epsilon$	$d(p)+E(\epsilon)$	$\mathrm{Var}(\epsilon)$	$\dfrac{\sqrt{\mathrm{Var}(\epsilon)}}{d(p)+E(\epsilon)}$
乘法需求模型	$D(p,\epsilon)=d(p)\epsilon$	$\mathrm{Var}(\epsilon)E(\epsilon)$	$d(p)^2\mathrm{Var}(\epsilon)$	$\dfrac{\sqrt{\mathrm{Var}(\epsilon)}}{E(\epsilon)}$

由于存在两个决策变量，分析和求解组合定价的库存问题常用"序贯法"（sequential approach）。该方法的基本思路是：将决策变量一表示为决策变量二的

函数，基于目标函数找到决策变量二的最优解，最后代入得到决策变量一的优化解。为实现利润最大化，Whitin（1955）首先确定给定价格的最优订单数量，然后通过结果的最优轨迹寻找相应的最优价格。另外，Zabel（1970）将最优价格表示为库存水平的函数，然后寻找相应的最优库存水平以获得最大的总利润。本书关注第二种方法。

组合定价的库存问题综述研究可以参见 Yano 和 Gilbert（2005）、Elmaghraby 等（2008）的综述文章。本节首先简单回顾单周期组合定价的库存问题研究，然后基于未满足需求完全延期交货的假设，回顾离散多周期组合定价的库存问题研究，最后简单回顾连续多周期问题。

2.1.1 单周期组合定价的库存模型研究

组合定价的库存模型研究源于 Whitin（1955），他开创性地将定价与单周期模型中不确定性需求的库存决策相结合，从而进行分析。例如，Yano 和 Gilbert（2005）评价，"他针对乘法需求模型进行了详备的讨论，该乘法模型由价格敏感的确定性线性需求部分，以及在（0，2）上均匀分布的随机变量组成"。在此基础上，Mills（1959）将其拓展到加法需求模型，进一步完善了 Whitin（1955）的工作。研究发现当需求不确定时，最优零售价格严格低于需求确定下的价格，由此表明，加法需求模型下，需求的不确定性降低了最优价格。然而 Karlin 和 Carr（1962）发现，在乘法需求模型中，如果存在需求不确定性，则其最优零售价格一定高于需求确定下的最优价格。两个结果截然不同。此后，组合定价的库存研究不温不火，直到 Petruzzi 和 Dada（1999）的研究统一了这两个看似截然不同的结果。Yano 和 Gilbert（2005）评述，Petruzzi 和 Dada（1999）为解决这两种不同需求模型之间存在的长期冲突和不一致性作出重要贡献。他们提出了一个统一的框架，解释了定价策略因纳入需求函数的随机性程度不同而异的原因。此外，通过引入"库存因子"作为库存决策的转换变量，他们验证了单周期期望利润函数关于库存因子单峰性的条件，由此验证了库存因子优化解存在的条件。不考虑价格影响需求，随机库存模型中通常需要验证单周期期望持有和缺货成本函数为库存决策的凸函数，或为拟凸函数；而考虑价格影响需求的随机库存模型，优化解存在的条件通常需要验证该单周期期望利润函数为库存决策的单峰函数。

注意到加法需求模型和乘法需求模型的结构特点不同，Polatoğlu（1991）提出了一般需求模型。假设平均需求是价格的单调递减函数，以及期望收益具有单峰性，他验证了单周期期望利润是订购数量的单峰函数的条件，从而确保最优定量存在的条件。他的研究结果证实了之前 Zabel（1970）、Karlin 和 Carr（1962）、

Mills（1959）的结论。关于不同的受价格影响的需求函数的讨论，有兴趣的读者可以参见 Huang 等（2013）的综述文章。

2.1.2 离散多周期组合定价的库存模型研究：无固定订购成本（$K=0$）

面向离散多规划周期，不考虑固定订购成本（$K=0$）的组合定价的库存模型的早期研究参见 Thowsen（1975）与 Mills 和 Edwin（1962）的文章。基于加法需求模型，Mills（1962）用单周期问题模拟多周期问题进行分析。Thowsen（1975）首次提出最优方案为：订购量为该周期的基本库存水平，而最优价格由其决定。基于加法需求模型，且平均需求为价格的凹函数，他证明了如果单周期期望利润函数为单峰函数，则多周期利润函数也保持单峰性。

Federgruen 和 Heching（1999）拓展到更为一般的需求模型，加法需求模型和乘法需求模型均被视为特例模型。假设平均需求是价格的严格递减凹函数，Federgruen 和 Heching（1999）假设单周期期望利润是订购应达水平和价格的联合凹函数，显然该假设比 Thowsen（1975）提出的假设更为严格。以最大化期望多周期价值函数为目标，基于该假设，目标函数为库存水平的非增凹函数，由此证明了 Porteus（1990）首次提出的"基本库存-价格策略"（base stock-list price）为最优策略。该策略按照以下规则运作：库存根据基本库存策略补货，最优价格是初始库存水平的非增函数；除非产品有过量库存（over-stock），否则不提供折扣。Federgruen 和 Heching（1999）证明了其优化结论适用于有限规划周期和无限规划周期的情况，并且适用于允许价格双向变化，以及仅允许降价的不同情况。以上模型假设所有未满足需求延期交货。

2.1.3 离散多周期组合定价的库存模型研究：存在固定订购成本（$K>0$）

面向离散多规划周期，假设所有未满足需求延期交货，如果考虑固定订购成本，如 $K>0$，一个引人思考的问题是：组合定价的库存模型的最优库存策略是否如需求为外界给定下的随机多周期库存模型一般，仍呈现出"再订购点-订购至水平"，即 (s, S) 特性？假设每期的需求函数相互独立，且随着价格随机递减，并且可行价格有限，Thomas（1974）推测最优策略应呈现 (s, S, p) 特性，即库存量根据经典的 (s, S) 策略规则补货，而价格由库存量决定。尽管难以"事先"确定其优化条件，然而作者提出一种算法计算得到 (s, S, p) 策略，并且"事后"验证该策略满足最优性的充分条件。

随着时代的发展，由于互联网电子商务的逐渐兴起，企业能够将较为长期的定价决策转变为"操作"决策，价格变化的成本日趋下降，动态定价在零售行业应用广泛。受到商业实践驱动,组合定价的库存决策问题在多年沉寂后重新受到人们关注,成为研究热点。面向离散多规划周期、考虑固定订购成本的组合定价的库存模型中,有不少研究成果发现并验证了 (s, S, p) 策略的最优化条件。这些研究中的一个关键条件为"类单周期期望利润函数"。由于当前的决策变量包含价格和库存水平,单周期的期望利润函数为两者的函数。如前所述,基于序贯方法,给定库存水平,最优价格可以表达为库存的函数。则定义类单周期期望利润函数为给定库存水平、在最优价格(此时最优价格为库存的函数)下的单周期期望利润函数。因此,将两个决策变量(价格和库存水平)的研究问题转化为单决策(库存决策)问题。类单周期期望利润函数对应于经典库存模型中单周期期望成本函数,是分析解决组合定价的多周期库存问题的基础。

面向有限规划周期,假设类单周期期望利润函数关于库存水平为凹函数,Chen 和 Simchi-Levi(2004a)证明基于加法需求模型的未来利润函数(profit-to-go functions)具有 K-凹性(K-concavity),从而验证了 (s, S, p) 策略的最优性。他们进一步提出"对称 K-凹性"(symmetric K-concavity)的新概念,从而确定了一般需求模型下 (s, S, p) 策略仍为最优。Chen 和 Simchi-Levi(2004b)将他们在有限规划周期的结论扩展到静态无限规划周期。同样地,基于未来利润函数的对称 K-凹性性质,作者发现,以贴现未来利润函数(discounted profit-to-go function)和长期平均期望利润函数(long-run average profit function)为目标,静态 (s, S, p) 策略仍为最优策略。

Huh 和 Janakiraman(2008)进一步将类单周期期望利润函数关于库存水平凹性的约束放松为单峰性,并证明即使目标函数为贴现未来利润函数,静态 (s, S, p) 策略仍为最优策略。假设需求为整数,并且可选价格水平有限,基于类单周期期望利润函数关于库存水平为单峰性的假设,Feng 和 Chen(2011)提出了一种精确计算最优 (s, S, p) 策略的方法,并验证了该最优策略全局最优。面向无限规划周期,以最大化平均每期期望利润为目标,他们提出一种基于分数规划和辅助函数的高效算法,在四维空间 (γ, s, S, p) 运行求解。其中 γ 是与辅助函数相关的虚拟利润。该方法可以视为 Feng 和 Xiao(2000)计算 (s, S) 库存决策问题在组合定价库存决策问题的拓展。

尽管 Feng 和 Chen(2011)、Huh 和 Janakiraman(2008)的研究能够将价格拓展到更为一般的销售杠杆与库存的联合决策,但是类单周期期望利润函数的单峰性质假设要求在该模型设定中很容易被违背。Wei 和 Chen(2011)将类单周期期望利润函数的单峰性进一步放松,允许存在多个有限极值点,遵循 Feng 和 Chen(2011)的分数规划方法,他们提出计算最优 (s, S, z) 策略的算法,并事后验证该优化策略为全局最优。

表 2.2 将以上所述的相关研究进行总结,其中类单周期期望利润函数由 $f(y)$ 表示。

表 2.2　多周期组合市场决策库存模型：延期交货

文章	需求模型	固定订购成本（K）	$f(y)$ 函数	最优策略
Thowsen（1975）	加法需求模型	$=0$	单峰	基本库存-价格策略
Federgruen 和 Heching（1999）	一般需求模型	$=0$	凹	基本库存-价格策略
Chen 和 Simchi-Levi（2004a）	加法需求模型	>0	凹	(s,S,p) 策略
	一般需求模型	>0	凹	(s,S,p) 策略
Chen 和 Simchi-Levi（2004b）	一般需求模型	>0	凹	(s,S,p) 策略
Feng 和 Chen（2011）	一般需求模型	>0	单峰	(s,S,p) 策略
Huh 和 Janakiraman（2008）	一般需求模型	>0	单峰	(s,S,p) 策略
Wei 和 Chen（2011）	一般需求模型	>0	允许多个有限极值点存在	(s,S,z) 策略

最后要指出的是，以上文献研究中通常假设不同周期的需求相互独立。实践中，由于受到环境变量的影响，各周期之间的需求可能存在依存关系而非独立的。为探究这种"状态依赖性"，Song 和 Zipkin（1993）首先提出用马尔可夫需求模型研究库存控制问题。假设每周期需求的分布由外生的马尔可夫链决定，Yin 和 Rajaram（2007）研究了组合定价的库存控制问题。他们发现加法需求模型下 (s,S,p) 策略为最优，并发现该结果同样适用于紧急订购、仓储容积限制和服务水平限制等情况。基于特定的转移概率，作者进一步提出计算最优策略的算法。

类似地，以上模型假设所有未满足需求延期交货。

2.1.4　组合定价的库存模型研究：未满足需求销售丢失

销售丢失意味着销售量应为需求和订购应达水平的最小值。在此考虑下，原本延期交货下类单周期期望利润函数的凹函数性质难以保持，由此带来了技术层面的挑战。销售丢失的早期研究可参见 Karlin 和 Carr（1962）以及 Zabel（1972）的文章。Karlin 和 Carr（1962）首先考虑单周期模型，然后基于简化的无限规划周期模型进行分析。在其简化模型中，假设库存持有成本和缺货成本为零，并且价格不随时间动态变化。Zabel（1972）研究当生产成本为凸函数、持有成本为线性函数时的有限规划周期问题，发现乘法需求模型导致价格偏高，而加法需求模型导致价格偏低。

基于一般需求模型，允许价格在一定范围变动，Polatoglu 和 Sahin（2000）首先分析有限规划周期模型，然后扩展到无限规划周期。研究发现最优策略的结构非常复杂,如可能存在多个订购应达水平。尽管作者发现在某些充分条件下,简单的(s, S, p)策略为最优,但是该类条件实际上难以验证。

基于加法需求模型,Chen 等(2006)发现有限规划周期模型存在更易理解的最优策略结构。假设平均需求是价格的递减凹函数,以及一些其他技术条件,他们验证了(s, S, p)策略的最优性。此外,假设需求分布具有递增失效率(increasing failure rate, IFR)特性,他们进一步发现当规划周期足够长时,该优化策略呈静态特征。

基于类单周期期望利润函数为单峰的假设,Huh 和 Janakiraman(2008)验证了 Chen 等(2006)的研究结果。基于通用的假设,以及 Chen 和 Simchi-Levi(2004a)在延期交货情况下提出的对称 K-凹性条件,Song 等(2009)进一步证明了乘法需求模型下(s, S, p)变种策略的最优性。面向离散无限规划周期组合定价的库存模型,Wei(2012)验证了当类单周期期望利润函数具有 π^*-均一约束函数性质时,最优策略呈(s, S, p)模式。表 2.3 列出了相关研究,类单周期期望利润函数 $f(y)$ 通常假设为库存水平的单峰函数。

表 2.3 基于销售丢失假设的多期模型

文章	需求模型	固定成本	$f(y)$ 函数	最优策略
Polatoglu 和 Sahin(2000)	加法需求模型	正	单峰	(s, S, p)策略
	一般需求模型	正	单峰	不清楚
Chen 等(2006)	加法需求模型	正	单峰	(s, S, p)策略
Huh 和 Janakiraman(2008)	加法需求模型	正	单峰	(s, S, p)策略
Song 等(2009)	乘法需求模型	正	单峰	(s, S, p)变种策略
Wei(2012)	一般需求模型	正	π^*-均一约束	(s, S, p)策略

也有部分学者研究连续周期下的组合定价的库存模型。假设需求服从泊松分布,并且到达率与价格相关,Feng 和 Chen(2003)证明连续回顾系统中(s, S, p)策略为最优并给出优化算法。进一步允许需求到达间隔和需求大小与价格相关,Chen 和 Simchi-Levi(2006)发现静态(s, S, p)策略仍保持其最优性。本书仅考虑离散周期系统,所以在此不多赘述。

2.2 需求受市场决策影响的供应链研究

本书主要专注于供应链契约管理,以及需求受市场决策影响下的供应链成员的决策研究。供应链管理的一个基本问题是供应链成员制定各自的最优决策，而这些决策以最大化己利为目的，往往与供应链系统的整体利益最大相矛盾。因此，协调供应链不同成员的决策尤为重要，供应链契约主要研究的是如何面向供应链成员的目标不一致，从而设计激励机制使得供应链成员决策相协调，以达到整体最优的目的。供应链契约的种类很多，常用的有批发价契约、回购契约、收益共享契约等。Tsay（1999）和 Cachon（2003）对供应链中契约管理研究进行了详细总结和综述，并分析了契约管理的未来发展。

注意到供应链成员的利己行为会产生双重边际效应，批发价契约不能使供应链达到协同，Jeuland 和 Shugan（1983）讨论了收益共享契约在供应链协同中的使用。研究得出在某些条件下，收益共享契约可以使供应链协同。后续关于收益共享契约的研究包括 Giannoccaro 和 Pontrandolfo（2004）、Cachon 和 Lariviere（2005）等。Pasternack（1985）首先讨论了回购契约（buy-back）在供应链中的协同或优化问题，后续研究包括 Shen 和 Willems（2012）、Song 等（2008）、Lariviere（1999）。Tsay 和 Lovejoy（1999）、Tsay（1999）研究了数量折扣契约在供应链模型中的运用，后续研究包括 Lian 和 Deshmukh（2009）等。Wei 和 Choi（2010）讨论了利润共享契约下，风险态度对供应链成员决策的影响。

过去十多年，国内在供应链契约管理领域涌现出大量文献，如邱若臻和黄小原（2006）研究了二级供应链中委托销售下收入共享契约对供应链协调的影响，以及随机需求并伴随缺货成本的情形下收入共享契约给供应链双方带来的影响。宋华明和马士华（2005）研究了收入共享契约对考虑订购时间和不考虑订购时间的供应链双方成员最优决策的影响。周永务（2006）在随机性需求的二级供应链中，提出批量折扣契约表明其对供应链双方有着显著的激励作用而且提升了供应链的效率。侯雅莉等（2008）研究了数量折扣契约对三阶层供应链的影响，以此实现供应链协同等。

总体来说，供应链中契约的研究，从简单的批发价契约开始逐步演变为如今的各类契约形式，如利润共享契约、收益共享契约、回购契约、数量折扣契约等。供应链环境复杂多变，也促使研究者对不同供应链契约管理进行研究。

以上研究均假定供应链模型中需求为外界给定。随着组合市场决策的运营研究兴起，不少学者拓展到在供应链环境下，探讨当需求受内生市场决策影响时，对供应链协同的影响。与组合定价的库存模型研究相类似，在考虑需求受到内生定价决策影响的供应链模型研究中，一个关键问题在于如何刻画需求与价格之间的关系，具体回顾和总结可以参见前面的总结以及 Huang 等（2013）。相关研究的侧重点在于原有的契约在此需求内生的情景下是否能够协同供应链，协同契约具备什么特征，以及需求内生对于不同供应链情境下的供应链成员决策及供应链绩效的影响。

在供应链环境下，Chauhan 和 Proth（2005）分析了具有价格敏感性需求的二级供应链，研究制造商和零售商如何通过收益共享契约使得供应链总体利润最大化。类似地，王勇和裴勇（2005）分析了具有价格敏感性需求的二级供应链，发现利益共享契约能实现供应链协同。陈菊红等（2008）分析了收益共享契约的参数协同区间。Chiu 等（2011）探讨了基于价格敏感性的需求，发现一种组合批发价格、渠道折扣以及回退因素的契约能够协同供应链。Giri 和 Roy（2011）探讨了当供应链存在需求和供给中断风险且需求关于价格敏感时，收益共享契约如何实现供应链协同。

Wang（2006）将简单一对一二级供应链拓展到多（制造商）对一（零售商）供应链结构，讨论需求受价格影响下，基于寄售销售和收益共享契约的供应链决策问题。Jiang 和 Wang（2010）进一步探讨需求受价格影响下竞争对供应商决策的影响，研究发现，竞争有利于供应商及其竞争对手提升绩效。

2.3 组合其他销售杠杆的库存和供应链模型

2.3.1 组合其他销售杠杆的库存模型

前面提到，销售杠杆在实践中有很多种应用形式，市场学领域对此有大量的实证研究，如 Chu 和 Desai（1995）、Desai 和 Srinivasan（1995）、Desiraju 和 Moorthy（1997）等的研究表明，增加广告、雇佣更多的销售人员、增加产品的摆放量以及摆在合适的位置等都能增加需求。

然而，将市场决策和运营决策，如生产、库存等联系在一起的研究并不多见。此外，本书仅讨论具有短期效应的销售杠杆，并不讨论销售手段的长期效应，以及消费者的行为应对，如广告的长期效应、消费者忠诚与否、策略型与短视型消费者等。

面向动态广告/库存模型，Balcer（1980）将需求模型视为与广告相关的确定性部分，以及与广告无关的随机部分的加和，从而得到一定约束条件下的最优库存和广告联合策略。Cheng 和 Sethi（1999）基于马尔可夫决策过程分析库存-促销联合决策，用马尔可夫决策过程的状态变量代表需求状态，发现在一定约束条件下，每个需求状态均对应存在一个库存阈值水平 P，如果库存超过阈值，则采取产品促销措施。仅考虑线性订购成本，则最优库存策略为基本库存策略，且最优的基本库存水平与促销决策相关。然而，上述文章均未考虑固定订购准备成本。

其他相关研究包括产品与服务捆绑销售和库存的联合决策问题，如 Ernst 和

Kouvelis（1999）。Chen 等（2005）研究面向带选择服务包产品的库存补货管理。文章假设需求服从泊松分布且与服务包选项相关，并证明了（s，S）策略为产品库存控制的最优策略，且服务包与库存水平相关。不过他们考虑连续回顾库存模型，且假设需求大小为一个单位。

企业通过雇佣销售人员销售产品，需求与销售人员的努力程度密切相关。但是销售努力并不能被企业直接观察到，一种常用的解决方案是观察销量，以此作为衡量需求和销售努力的方式。因此，一方面企业需要设计良好的激励机制使得销售人员努力工作以增加销量，另一方面，需要提供适当的供给以满足需求。

面向销售人员的激励机制设计和生产库存的联合决策问题通常基于委托代理理论进行研究。假设需求为销售努力和随机变量组成的加法需求模型，Chen（2000）开创性地讨论了如何设计面向销售团队的激励机制及其对生产控制的影响。研究发现，如果激励机制能够让销售人员施加销售努力的同时使得产品需求"平滑化"（smoothing），那么其对企业有利。Chen（2005）进一步提出如何设计激励机制一方面激励销售人员努力工作，另一方面如实披露市场信息，同时企业通过制定最优生产产能以满足顾客需求，达到总利润最大，同样，文中假设需求函数为加法需求模型。Chen 等（2016）进一步考虑信息的精确性和信息获取的成本，探讨激励机制设计与库存的联合决策。

考虑未满足需求销售丢失，Chu 和 Lai（2013）讨论销售人员激励机制设计和库存的联合决策问题。在销售丢失情景下，企业仅能获得销售量信息而非需求信息，且销售量为需求和库存水平的最小值。文章发现在加法和乘法需求模型下，销售量配额加分红机制为最优激励机制，且适当的配额应等同于库存水平。类似地，Dai 和 Jerath（2013）得到与 Chu 和 Lai（2013）类似的发现。

2.3.2　组合其他销售杠杆的供应链模型

供应链环境下，假设需求受短期销售努力影响，Taylor（2002）探讨渠道折扣（channel rebate）情形下的供应链模型，分析供应链协调问题，假设需求与销售努力有关，且为乘法需求模型。以上文献假设未满足需求延期交货，或者可以通过紧急购买等方式实现，因此销量可以等同视为需求量。Krishnan 等（2004）研究销售折扣（sales rebate）和回购契约的组合，发现这种组合在需求受销售商的努力影响时能使供应链合作。在此基础上，张菊亮和陈剑（2004）通过重新考察报童模型，提出并设计了供应链合约的一般需求模型，提出了在需求受销售商努力影响下使得供应链双方达到合作的合约的设计框架。姬小利（2006）分析了市场需求受促销活动影响时，集中决策情形和分散决策情形的最优促销努力水平与最优订购量，然后设计了基于回购契约的促销分担契约协调模式，比较了三种情形的最优结果。徐贤浩和聂思玥（2007）在针对短周期商品的二级供应链中提出如何通过契约的设计来激励零售商增大促销力度从而增加订购量，以此实现供应链双方利益最大化。

Tsao（2008）研究了一个供应商和多个零售商模式下的供应链中促销努力学习曲线。于兆艳等（2009）研究在供应商主导的 Stackelberg 博弈供应链模型中，如何设计促销补偿契约使得零售商促销努力水平最高，从而使得供应链达到最优。徐最等（2008）研究销售努力水平影响需求情况下的供应链回购契约。Wu（2013）研究了需求受价格和促销努力影响的供应链中谈判力度对供应链成员的影响。王素娟和胡奇英（2011）在此基础上对促销、定价和契约的选择作出了详细探讨。契约的选择限定为批发价契约和收益共享契约。

Chiu 等（2011）将风险态度引入时尚供应链分析销售回退折扣对于系统绩效的影响。He 等（2009）进一步研究当需求同时受到价格和销售努力影响时的供应链协同问题。Zhang 和 Chen（2004）研究了不同形式的契约效果。

假定需求函数为确定性函数且需求是价格和广告决策的幂函数，Yue 等（2013）研究了简单二级供应链环境下最优的市场决策，并比较了 Stackelberg 博弈和纳什均衡结果的不同。王素娟和胡奇英（2011）基于需求函数关于产品价格和企业投资水平敏感，探讨了资金分配和投资效果问题。

2.4 需求受库存影响的库存和供应链研究

研究发现，许多零售商的需求和存货或者陈列数量紧密相关。一般来说，大量陈列可能会刺激需求，如让顾客有更多的选择，高存货量暗示消费者该产品畅销，或是满足顾客购买需求的可能性高。Koschat（2008）调查发现某杂志摆放得越少，该杂志的销售量越少。家居用品店倾向于订购超量的库存，并认为可见库存越多越可以增加顾客需求，"Stock them high, let'em fly"（Balakrishnan et al., 2004）。不过也有商家，如服装商 Zara 故意控制存货量以给顾客造成"缺货畅销"的印象（Ghemawat and Nueno, 2003）。因此，利用存货量刺激需求已经成为零售商惯用的一种市场促销策略。在需求受存货量影响的库存模型中，库存的作用有两个：一是作为市场促销的手段影响需求；二是满足顾客需求的传统功能。

需求依赖库存的研究近年来有上升的趋势。大体可以分为运作管理类和市场营销类两种。后者见 Curhan（1972）以及 Koschat（2008）等。本书的研究属于第一类。Urban（2005）总结了 60 多篇文章，对需求依赖库存问题进行了详细的回顾，从中发现大部分研究是属于确定性模型的。

基于需求受到库存影响的认知，Dana和Petruzzi（2001）研究了单周期库存问题。Gerchak和Wang（1994）研究了受到初始库存和订购量影响的供应链模型，讨论在单一周期及多周期订购情形时的最优初始库存量和订购量，固定订购成本假设为零。Wang和Gerchak（2001）将单个零售商决策问题拓展到包含多个零售商的供应链问题。Balakrishnan等（2008）研究了包含定价策略的报童问题，允许更为通用的需求函数。Chen等（2012）、Gerchak和Wang（1994）的模型类似，不过他们的需求模型更加通用，并考虑了固定订购成本不为零的情况。他们的研究结果表明最优库存水平仍呈（s，S）特性。注意到货架展示空间有限，而需求受展示品数量的影响，Xue等（2017）研究了如何订购，以及分配多少商品到货架展示。研究发现，有限规划周期下最优货品订购策略服从基本库存（base stock）策略，而货架展示量由目标上升（下降）点决定；无限规划周期下基本库存策略为最优。Yin等（2009）分析了全部展示以及无展示两种方式对顾客需求的影响，不过他们假设订购量预先设定，而且没有再订购机会。

供应链环境下，考虑需求受到库存影响，苏菊宁等（2004）在随机需求的情形下研究了合作与非合作博弈时供应链双方的最优决策，以此说明库存风险的可控性。Wang和Gerchak（2001）通过价格及补贴策略介绍了单一供应商与单一零售商以及单一供应商与两个竞争性零售商情形的供应链的协同问题。陆贵斌等（2002）分析了单周期的报童模型中供应商已知时，零售商订购策略以及各自最优策略的情形。达庆利等（2003）讨论了牛鞭效应中供应链中库存对需求的影响，并提出一些策略，如数量折扣和数量柔性等，来消除这一影响。苏菊宁等（2004）在信息不对称的情形下研究了库存协调的问题，发现虽然在集中决策时供应链能整体达到最优库存，但零售商的订购成本增加不利于合作继续，而库存协调策略能实现库存优化，也能使得供应链合作持续。金海和和郭仁拥（2007）研究了多级库存的供应链模型，以供应链利润最大化为目标分析缺货对于供应链整体的影响。闵杰和周永务（2007）研究需求受库存水平影响的供应链模型，提出数量折扣契约可使供应链达到协同。以上研究假设需求仅受到库存展示或者存货量的影响。

考虑到需求受到多种因素影响，曹宗宏和周永务（2008）探讨了需求受价格与库存量共同影响的供应链问题。研究显示数量折扣契约可以使供应链达到协同。曹宗宏和周永务（2011）进一步讨论易逝品且需求受库存影响的供应链，而且在缺货时间与缺货量相关的情形下，提出如何通过数量折扣来激励零售商使得供应链达到协同，并证明了最优解存在的唯一性。Devangan等（2013）研究了需求受库存水平影响的供应链，文中将库存量视为初始订购量，并在回购契约的基础上利用沙普利值实现供应链的协同。曹宗宏等（2015）研究了在库存水平影响需求、存储时间影响产品零售价格和存储费用的情形下，如何通过设计数量折扣契约使得由供应商主导的 Stackelberg 博弈的二级供应链达到协同。

2.5 本书主要贡献

第二篇，即第 3~第 5 章，侧重于研究需求受到销售杠杆影响的多周期库存决策，特别地，研究无限规划周期下、以最大化长期平均期望利润为目标、面向单一产品的静态库存和销售杠杆的联合决策问题。

如前面所述，受价格、销售团队激励和短期促销等影响的随机需求模型有很多，其中一些是特殊的分布函数，如泊松分布，其他多为由确定性变量和随机变量组成的加法或乘法形式。一般说来，确定性需求变量与市场决策有关，常见表达形式有线性函数、指数函数，以及各种凸函数或凹函数等。然而，与单个市场决策相比，多个销售杠杆的总和与需求之间的关系可能会更加复杂，组合定价的库存模型常用到的关于类单周期期望利润函数的单峰性假设不再满足。在此情况下，优化策略的性质如何，以及如何计算得到其最优解，这是一个难题。本书提出基于分项表达函数的辅助函数，通过设计优化算法计算求得最优解，另外，也验证了最优解特性，验证 (s, S, p) 策略为稳态系统下的最优策略。更为重要的是，该研究发现建立在类单周期期望利润函数无须为单峰函数的前提下，因此具有深刻的理论贡献。

第三篇探讨供应链环境下，当需求受一个或者多个市场决策影响时，在不同契约下零售商的组合市场-库存决策，以及制造商的优化决策。

第四篇探讨跨境电商平台下，企业商品组合与订购优化决策。该研究为中小型商业企业商品组合与订购联合决策问题提供解决思路和示范。

参 考 文 献

曹宗宏, 周永务. 2011. 缺货量影响需求的变质品的供应链协调模型[J]. 系统工程学报, 26（1）: 50-59.

曹宗宏, 周永务. 2008. 价格和库存量影响需求的供应链量折扣定价模型[J]. 系统工程学报, 23（1）: 67-73.

曹宗宏, 张成堂, 赵菊. 2015. 库存水平影响需求且价格和存储费用可变的供应链协调模型[J]. 统计与决策, （6）: 46-49.

陈菊红, 郭福利, 史成东. 2008. 需求具有价格敏感性的供应链收益共享契约设计研究[J]. 中国管理科学, （3）: 78-83.

达庆利, 张钦, 沈厚才. 2003. 供应链中牛鞭效应问题研究[J]. 管理科学学报, 6（3）: 86-93.

洪俊杰. 2017. 中小型跨境电商的商品组合与订货决策研究[D]. 广州: 暨南大学.

侯雅莉, 田蓓艺, 周德群. 2008. 数量折扣契约对三阶层供应链的协调[J]. 工业工程, 11（2）: 25-28.

姬小利. 2006. 伴随销售商促销努力的供应链契约设计[J]. 中国管理科学, 14（4）: 46-49.

金海和, 郭仁拥. 2007. 供应链多级库存随机模型及其优化研究[J]. 计算机集成制造系统, 13（2）: 257-261.

陆贵斌, 胡奇英, 甘小冰. 2002. 定价和库存联合策略研究[J]. 系统工程学报, 17 (6): 531-536.

闵杰, 周永务. 2007. 库存水平影响需求变化的供应链协调[J]. 复旦学报（自然科学版）, 46 (4): 107-115.

邱若臻, 黄小原. 2006. 供应链收入共享契约协调的随机期望值模型[J]. 中国管理科学, (4): 30-34.

宋华明, 马士华. 2005. 考虑订货时间影响的扩展供应链收入共享契约[J]. 系统工程, 23 (9): 59-63.

苏菊宁, 赵小惠, 杨水利. 2004. 不对称信息下供应链的库存协调[J]. 系统工程学报, 19 (5): 538-542.

王素娟, 胡奇英. 2011. 3C零售商商业模式研究: 促销与贸易方式交互影响[J]. 管理科学学报, 14 (4): 1-11.

王勇, 裘勇. 2005. 需求具有价格敏感性的供应链的利益共享合约[J]. 中国管理科学, (6): 29-33.

熊礼洋. 2015. 需求受价格、促销和展示量影响的供应链模型研究[D]. 广州: 暨南大学.

徐贤浩, 聂思玥. 2007. 基于短生命周期产品的供应链订货策略的博弈研究[J]. 管理工程学报, 21 (3): 44-48.

徐最, 朱道立, 朱文贵. 2008. 销售努力水平影响需求情况下的供应链回购契约[J]. 系统工程理论与实践, 4 (4): 1-11.

于兆艳, 谢芳, 杨爱峰. 2009. 两个竞争的零售商的促销协调策略[J]. 工业工程, 12 (3): 35-38.

张菊亮, 陈剑. 2004. 销售商的努力影响需求变化的供应链的合约[J]. 中国管理科学, (4): 50-56.

周永务. 2006. 随机需求下两层供应链协调的一个批量折扣模型[J]. 系统工程理论与实践, 26 (7): 25-32.

Balakrishnan A, Pangburn M S, Stavrulaki E. 2004. Stack them high, let'em fly: Lot-sizing policies when inventories stimulate demand[J]. Management Science, 50 (5): 630-644.

Balakrishnan A, Pangburn M S, Stavrulaki E. 2008. Integrating the promotional and service roles of retail inventories[J]. Manufacturing & Service Operations Management, 10 (2): 218-235.

Balcer Y. 1980. Partially controlled demand and inventory control: An additive model[J]. Naval Research Logistics Quarterly, 27 (2): 273-288.

Cachon G P. 2003. Supply chain coordination with contracts[J]. Handbooks in Operations Research and Management Science, 11: 227-339.

Cachon G P, Lariviere M A. 2005. Supply chain coordination with revenue sharing contracts: Strengths and limitations[J]. Management Science, 51 (1): 30-44.

Cachon G P, Swinney R. 2009. Purchasing, pricing, and quick response in the presence of strategic consumers[J]. Management Science, 55 (3): 497-511.

Chauhan S S, Proth J M. 2005. Analysis of a supply chain partnership with revenue sharing[J]. International Journal of Production Economics, 97 (1): 44-51.

Chen F R. 2005. Salesforce incentives, market information, and production/inventory planning[J]. Management Science, 51 (1): 60-75.

Chen F R. 2000. Sales-force incentives and inventory management[J]. Manufacturing & Service Operations Management, 2 (2): 186-202.

Chen F R, Lai G M, Xiao W Q. 2016. Provision of incentives for information acquisition: Forecast-based contracts vs. menus of linear contracts[J]. Management Science, 62 (7): 1899-1914.

Chen R R, Cheng T C E, Choi T M, et al. 2016. Novel advances in applications of the newsvendor model[J]. Decision Science, 47 (1): 8-10.

Chen X, Simchi-Levi D. 2006. Coordinating inventory control and pricing strategy with random demand and fixed ordering cost: A continuous review case[J]. Operations Research Letters, 34 (3): 323-332.

Chen X, Simchi-Levi D. 2004a. Coordinating inventory control and pricing strategy with random demand and fixed ordering cost: The finite horizon case[J]. Operations Research, 52 (6): 887-896.

Chen X, Simchi-Levi D. 2004b. Coordinating inventory control and pricing strategy with random demand and fixed ordering cost: The infinite horizon case[J]. Mathematics of Operations Research, 29 (3): 698-723.

Chen F Y, Feng Y Y. 2006. Optimization of stochastic, single-item inventory models with non-quasiconvex costs[J]. Probability in the Engineering and Informational Science Content, 20 (2): 287-306.

Chen F Y, Feng Y Y, Ou J H. 2005. Management of inventory replenishment and available offerings for goods sold with optional value-added packages[J]. IIE Transactions, 37 (5): 397-406.

Chen F Y, Lu Y, Xu M H. 2012. Optimal inventory control policy for periodic-review inventory systems with inventory-level-dependent demands[J]. Naval Research Logistics, 59 (6): 430-440.

Chen Y H, Ray S, Song Y Y. 2006. Optimal pricing and inventory control policy in periodic-review systems with fixed ordering cost and lost sales[J]. Naval Research Logistics, 53 (2): 117-136.

Cheng F, Sethi S P. 1999. A periodic review inventory model with demand influenced by promotion decisions[J]. Management Science, 45 (11): 1510-1523.

Chiu C H, Choi T M, Tang C S. 2011. Price, rebate, and returns supply contracts for coordinating supply chains with price-dependent demands[J]. Production and Operations Management, 20 (1): 81-91.

Choi T M. 2012. Handbook of Newsvendor Problems: Models, Extensions and Applications[M]. Boston: Springer.

Chu L Y, Lai G M. 2013. Malesforce contracting under demand censorship[J]. Manufacturing and Service Operations Management, 15 (2): 320-334.

Chu W J, Desai P S. 1995. Channel coordination mechanisms for customer satisfaction[J]. Marketing Science, 14 (4): 343-359.

Curhan R C. 1972. The relationship between shelf space and unit sales in supermarkets[J]. Journal of Marketing Research, 9 (4): 406-412.

Dai T L, Jerath K. 2013. Salesforce compensation with inventory considerations[J]. Management Science, 59 (11): 2490-2501.

Dana J D, Petruzzi N C. 2001. The newsvendor model with endogenous demand[J]. Management Science, 47 (11): 1488-1497.

Desai P, Srinivasan K. 1995. Demand signaling under unobservable effort in franchising: Linear and nonlinear price contracts[J]. Management Science, 41 (10): 1608-1623.

Desiraju R, Moorthy S. 1997. Managing a distribution channel under asymmetric information with performance requirements[J]. Management Science, 43 (12): 1628-1644.

Devangan L, Amit R K, Mehta P, et al. 2013. Individually rational buyback contracts with inventory level dependent demand[J]. International Journal of Production Economics, 142 (2): 381-387.

Elmaghraby W, Gulcu A, Keskinocak P. 2008. Designing optimal preannounced markdowns in the presence of rational customers with multiunit demands[J]. Manufacturing & Service Operations Management, 10 (1): 126-148.

Ernst R, Kouvelis P. 1999. The effects of selling packaged goods on inventory decisions[J]. Management Science, 45(8): 1142-1155.

Federgruen A, Heching A. 1999. Combined pricing and inventory control under uncertainty[J]. Operations Research, 47 (3): 454-475.

Federgruen A, Zipkin P. 1984. An efficient algorithm for computing optimal (s, S) policies[J]. Operations Research, 32 (6): 1268-1285.

Feng Y, Sun J. 2001. Computing the optimal replenishment policy for inventory systems with random discount opportunities[J].

Operations Research, 49 (5): 790-795.

Feng Y Y, Chen F Y. 2011. A computational approach for optimal joint inventory-pricing control in an infinite-horizon periodic-review system[J]. Operations Research, 59 (5): 1297-1303.

Feng Y Y, Chen F Y. 2003. Joint pricing and inventory control with setup costs and demand uncertainty[J]. Working paper, The Chinese University of Hong Kong.

Feng Y Y, Xiao B C. 2000. A new algorithm for computing optimal (s, S) policies in a stochastic single item/location inventory system[J]. IIE Transactions, 32 (11): 1081-1090.

Freeland J R. 1980. Coordination strategies for production and marketing in a functionally decentralized firm[J]. AIIE Transaction, 12 (2): 126-132.

Gerchak Y, Wang Y Z. 1994. Periodic-review inventory models with inventory-level-dependent demand[J]. Naval Research Logistics, 41 (1): 99-116.

Ghemawat P, Nueno J L. 2003. ZARA: Fast Fashion[M]. Boston: Harvard Business School.

Giannoccaro I, Pontrandolfo P. 2004. Supply chain coordination by revenue sharing contracts[J]. International Journal of Production Economics, 89 (2): 131-139.

Giri B C, Roy B. 2011. Supply chain coordination with price-sensitive demand under risks of demand and supply disruptions[J]. Technology Operation Management, 2 (1): 29-38.

He Y, Zhao X, Zhao L D, et al. 2009. Coordinating a supply chain with effort and price dependent stochastic demand[J]. Applied Mathematical Modelling, 33 (6): 2777-2790.

Huang J, Leng M M, Parlar M. 2013. Demand functions in decision modeling: A comprehensive survey and research directions[J]. Decision Sciences, 44 (3): 557-609.

Huh W T, Janakiraman G. 2008. (s, S) optimality in joint inventory-pricing control: An alternate approach[J]. Operations Research, 56 (3): 783-790.

Iglehart D L. 1963. Optimality of (s, S) policies in the infinite horizon dynamic inventory problem[J]. Management Science, 9 (2): 259-267.

Jeuland A P, Shugan S M. 1983. Managing channel profits[J]. Marketing Science, 2 (3): 239-272.

Jiang L, Wang Y Z. 2010. Supplier competition in decentralized assembly systems with price-sensitive and uncertain demand[J]. Manufacturing and Service Operations Management, 12 (1): 93-101.

Karlin S, Carr C R. 1962. Prices and Optimal Inventory Policy[M]. Stanford: Stanford University Press.

Khouja M. 1999. The single-period (news-vendor) problem: Literature review and suggestions for future research[J]. Omega, 27 (5): 537-553.

Koschat M A. 2008. Store inventory can affect demand: Empirical evidence from magazine retailing[J]. Journal of Retailing, 84 (2): 165-179.

Krishnan H, Kapuscinski R, Butz D A. 2004. Coordinating contracts for decentralized supply chains with retailer promotional effort[J]. Management Science, 50 (1): 48-64.

Lariviere M A. 1999. Supply Chain Contracting and Coordination with Stochastic Demand[M]. Boston: Springer.

Lian Z T, Deshmukh A. 2009. Analysis of supply contracts with quantity flexibility[J]. European Journal of Operational Research, 196 (2): 526-533.

Mills E S. 1959. Uncertainty and price theory[J]. The Quarterly Journal of Economics, 73 (1): 116-130.

Mills E S, Edwin S. 1962. Price, Output, and Inventory Policy, a Study in the Economics of the Firm and Industry[M]. New York: Wiley.

Pasternack B A. 1985. Optimal pricing and return policies for perishable commodities[J]. Marketing Science, 4 (2): 166-176.

Petruzzi N C, Dada M. 1999. Pricing and the newsvendor problem: A review with extensions[J]. Operations Research, 47 (2): 183-194.

Polatoğlu L H. 1991. Optimal order quantity and pricing decisions in single-period inventory systems[J]. International Journal of Production Economics, 23 (1-3): 175-185.

Polatoglu H, Sahin I. 2000. Optimal procurement policies under price-dependent demand[J]. International Journal of Production Economics, 65 (2): 141-171.

Porteus E L. 1990. Stochastic inventory theory[J]. Handbooks in Operations Research and Management Science, 2: 605-652.

Porteus E L, Whang S. 1991. On manufacturing/marketing incentives[J]. Management Science, 37 (9): 1166-1181.

Scarf H. 1960. The Optimality of (s, S) Policies in the Dynamic Inventory Problem[M]. Cambridge: the Massachusetts Institute of Technology.

Shen Y, Willems S P. 2012. Coordinating a channel with asymmetric cost information and the manufacturer's optimality[J]. International Journal of Production Economics, 135 (1): 125-135.

Song J S, Zipkin P H. 1993. Inventory control in a fluctuating demand environment[J]. Operations Research, 41 (2): 351-370.

Song Y, Ray S, Boyaci T. 2009. Optimal dynamic joint inventory-pricing control for multiplicative demand with fixed order costs and lost sales[J]. Operations Research, 57 (1): 245-250.

Song Y Y, Ray S, Li S R. 2008. Structural properties of buyback contracts for price setting newsvendors[J]. Manufacturing and Service Operations Management, 10 (1): 1-18.

Taylor T A. 2002. Supply chain coordination under channel rebates with sales effort effects[J]. Management Science, 48 (8): 992-1007.

Thomas L J. 1974. Price and production decisions with random demand[J]. Operations Research, 22 (3): 513-518.

Thowsen G T. 1975. A dynamic, nonstationary inventory problem for a price/quantity setting firm[J]. Naval Research Logist, 22 (3): 461-476.

Tsao Y C. 2008. A retail-competition supply chain with promotion effort and sales learning curve[C]. International Conference on Service Operations and Logistics, and Informatic, Beijing: 1300-1304.

Tsay A A. 1999. The quantity flexibility contract and supplier-customer incentives[J]. Management Science, 45 (10): 1339-1358.

Tsay A A, Lovejoy W S. 1999. Quantity flexibility contracts and supply chain performance[J]. Manufacturing and Service Operations Management, 1 (2): 89-111.

Urban T L. 2005. Inventory models with inventory-level-dependent demand: A comprehensive review and unifying theory[J]. European Journal of Operational Research, 162 (3): 792-804.

Veinott Jr A F. 1966. The status of mathematical inventory theory[J]. Management Science, 12 (11): 745-777.

Veinott Jr A F, Wagner H M. 1965. Computing optimal (s, S) inventory policies[J]. Management Science, 11 (5): 525-552.

Wagner H M, Whitin T M. 1958. Dynamic version of the economic lot size model[J]. Management Science, 5 (1): 89-96.

Wang Y Z. 2006. Joint pricing-production decisions in supply chains of complementary products with uncertain demand[J]. Operations Research, 54 (6): 1110-1127.

Wang Y Z, Gerchak Y. 2001. Supply chain coordination when demand is shelf-space dependent[J]. Manufacturing &

Service Operations Management, 3 (1): 82-87.

Wei Y. 2012. Optimization and optimality of a joint pricing and inventory control policy in periodic-review systems with lost sales[J]. OR Spectrum, 34 (1): 243-271.

Wei Y, Chen Y H. 2011. Joint determination of inventory replenishment and sales effort with uncertain market responses[J]. International Journal of Production Economics, 134 (2): 368-374.

Wei Y, Choi T M. 2010. Mean-variance analysis of supply chains under wholesale pricing and profit sharing schemes[J]. European Journal of Operational Research, 204 (2): 255-262.

Whitin T M. 1955. Inventory control and price theory[J]. Management Science, 2 (1): 61-68.

Wu D D. 2013. Bargaining in supply chain with price and promotional effort dependent demand[J]. Mathematical and Computer Modelling, 58 (9/10): 1659-1669.

Xue W L, Demirag C O, Chen F Y, et al. 2017. Managing retail shelf and backroom inventories when demand depends on the shelf-stock level[J]. Production and Operations Management, 26 (9): 1685-1704.

Yano C A, Gilbert S M. 2005. Coordinated pricing and production/procurement decisions: A review[A]//Chakravarty A K, Eliashberg J. Managing Business Interfaces, Boston: Springer: 65-103.

Yin R, Aviv Y, Pazgal A, et al. 2009. Optimal markdown pricing: Implications of inventory display formats in the presence of strategic customers[J]. Management Science, 55 (8): 1391-1408.

Yin R, Rajaram K. 2007. Joint pricing and inventory control with a Markovian demand model[J]. European Journal of Operational Research, 182 (1): 113-126.

Yue J F, Austin J, Huang Z, et al. 2013. Pricing and advertisement in a manufacturer-retailer supply chain[J]. European Journal of Operational Research, 231 (2): 492-502.

Zabel E. 1972. Multiperiod monopoly under uncertainty[J]. Journal of Economic Theory, 5 (3): 524-536.

Zabel E. 1970. Monopoly and uncertainty[J]. The Review of Economics Studies, 37 (2): 205-219.

Zhang J L, Chen J. 2004. A coordinating contract of supply chain with sale-effort dependent demand[J]. Chinese Journal of Management Science, 12 (4): 50-56.

Zheng Y S. 1991. A simple proof for optimality of (s, S) policies in infinite-horizon inventory systems[J]. Journal of Applied Probability, 28 (4): 802-810.

Zheng Y S, Federgruen A. 1991. Finding optimal (s, S) policies is about as simple as evaluating a single policy[J]. Operations Research, 39 (4): 654-665.

第二篇 组合市场决策的库存模型

第 3 章 组合市场决策的无限规划周期库存管理研究：延期交货

3.1 概　　述

企业经常运用各种销售技巧和促销手段以提高产品销量。常见的销售技巧有动态定价、价格折扣、货架展示、产品服务捆绑销售等，本书称为销售杠杆。由于竞争日趋白热化，对零售企业而言，整合日常化的市场决策和日常化的库存决策，实现市场部门和运作部门的协同对于改善成本、提升利润至关重要。

本章探讨当市场决策为一般意义上的销售杠杆，可以是单个销售手段或者若干销售手段的组合，且需求受到销售杠杆内生影响时，组合市场决策的库存模型研究。面向定期回顾无限规划周期，本章仅讨论单一产品，且假定每个周期末未满足的需求延期交货。

本章后面内容结构如下。3.2 节介绍具体模型描述与假设，基于两个简单算例，发现在一般销售杠杆考虑下，文献研究中常用的对类单周期期望利润函数的凹性或者单峰性假设并不成立，由此带来技术上的挑战。本章采用更新理论和稳态分析的方法，推导并给出目标函数为长期平均期望利润函数下的形式。3.3 节提出 (s,S,z) 策略的优化过程和计算算法。因为目标函数的结构相当复杂，根据分数规划提出一个辅助函数，从而将最大化原目标函数的问题转换为辅助函数的次序优化问题，并充分利用优化 (s,S,z) 策略的性质简化计算过程。最后将该算法与其他算法进行比较。3.4 节事后验证如果类单周期期望利润函数满足某些条件，(s,S,z) 策略全局最优。3.5 节总结全章。所有命题证明在本章附录。

3.2 模型描述与假设

3.2.1 模型设定

面向定期回顾无限规划周期，假设成本参数固定，企业每期进行库存和销售杠杆联合决策。每个周期的开始，企业从给定有限且有序的列表中选择销售杠杆 z，$z \in \{z^1, z^2, \cdots, z^M\}$。假设销售杠杆只影响当期的需求。给定销售杠杆 z，随机需

求服从概率密度为 $\phi_j(z)$ 的分布， $j=0,1,\cdots,\infty$。各期需求相互独立，如果任何两个周期中销售杠杆的决策相同，则相应需求独立且随机一致。

对于每个时期 t，$t=1,2,\cdots,\infty$，令 $D_t(z_t,\epsilon)$ 表示第 t 期的需求，其中 z_t 为第 t 期的销售杠杆，$z_t \in \{z^1,z^2,\cdots,z^M\}$，$\epsilon$ 表示与销售杠杆无关的随机变量且该随机变量分布密度已知。由此，本章的需求函数为一般意义上的需求模型，加法需求模型和乘法需求模型为其中的特例。

每时间周期内的事件顺序如下：①周期起始，企业检查初始库存水平；②如有需要，发出补货订单并支付固定订购成本 K；③假设提前期为 0，即即时交货；④企业制定销售杠杆；⑤销售时期开始，企业观察并满足需求，如果当期需求超过当期库存，则所有未满足需求均延期交货；⑥最后，销售周期结束，期末评估当期成本和收益，计算净利润。图 3.1 描述了时期 t 内的事件序列。

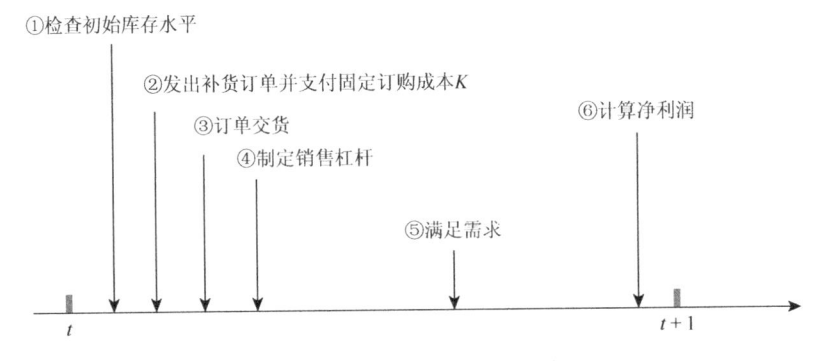

图 3.1 时期 t 内的事件序列

因为未满足的需求延期交货，一旦存货可用即可满足，且规划周期内所有成本参数为常数，所以只要需求发生，无论其是否当期被满足，都能获得收益，即可视为每期的期望收益 R 是当期期望需求和销售价格的乘积，考虑到需求为销售杠杆 z 的函数，有

$$R(z) = p_z E[D(z,\epsilon)]$$

其中，p_z 是与所选销售杠杆 z 对应的价格水平，它也可以是该期销售杠杆的一部分。

本章令 x_t 表示在第 t 期初发生订购之前的库存水平，y_t 表示在第 t 期初订购完成并且到达后的库存水平，$y_t \geq x_t$。每次补充库存都会产生固定订购成本 K 和单位订购成本 c，相关订购总成本为

$$K\delta(y_t > x_t) + c(y_t - x_t)$$

其中

$$\delta(y_t > x_t) = \begin{cases} 1, & y_t > x_t \\ 0, & 其他 \end{cases}$$

库存持有和缺货成本根据期末的库存水平 x 进行计算,用 $g(x)$ 表示,并满足以下假设。

假设 3-1 $g(x)$ 是 x 的凸函数,并且当 $|x| \to \infty$ 时,$g(x)$ 无界。

通常,当 $x=0$ 时,$g(x)$ 最小。尽管如此,本书用一般意义上的 x_0 表示 $g(x)$ 达到最小值的 x 值。记发出订单后的库存水平为 y,企业的销售杠杆为 z,则当期销售结束后期望库存持有和缺货成本为

$$G(y,z) = E\{g[y - D(z,\epsilon)]\}$$

注意到销售杠杆的实施可能会导致成本的发生,本模型允许销售杠杆执行成本 $A(z) \geq 0$。并且销售杠杆成本随着 z 的不同选择而变化,例如,在电子消费产业中,货架展示产生的成本和报纸广告产生的成本是不同的。值得指出的是,虽然该成本很重要,但在相关文献中经常被忽略。

基于上述模型,每个时间周期企业决定其组合销售杠杆和库存的联合决策,以最大化无限规划周期的长期平均期望利润,用 (y_t, z_t) 表示第 t 期的联合决策,其中 y_t 表示订购后的库存水平,z_t 表示该期的销售杠杆。假设规划周期开始时初始库存水平为 x_1,T 周期内,每时间周期的决策为 $\{(y_1,z_1),(y_2,z_2),\cdots,(y_T,z_T)\}$,则长期平均期望利润为

$$\pi[x_1;(y_1,z_1),(y_2,z_2),\cdots,(y_T,z_T)] = \limsup_{T \to \infty} \frac{1}{T} \sum_{t=1}^{T} \{-K\delta(y_t > x_t) - c(y_t - x_t) + p_{z_t} E[D(z_t,\epsilon)] - A(z_t) - G(y_t,z_t)\}$$

其中,第 $t+1$ 期的初始库存水平 $x_{t+1} = y_t - D(z_t,\epsilon), t=1,2,\cdots$。不失一般性,在产品被消费者购买后再计算其单位订购成本 c,则目标函数可转化为

$$\pi[x_1;(y_1,z_1),(y_2,z_2),\cdots,(y_T,z_T)] = \limsup_{T \to \infty} \frac{1}{T} \sum_{t=1}^{T} \{B(y_t,z_t) - K\delta(y_t > x_t) + cx_1\} \quad (3.2.1)$$

其中

$$B(y_t, z_t) = (p_{z_t} - c)E[D(z_t,\epsilon)] - A(z_t) - G(y_t,z_t)$$

如果忽略固定订购成本 K,则可以将 $B(y_t,z_t)$ 视为第 t 期给定补货后的库存水平 y_t 和销售杠杆 z_t 情况下的期望利润。此外,cx_1 项不受 (y_t,z_t) 决策选择的影响,不影响长期利润值,因此可以从目标函数中忽略。

接下来定义类单周期期望利润函数 $f(y)$,该函数对于后续分析非常重要:

$$f(y) = \max_{z \in \{z^1, z^2, \cdots, z^M\}} B(y_t, z_t)$$

给定库存水平 y，$f(y)$ 可以理解为在最优销售杠杆下能够获得的单周期期望利润。值得指出的是，一般来说，现有文献明确或隐含地假设 $f(y)$ 是库存水平 y 的凹函数或单峰函数。然而，如 3.2.2 小节范例 1 和范例 2 所示，在本模型设定中该假设很容易违背。本章对 $f(y)$ 提出如下假设。

假设 3-2 函数 $f(y)$ 有有限个局部最优值。

假设 3-2 可以很容易被满足。由于销售杠杆 z^i 从有限列表 $\{z^1, z^2, \cdots, z^M\}$ 中选择，即有 M 个选择，给定 z^i，$i=1,2,\cdots,M$，可以知道其期望净收益为 $(p_{z^i} - c)E[D(z^i, \epsilon)]$，以及销售杠杆成本 $A(z^i)$。由于 $G(y, z^i)$ 是 y 的凸函数（假设 3-1），易得 $B(y, z^i)$ 是关于 y 的凹函数。根据 $f(y)$ 的定义可知 $f(y)$ 至多有 M 个局部最优值。为阐述方便，指定 y_0 为 $f(y)$ 达到全局最大值的库存水平。

3.2.2 关于 $f(y)$ 函数的讨论

本小节用两个例子来说明在当前考虑的模型设定下，$f(y)$ 函数通常难以保持单峰性。

范例 1　库存/货架展示促销联合决策问题

这里考虑库存和货架展示的联合决策问题。从 $\{z^1, z^2\}$ 中选择销售杠杆，其中 z^1 与 z^2 分别表示没有货架展示和有货架展示。单个规划周期内的需求不确定，并且需求大小取决于是否有货架展示促销。假设需求服从泊松分布，如果没有货架展示，则平均需求为 5 个；如果有货架展示，则平均需求为 10 个。货架展示的费用为 $A(z^2) = 45$ 美元，没有货架展示则不会产生任何额外的费用。两种情况下产品售价一致，如 $p = 12$ 美元。其他成本参数值如下：单位订购成本 $c = 2$ 美元，持有和缺货成本 $g(x) = x^+ + 4x^-$，其中 $x^+ = \max(0, x)$，$x^- = \max(0, -x)$。

图 3.2 描绘了 $B(y, z)$ 和 $f(y)$。显然，$f(y)$ 具有两个局部最优值，因此是非单峰的（其中 $f(y)$ 由 $B(y, z^1)$ 和 $B(y, z^2)$ 表示的两条曲线的上包络线给定）。

范例 2　库存与产品/服务捆绑销售联合决策问题

考虑一家通信运营商提供与手机捆绑销售的增值服务包，有三个可选服务项目：无捆绑服务、六个月网络服务、一年

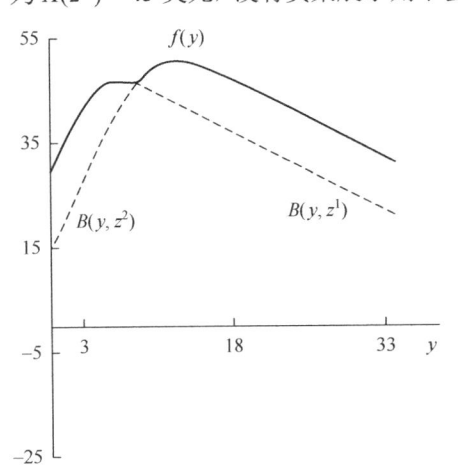

图 3.2　范例 1 中 $B(y, z)$ 和 $f(y)$ 的图示

网络服务。这是 Chen 等（2005）研究中范例 1 的简化版。为阐述方便，b_1 代表不捆绑任何网络服务仅单独销售手机的选项，b_2 表示绑定六个月网络服务销售手机的选项，b_3 表示绑定一年网络服务销售手机的选项。三个选项下每售出一部手机为零售商提供净收益 p_{b_i}，其中 $i=1,2,3$，且有 $p_{b_1} < p_{b_2} < p_{b_3}$。净收益中已扣除服务成本，单部手机的订购成本为 c。

如果将提供给消费者的产品/服务包视为销售杠杆 z，特别地，运营商从三个销售杠杆选项 $\{z^1, z^2, z^3\}$ 中进行选择，考虑为消费者提供哪种销售杠杆。如表 3.1 所示，销售杠杆为 z^1 代表消费者只能选择购买单独的一部手机；销售杠杆为 z^2 时，消费者有两种选择，单独购买一部手机，或者购买带有六个月网络服务的手机套餐，当零售商提供的销售杠杆为 z^3 时，消费者可以选择带有六个月网络服务的手机套餐，或者带有一年网络服务的手机套餐。需求与所提供的产品/服务包相关，即与提供的销售杠杆相关。令 $D_{b_i}(z^j, \epsilon)$ 表示当销售杠杆为 z^j 时与服务包 b_i 相关的需求。表 3.1 列出了每个销售杠杆下的需求以及其期望收益 $r(z)$。

表 3.1 销售杠杆 z 和期望收益 $r(z)$

销售杠杆	提供的服务包	每个服务包的需求	期望收益 $r(z)$
z^1	$\{b_1\}$	$D_{b_1}(z^1, \epsilon_{z^1}^1)$	$(p_{b_1}-c)E[D_{b_1}(z^1, \epsilon_{z^1}^1)]$
z^2	$\{b_1 \cup b_2\}$	$D_{b_1}(z^2, \epsilon_{z^2}^1);\ D_{b_2}(z^2, \epsilon_{z^2}^2)$	$\sum_{i=1}^{2}(p_{b_i}-c)E[D_{b_i}(z^2, \epsilon_{z^2}^i)]$
z^3	$\{b_2 \cup b_3\}$	$D_{b_2}(z^3, \epsilon_{z^3}^2);\ D_{b_3}(z^3, \epsilon_{z^3}^3)$	$\sum_{i=2}^{3}(p_{b_i}-c)E[D_{b_i}(z^3, \epsilon_{z^3}^i)]$

分别令 $p_{b_1}=5$ 美元，$p_{b_2}=8$ 美元，$p_{b_3}=10$ 美元。当 $z=z^1$ 时，单周期内与服务包 b_1 相关的需求服从均值为 12 的泊松分布，与服务包 b_2 和 b_3 相关的需求为 0 个。同样地，当 $z=z^2$（或 z^3）时，与服务包相关的需求分别服从均值为 7、8、0（或 0、5、20）的泊松分布。由于存在替代效应，有 $E[D_{b_1}(z^1, \epsilon_{z^1}^1)] \leqslant E[D_{b_1}(z^2, \epsilon_{z^2}^1)]$。为简单起见，假设三种需求情况下的持有和缺货成本相同，都为 $g(x)=80x^+ + 150x^-$。图 3.3 表明 $f(y)$ 是库存水平 y 的非单峰函数，存在三个极值点。

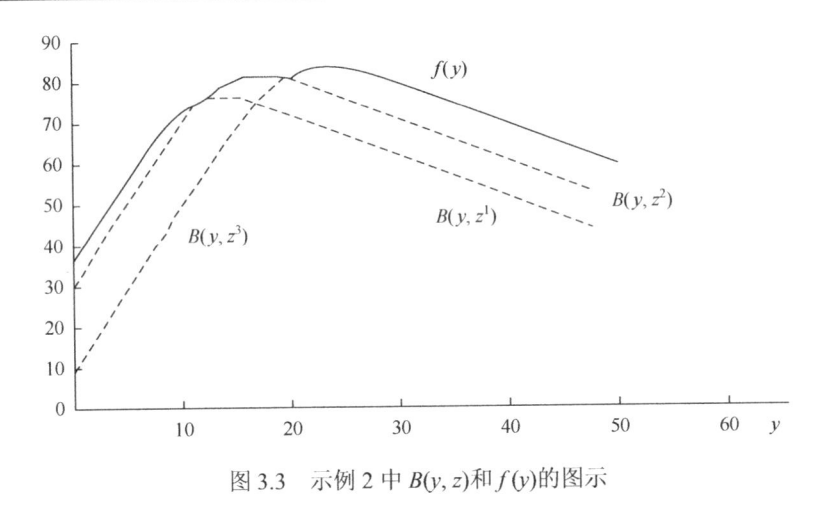

图 3.3 示例 2 中 $B(y,z)$ 和 $f(y)$ 的图示

3.2.3 (s,S,z) 策略的长期平均期望利润

本模型为一个离散的马尔可夫决策问题，其中库存水平和销售杠杆在每个周期初始时刻给定。由于 $f(y)$ 函数不具有单峰性，求解最优的库存和销售杠杆联合策略变得非常困难。考虑到联合决策解的形式可以是多样的，结合现有研究成果，本书特别关注 (s,S,z) 策略，即库存决策依据（s,S）策略决定，而销售杠杆 z 根据库存水平 y 确定。

本小节推导并得出 (s,S,z) 策略下的长期平均期望利润。推导过程中用到两个数学方法：更新理论和广义稳态分析（分析稳态下的库存水平分布特征）(Veinott and Wagner, 1965)。更新理论在相关文献中已有不少应用 (Feng and Chen, 2011; Chen and Simchi-Levi, 2004; Zheng, 1991)，本书用更新理论来探究变量之间的关系。为了方便，本章假设库存水平和需求均为整数值。因为 (s,S,z) 策略中的销售杠杆水平与库存水平相关，对于每一个库存水平 $s+1,\cdots,S$，均有对应的销售杠杆，销售杠杆 z 等同于销售杠杆向量 $z_s^S = (z_{s+1},\cdots,z_S)$。因此在下面互换使用 (s,S,z) 和 (s,S,z_s^S)。要指出的是，(s,S,z_s^S) 策略中针对库存水平 $s+2,\cdots,S$ 的销售杠杆，与 $(s+1,S,z_{s+1}^S)$ 策略中针对同样库存水平 $s+2,\cdots,S$ 的销售杠杆可能并不相同。

给定静态 (s,S,z) 策略，补货决策后的库存水平形成一个以 $\{s+1,\cdots,S\}$ 为状态空间的离散时间有限状态马尔可夫过程。特别地，一旦库存水平达到 S，则该过程将在未来时间段中重复。这是因为每当库存水平下降到或低于 s 时，订单将会发出使得库存水平增加到 S，而对应库存水平 $s+1,s+2,\cdots,S$ 的销售杠杆根据事先给定的 (s,S,z) 策略确定。因此，该马尔可夫链为可以不断重复的更新过程。

一个典型的更新周期从接收订单开始,即当订单应达库存水平为 S 时开始,当库存水平下降到 s 或低于 s 时结束。要说明的是,更新周期与时间周期是两个不同的概念。一个更新周期的期望周期长度(the expected renewal cycle length)为两个连续订单之间的期望时间周期数量(the expected number of time periods),可能包含一个或多个时间周期。一个典型更新周期中的事件序列和相关成本/收益如下。首先,订单应达库存水平为 S,销售杠杆为 z_S,称为一个更新周期的开始,此时所在时间周期称为第一个时间周期;然后该时间周期内需求得到满足,每单位产品获得的净收益为 $p-c$;最后在该时间周期末计算执行销售杠杆产生的成本 $A(z_S)$,根据期末库存水平 x 计算该时段的库存持有和缺货成本 $g(x)$。如果 x 大于 s,则更新周期继续,第二个时间周期开始,由于不发出订单,期初应达库存水平仍为 x,销售杠杆为对应的 z_x。第二个时间周期内的事件序列通过用 x 代替 S 继续重复如第一个时间周期的事件;如果第二个时间周期末的库存水平降至或低于 s,则下一个时间周期(第三个)初企业发出订单,支付固定订购成本 K,该更新周期结束。这里称该更新周期长度为两个时间周期。

根据基本更新过程的报酬定理(Tijms,1986)中的结论可知,给定静态 (s,S,z_s^S) 策略,长期平均期望利润等于更新周期期间产生的期望利润与更新周期的期望长度的比值。基于此结论,Feng 和 Chen(2011)推导得到 (s,S,p) 策略下的长期平均期望利润函数。显然,通过类似的推导,用 z 代替 p 可以获得给定 (s,S,z_s^S) 策略下的长期平均期望利润函数。为方便读者,本章列出了具体的推导过程。用 $\pi(s,S,z_s^S)$ 表示给定 (s,S,z_s^S) 策略下的长期平均期望利润函数,有

$$\pi(s,S,z_s^S) = \frac{P(s,S,z_s^S)}{T(s,S,z_s^S)} \tag{3.2.2}$$

其中,$P(s,S,z_s^S)$ 与 $T(s,S,z_s^S)$ 分别是一个更新过程的期望利润和一个更新周期的期望长度,表达式分别如下:

$$P(s,S,z_s^S) = -K + \sum_{j=0}^{S-s-1} m_j(z_{S-j},\cdots,z_S)B(S-j,z_{S-j}) \tag{3.2.3}$$

$$T(s,S,z_s^S) = \sum_{j=0}^{S-s-1} m_j(z_{S-j},\cdots,z_S) \tag{3.2.4}$$

其中,$m_j(z_{S-j},\cdots,z_S)$ 是更新密度,可通过以下表达式递归计算:

$$m_0(z_y) = \frac{1}{1-\phi_0(z_y)}, \quad m_j(z_{S-j},\cdots,z_S) = \sum_{l=0}^{j} \phi_l(z_y) m_{j-l}(z_{y-j},\cdots,z_{y-l}), \quad j=1,\cdots,y-s-1$$

$$\tag{3.2.5}$$

更新密度 $m_j(z_{S-j},\cdots,z_S)$ 可以理解为在一个更新周期内,库存保持在 $S-j$ 水平上的期望持续时间。

式（3.2.3）与式（3.2.4）的动态递归表达式可以通过式（3.2.6）和式（3.2.7）分别给出：

$$P(s,S,z_s^S) = -K + B(S,z_S) + \sum_{j=0}^{S-s-1} \phi_j(z_S)[P(s,S-j,z_s^{S-j}) + K] \quad (3.2.6)$$

$$T(s,S,z_s^S) = 1 + \sum_{j=0}^{S-s-1} \phi_j(z_S) T(s,S-j,z_s^{S-j}) \quad (3.2.7)$$

式（3.2.2）～式（3.2.5）是重复更新过程的直接结果，而式（3.2.6）和式（3.2.7）是根据动态递归推导出来的。(s,S,z) 策略下的长期平均期望利润函数的推导过程如下。

给定一个静态 (s,S,z_s^S) 策略，令 $P(s,x,z_s^x)$ 为一个时域内的期望利润，该时域以初始库存水平 x 开始，在该时间周期或后续时间周期末的库存水平低于或等于 s 时结束。因此，对于 $x>s$，由动态递归法，可得

$$P(s,x,z_s^x) = B(x,z_x) + \sum_{j=0}^{\infty} \phi_j(z_x) P(s,x-j,z_s^{x-j}) \quad (3.2.8)$$

当 $x \leq s$ 时，下一时间周期初始发出订单，产生固定订购成本 K，则该更新过程结束，且定义 $P(s,x,z_s^x) = -K$。

将 $T(s,S,z_s^S)$ 定义为库存水平从 x 降低至 s 或低于 s 所需的时间周期数量。对于 $x>s$，该时间周期数量至少为 1，且有

$$T(s,x,z_s^S) = 1 + \sum_{j=0}^{\infty} \phi_j(z_x) T(s,x-j,z_s^{x-j}) \quad (3.2.9)$$

定义当 $x \leq s$ 时，$T(s,x,z_s^S) = 0$。

为简单起见，分别用 $P(x)$ 与 $T(x)$ 表示 $P(s,x,z_s^x)$ 和 $T(s,x,z_s^S)$，将对应 $x \leq s$ 时的 $P(x) = -K$ 代入式（3.2.8），对于任意 $x>s$，可得

$$\begin{aligned}P(s,x,z_s^x) &= B(x,z_x) + \sum_{j=0}^{x-s-1} \phi_j(z_x) P(x-j) + \sum_{j=x-s}^{\infty} \phi_j(z_x)(-K) \\ &= B(x,z_x) + \sum_{j=0}^{x-s-1} \phi_j(z_x)[P(x-j) + K] - K\end{aligned} \quad (3.2.10)$$

同样地，将 $x \leq s$ 时的 $T(x) = 0$ 代入式（3.2.9）可得

$$T(s,x,z_s^S) = 1 + \sum_{j=0}^{\infty} \phi_j(z_x) T(s,x-j,z_s^{x-j}) = 1 + \sum_{j=0}^{x-s-1} T(x-j) \quad (3.2.11)$$

如果 $x = S$，则 $P(s,S,z_s^S)$（或 $P(S)$）为以初始库存水平 S 开始，并以库存水平低于或等于 s 结束的时域内产生的期望利润，准确说来，即给定 (s,S,z) 策略下一个典型更新周期产生的期望利润。因此，动态递归公式（3.2.6）可以直接由

式（3.2.10）推导得出。同样地，$T(s, S, z_s^S)$（或 $T(S)$）是库存水平从 S 降低至或低于 s 所需的期望时间长度，即一个典型更新周期的期望长度。因此式（3.2.7）可以直接从式（3.2.10）推导得出。

下面推导式（3.2.3）和式（3.2.4）的表达式。考虑到初始库存水平 $x > s$，有以下定义：

$$m_j(z_{x-j}, \cdots, z_x) \equiv \sum_{i=1}^{\infty} \phi_j^i(z_{x-j}, \cdots, z_x)$$

上式即累计需求等于 j 所需时间周期的期望数量。因此，累计需求超过 $x-s-1$ 所需时间周期的期望数量为 $\sum_{j=0}^{x-s-1} m_j(z_{x-j}, \cdots, z_x)$，实际上也是库存水平从 x 降到低于或等于 s 所需的时间周期期望数量，则有

$$T(x) = \sum_{j=0}^{x-s-1} m_j(z_{x-j}, \cdots, z_x) \qquad (3.2.12)$$

由更新理论（Veinott and Wagner, 1965）可知，更新密度 $m_j(z_{x-j}, \cdots, z_x)$（$j = 0, 1, \cdots, x-s-1$）可由以下表达式递归计算：

$$m_0(z_x) = \frac{1}{1-\phi_0(z_x)}, \quad m_j(z_{x-j}, \cdots, z_x) = \sum_{l=0}^{j} \phi_l(z_x) m_{j-l}(z_{x-j}, \cdots, z_{x-l}), \quad j = 1, \cdots, x-s-1$$

$$(3.2.13)$$

另外，$m_j(z_{x-j}, \cdots, z_x)$ 也可以解释为一般的更新周期内库存水平保持在 $x-j$ 的期望持续时间。

下面直接用更新密度推导 $P(x)$ 的另外一种表达式，从 $x = s+1$ 开始，有

$$P(s+1) + K = B(s+1, z_{s+1}) + \phi_0(z_{s+1})[P(s+1) + K]$$
$$= \frac{1}{1-\phi_0(z_{s+1})} B(s+1, z_{s+1})$$
$$= m_0(z_{s+1}) B(s+1, z_{s+1})$$

当 $x = s+2$ 时：

$$P(s+2) + K = B(s+2, z_{s+2}) + \phi_0(z_{s+2})[P(s+2) + K] + \phi_1(z_{s+2})[P(s+1) + K]$$
$$= \frac{1}{1-\phi_0(z_{s+2})} B(s+2, z_{s+2}) + \frac{\phi_1(z_{s+2})}{1-\phi_0(z_{s+2})} m_0(z_{s+1}) B(s+1, z_{s+1})$$
$$= m_0(z_{s+2}) B(s+2, z_{s+2}) + m_1(z_{s+1}, z_{s+2}) B(s+1, z_{s+1})$$
$$= \sum_{j=0}^{1} m_j(z_{s+2-j}, z_{s+2}) B(s+2-j, z_{s+2-j})$$

其中，$m_0(z_{s+2})$ 和 $m_1(z_{s+1}, z_{s+2})$ 可由式（3.2.13）递归计算得到。

一般情况下，对于任意 $x > s$，迭代扩展 $P(x-j)$，可得

$$\begin{aligned}
P(x)+K &= B(x,z_x) + \sum_{j=0}^{x-s-1}\phi_j(z_x)B(x-j,z_{x-j}) + \sum_{j=0}^{x-s-1}\phi_j(z_x)\sum_{l=0}^{x-j-s-1}\phi_l(z_{x-j})[P(x-j-l)+K] \\
&= B(x,z_x) + \sum_{j=0}^{x-s-1}\phi_j(z_x)B(x-j,z_{x-j}) + \sum_{j=0}^{x-s-1}\sum_{j_1+j_2=j}\phi_{j_1}(z_x)\phi_{j_2}(z_{x-j_1})[P(x-j)+K] \\
&= B(x,z_x) + \sum_{j=0}^{x-s-1}\phi_j(z_x)B(x-j,z_{x-j}) \\
&\quad + \sum_{j=0}^{x-s-1}\sum_{j_1+j_2=j}\phi_{j_1}(z_x)\phi_{j_2}(z_{x-j_1})\left\{\sum_{l=0}^{x-j-s-1}\phi_l(z_{x-j})[P(x-j-l)+K]+B(x-j,z_{x-j})\right\} \\
&= B(x,z_x) + \left[\sum_{j=0}^{x-s-1}\phi_j(z_x) + \sum_{j=0}^{x-s-1}\sum_{j_1+j_2=j}\phi_{j_1}(z_x)\phi_{j_2}(z_{x-j_1})\right]B(x-j,z_{x-j}) \\
&\quad + \sum_{j_1=0}^{x-s-1}\sum_{j_2=0}^{x-s-1-j_1}\sum_{j_3=0}^{x-s-1-j_1-j_2}\phi_{j_1}(z_x)\phi_{j_2}(z_{x-j_1})\phi_{j_3}(z_{x-j_1-j_2})[P(x-j_1-j_2-j_3)+K] \\
&= B(x,z_x) + \left[\sum_{j=0}^{x-s-1}\phi_j(z_x) + \sum_{j=0}^{x-s-1}\sum_{j_1+j_2=j}\phi_{j_1}(z_x)\phi_{j_2}(z_{x-j_1})\right]B(x-j,z_{x-j}) \\
&\quad + \sum_{j=0}^{x-s-1}\sum_{j_1+j_2+j_3=j}\phi_{j_1}(z_x)\phi_{j_2}(z_{x-j_1})\phi_{j_3}(z_{x-j_1-j_2})[P(x-j)+K] \\
&= \cdots \\
&= \sum_{j=0}^{x-s-1}\sum_{i=1}^{\infty}\phi_j^i(z_{x-j},\cdots,z_x)B(x-j,z_{x-j}) = \sum_{j=0}^{x-s-1}m_j(z_{x-j},\cdots,z_x)B(x-j,z_{x-j})
\end{aligned}$$

(3.2.14)

其中，更新密度 $m_j(z_{x-j},\cdots,z_x)$ 可由式（3.2.13）递归计算获得。另外，令式（3.2.14）中的 $K=0$ 和 $B(x-j,z_{x-j})=1$ 同样可以计算出 $T(x)$。

如果 $x=S$，则 $P(S)$，即 $P(s,S,z_s^S)$ 为给定 (s,S,z_s^S) 策略下一个更新周期内的期望利润，可以直接从式（3.2.14）中计算它的结果，与式（3.2.3）中的结果一样。在给定 (s,S,z_s^S) 策略下一个更新周期的期望长度为 $T(S)$，即 $T(s,S,z_s^S)$，它可以直接从式（3.2.12）中得到，最终的结果如式（3.2.4）所示。

3.3 优化 (s,S,z) 策略

3.2 节聚焦于特定的 (s,S,z_s^S) 策略，并推导出给定 (s,S,z_s^S) 策略下的目标函数。由于长期平均期望利润函数（式（3.2.2）～式（3.2.4））非常复杂，本节基于分数规划理论，利用辅助函数将原始利润函数的最大化问题转换为辅助函数的次序优化问题。在此基础上，充分利用 (s,S,z_s^S) 策略的性质，提出优化算法有效地缩短计算复杂程度，并与其他算法进行比较。

3.3.1 辅助函数

由于长期平均期望利润函数式（3.2.2）～式（3.2.4）相当复杂，本小节引入辅助函数 $l_\gamma(s,S,z_s^S)$，可视为式（3.2.2）的分数表达形式：

$$l_\gamma(s,S,z_s^S) = P(s,S,z_s^S) - \gamma T(s,S,z_s^S) \tag{3.3.1}$$

其中，$\gamma > 0$ 是虚拟利润。由于辅助函数的结构更为简单，基于辅助函数的优化问题比原始长期平均期望利润函数的优化问题更易处理。给定虚拟利润 γ，定义辅助函数的最大值为 $\omega(\gamma)$，即 $\omega(\gamma) = \max\limits_{s,S,z_s^S} l_\gamma(s,S,z_s^S)$。基于分数规划（Schaible，1995）理论：当且仅当 $\omega(\gamma^*) = 0$ 时，最优的 γ^* 等同于式（3.2.2）～式（3.2.4）原始优化问题的最大长期平均期望利润。具体证明见下面的命题 3-1。由此，原始长期利润最大化问题等同于找到最优的 γ^* 使得 $\omega(\gamma^*) = 0$ 成立。类似的方法在其他文献中也用到了，如 Feng 和 Chen（2011）、Feng 和 Sun（2001）、Feng 和 Xiao（2000）。

可以对辅助函数作以下解释。如果将虚拟利润 γ 视为每时间周期的基准利润，$\gamma T(s,S,z_s^S)$ 则为 (s,S,z_s^S) 策略下该更新周期内总的基准利润，其中 $T(s,S,z_s^S)$ 是该策略下的期望更新周期长度。回顾前面内容可知，$P(s,S,z_s^S)$ 为 (s,S,z_s^S) 策略下该更新周期的期望累计利润。因此，辅助函数 $l_\gamma(s,S,z_s^S)$ 可以认为是 (s,S,z_s^S) 策略下的累计利润和基准利润 $\gamma T(s,S,z_s^S)$ 之间的差值。如果 $l_\gamma(s,S,z_s^S) > 0$，则 (s,S,z_s^S) 策略的累计利润大于基准利润；否则，该策略劣于基准策略。

根据式（3.2.3）中的期望累计利润和式（3.2.4）中期望周期长度的表达式，可以将式（3.3.1）改写如下：

$$l_\gamma(s,S,z_s^S) = -K + \sum_{j=0}^{S-s-1} m_j(z_{S-j},\cdots,z_S)[B(S-j,z_{S-j}) - \gamma] \tag{3.3.2}$$

另外，根据式（3.2.6）和式（3.2.7）中的表达式可以获得另一个辅助函数表达式：

$$l_\gamma(s,S,z_s^S) = -K + B(S,z_S) - \gamma + \sum_{j=0}^{S-s-1} \phi_j(z_S)[l_\gamma(s,S-j,z_s^{S-j}) + K] \tag{3.3.3}$$

一般情况下，当 $s+1 \leq j \leq x$ 时，给定 z_j，则有

$$l_\gamma(s,x,z_s^x) = -K + \sum_{j=0}^{x-s-1} m_j(z_{x-j},\cdots,z_x)[B(x-j,z_{x-j}) - \gamma] \tag{3.3.4}$$

或

$$l_\gamma(s,x,z_s^x) = -K + B(x,z_x) - \gamma + \sum_{j=0}^{x-s-1}\phi_j(z_x)[l_\gamma(s,x-j,z_s^{x-j})+K] \quad (3.3.5)$$

给定虚拟利润 γ，令 $(s_\gamma, S_\gamma, \overline{z}_{s_\gamma}^{S_\gamma})$ 表示使得辅助函数 $l_\gamma(s,x,z_s^x)$ 达到最大值的最优 (s,S,z_s^S) 类型策略，其中 $\overline{z}_{s_\gamma}^{S_\gamma} = (z_{s_\gamma+1}, \cdots, z_{S_\gamma})$ 为对应最优订购策略 (s_γ, S_γ) 的最优销售杠杆向量，则辅助函数 $\omega(\gamma)$ 的最大化可以表示为

$$\omega(\gamma) = \max_{s<S, z_s^S \in \{z^1,\cdots,z^M\}^{S-s}} l_\gamma(s,S,z_s^S) = l_\gamma(s_\gamma, S_\gamma, \overline{z}_{s_\gamma}^{S_\gamma}) \quad (3.3.6)$$

命题 3-1 将原始目标函数的优化问题转化为辅助函数的优化问题，为下面的优化算法过程提供了理论基础。

命题 3-1 ① $\omega(\gamma)$ 是 γ 的单调递减函数；② 令 π^* 为 (s,S,z_s^S) 型最优策略下获得的长期平均期望利润，当且仅当 $\gamma = \pi^*$ 时，$\omega(\gamma)=0$。

命题 3-1 意味着：对于某一初始虚拟利润 $\gamma < \pi^*$，长期平均期望利润 $\pi(s,S,z_s^S)$ 的原始最大化问题可以转换为辅助函数 $l_\gamma(s,S,z_s^S)$ 的最大化问题，不断增加 γ 直到 $\omega(\gamma)=0$ 成立。基于此，能够提出一个不断改善虚拟利润 γ 以达到最优解的计算过程。

虚拟利润 γ 的初始值可以通过计算任一 (s,S,z_s^S) 类型策略的长期平均期望利润值获得，例如，令 $\gamma = \pi(s', S', z_{s'}^{S'})$，这里 $(s', S', z_{s'}^{S'})$ 可以是任一有效的 (s,S,z_s^S) 类型策略。

命题 3-2 进一步表明 $\gamma < f(y_0)$，其中 y_0 是 $f(y)$ 达到全局最大值的点。因此 $f(y_0)$ 可以视为虚拟利润的上界值。

命题 3-2 令 γ 等于 (s,S,z) 类型策略下长期平均期望利润，则有 $\gamma < f(y_0)$，其中 y_0 是 $f(y)$ 达到全局最大值的点。

3.3.2 $(s_\gamma, S_\gamma, \overline{z}_{s_\gamma}^{S_\gamma})$ 策略参数的特征描述

本小节主要描述给定虚拟利润 γ，如何优化辅助函数 $l_\gamma(s,S,z_s^S)$ 找到最优 $(s_\gamma, S_\gamma, \overline{z}_{s_\gamma}^{S_\gamma})$ 策略的过程，从而使得 $\pi^* = \pi(s^*, S^*, \overline{z}_{s^*}^{S^*})$。求解 $(s_\gamma, S_\gamma, \overline{z}_{s_\gamma}^{S_\gamma})$ 策略要求找到最优订购策略（包括最优再订购点、最优订购应达水平），以及相应的销售杠杆。

1. 最优订购策略

给定虚拟利润 $\gamma < \pi^*$，定义一个集合 $\propto(\gamma)$：$\propto(\gamma) = \{y: f(y+1) \geqslant \gamma > f(y)\}$。给定 γ，该集合包含所有的 y 值使得 $f(y+1) \geqslant \gamma > f(y)$ 成立。由假设 3-1 可知，随着 $|x| \to \infty$，$g(x) \to \infty$，因此有 $f(x) \to \infty$。因为 $\gamma < f(y_0)$，所以 $\propto(\gamma)$ 是非空

集合。根据假设 3-2 可知，$\propto(\gamma)$ 中可能存在多个元素，这里将其称为再订购候选点，用 $s_\gamma^1, s_\gamma^2, \cdots, s_\gamma^n$ 表示，其中 $1 \leqslant n \leqslant M$。为方便计算，假设该 n 个候选点按次序排列，即 $s_\gamma^1 < s_\gamma^2 < \cdots < s_\gamma^n$。

命题 3-3 给定 $\gamma < \pi^*$，则与之相关的最优再订购点 s_γ 从集合 $\propto(\gamma)$ 中选择。

结合辅助函数的优化过程，命题 3-3 大大缩小了求解最优再订购点 s_γ 的范围。容易推断出，如果 $f(y)$ 是单峰函数或者凹函数，最优再订购点将存在且唯一，正如 Feng 和 Chen（2011）所提及的。然而，最优订购应达水平 S_γ 的求解过程并没有那么简单。命题 3-4 确定了最优订购应达水平的范围。

命题 3-4 给定 $\gamma < \pi^*$，则有：①最优订购应达水平 $S_\gamma \leqslant \overline{S}_\gamma$，其中 $\overline{S}_\gamma = \sup\{x : f(x) \geqslant \gamma\}$；②$S_\gamma \geqslant \max(s_\gamma + 1, x_0)$，其中 x_0 是使得 $g(x)$ 最小的值。

命题 3-4①给出了最优订购应达水平的上确界，即满足 $f(x) \geqslant \gamma$ 的最大 x 值。命题 3-4②给出了最优订购应达水平的下确界，或为最优再订购点 $+1$，或为使得 $g(x)$ 达到最小的数值，取两者中最大者。

图 3.4 将命题 3-3 和命题 3-4 关于最优再订购候选点与最优订购应达水平的描述图形化。当虚拟利润为 γ 时，γ 线穿越 $f(y)$ 函数四次，根据定义，则存在两个最优再订购候选点，即 $\propto(\gamma) = \{s_\gamma^1, s_\gamma^2\}$。最大的穿越点为 $\overline{S}_\gamma$，根据命题 3-4①，应为最优订购应达水平 S_γ 的上限。当虚拟利润为 γ_1 时，$\gamma_1 > \gamma$，γ_1 线穿越 $f(y)$ 函数两次，最优再订购候选点唯一，即 $\propto(\gamma_1) = \{s_{\gamma_1}^1\}$，最优订购应达水平 S_γ 的上限为 $\overline{S}_{\gamma_1}$。当 γ 增加到 γ_1 时，最小的最优再订购候选点增加，如 $s_\gamma^1 \leqslant s_{\gamma_1}^1$，而最优订购应达水平的上界减小，如 $\overline{S}_{\gamma_1} \leqslant \overline{S}_\gamma$，则再订购点、订购应达水平之间的搜索范围减小，即 $(s_{\gamma_1}^1, \overline{S}_{\gamma_1}]$ 的范围缩小了。

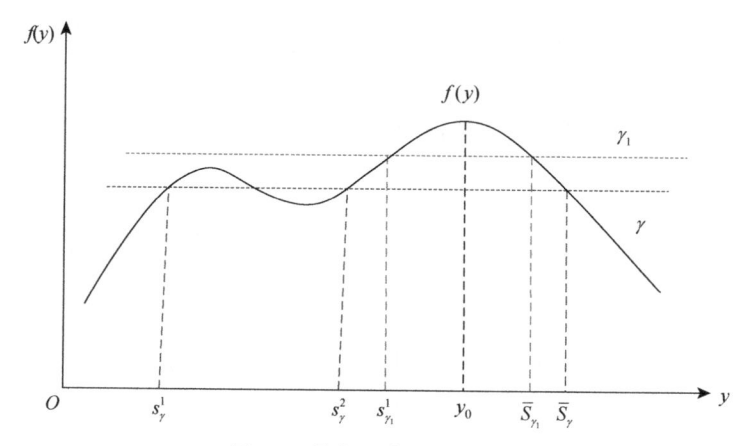

图 3.4 最优订购策略的图示

2. 最优销售杠杆

假设给定的订购策略为 (s,S)，接下来优化库存水平区间 $(s,S]$ 内每个库存水平对应的销售杠杆。命题 3-5 给出了具体的求解过程。

命题 3-5 对任何给定的订购策略 (s,S)，令 $\bar{z}_s^S = (z_{s+1},\cdots,z_S)$ 表示最优销售杠杆向量，使得辅助函数 $l_\gamma(s,S,z_s^S)$ 最大化，由此有

$$l_\gamma(s,S,\bar{z}_s^S) = \max_{z_s^S} l_\gamma(s,S,z_s^S)$$

最优销售杠杆向量 $\bar{z}_s^S$ 可按以下方法依次确定：①当 $y = s+1$ 时，z_{s+1} 为使得以下问题最大化的值：

$$-K + \max_{i=1,\cdots,M} m_0(z^i)[B(s+1,z^i) - \gamma] = l_\gamma(s,s+1,\bar{z}_s^{s+1}) \quad (3.3.7)$$

②当 $s+1 < y \leq S$ 时，z_y 为使得以下问题最大化的值：

$$-K + \max_{i=1,\cdots,M} m_0(z^i)\left\{B(y,z^i) - \gamma + \sum_{j=1}^{y-s-1}\phi_j(z^i)[l_\gamma(s,y-j,\bar{z}_s^{y-j}) + K]\right\} = l_\gamma(s,y,\bar{z}_s^y)$$

$$(3.3.8)$$

其中，$z_{s+1},\cdots,z_{y-1}$ 是给定库存水平 $s+1,\cdots,y-1$ 的最优销售杠杆水平，通过依次求解 $l_\gamma(s,y-j,\bar{z}_s^{y-j})$，$j = y-s-1,\cdots,1$ 的最大值获得。

命题 3-5 通过依次求解一系列单一变量最大化问题获得最佳销售杠杆向量。可以简单理解为处于较低库存水平的销售杠杆不受比其更高库存水平销售杠杆的影响。因此，可以通过首先优化较低库存水平的销售杠杆，然后逐步代入目标辅助函数，获得较高库存水平对应的最优销售杠杆。该方法在 Feng 和 Chen（2011）、Wei 和 Chen（2011）中有类似应用。

如果规划周期刚开始时初始库存水平 x 大于 S，则根据 (s,S) 策略的订购规则，这种情况下不发出订单。随着需求消耗库存，库存水平将在有限个周期后下降到 S 或更低，长期来看，静态 (s,S,z_s^S) 策略下的长期平均期望利润不受初始库存水平 x 的影响。不过对于这种情况，最优销售杠杆可由式（3.3.9）递归计算获得

$$l_\gamma(s,x,\bar{z}_s^x) = -K + \max_{i=1,\cdots,M} m_0(z^i)\left\{B(x,z^i) - \gamma + \sum_{j=1}^{x-s-1}\phi_j(z^i)[l_\gamma(s,x-j,\bar{z}_s^{x-j}) + K]\right\}$$

$$(3.3.9)$$

其中，$\bar{z}_s^x = (z_{s+1},\cdots z_{x-1},z_x)$ 是最优销售杠杆向量，$z_{s+1},\cdots,z_{x-1}$ 是已知的、对应库存水平为 $s+1,\cdots,x-1$ 的最优销售杠杆水平，通过依次求解 $l_\gamma(s,x-j,\bar{z}_s^{x-j})$，$j = x-s-1,\cdots,1$ 的最大值获得。

3.3.3 修正过程

基于前面的讨论，3.3.2 小节给出了给定虚拟利润 γ 的情况下，使得辅助函数 $\omega(\gamma)$ 达到最大值的 $(s_\gamma, S_\gamma, \bar{z}_{s_\gamma}^{S_\gamma})$ 策略参数的性质。本小节提出如何通过修正虚拟利润 γ 及其相关策略参数的计算过程，使得 $(s_\gamma, S_\gamma, \bar{z}_{s_\gamma}^{S_\gamma})$ 策略达到系统最优。

1. 修正虚拟利润

基于命题 3-1，对于 $\gamma < \pi^*$，$\omega(\gamma)$ 关于 γ 递减，由此能够构建一个不断递增虚拟利润 γ 的计算过程，使得 γ 修正为 $\pi(s_\gamma, S_\gamma, \bar{z}_{s_\gamma}^{S_\gamma})$ 产生的利润，直到满足终止条件 $\omega(\gamma) = 0$。然而，该方法需要列举出订购策略所有可行解的组合，这些可行解策略包括所有从 $\propto(\gamma)$ 集合选择的最优再订购候选点，以及在 $[\max(s_\gamma + 1, x_0), \bar{S}_\gamma]$ 范围内的最优订购应达水平的集合，非常耗时。

例如，如图 3.4 所示，给定虚拟利润 γ，需要通过列举所有可行的订购策略 (s_γ^i, y)，才能求解得到 $\omega(\gamma)$ 的最优订购策略。注意到 $y \in (s_\gamma^i, S_\gamma), i=1,2$，则需要枚举所有 (s_γ^i, S_γ) 之间的数值。对于相隔较大的上下界范围，计算成本很高，因此，有必要寻求一种更为有效的计算方法。

注意到对于给定的虚拟利润 $\gamma < \pi^*$，一旦有 $l_\gamma(s, S, z_s^S) > 0$，则从 (s, S, z_s^S) 策略中获得的长期平均期望利润一定大于基准利润 γ。令 $\gamma_1 = \pi(s, S, z_s^S)$，则有 $\gamma_1 > \gamma$，虚拟利润 γ 可以更新为 γ_1。由此，这个方法提供了一个非常有用的修正 γ 的思路：不用确定与 γ 相关联的最优 $(s_\gamma, S_\gamma, \bar{z}_{s_\gamma}^{S_\gamma})$ 策略，只要有任何策略使得和当前虚拟利润相比有 $l_\gamma(s, S, z_s^S) > 0$，即可更新虚拟利润为 $\gamma_1 = \pi(s, S, z_s^S)$。

虚拟利润的更新规则如命题 3-6 所述，证明过程很简单。在 Feng 和 Chen（2011）、Wei 和 Chen（2011）中均有应用。

命题 3-6 令 γ 为小于 π^* 时的虚拟利润，则有以下结论成立：① 给定 (s, S, z_s^S) 策略，如果 $l_\gamma(s, S, z_s^S) > 0$，则 $\gamma_1 = \pi(s, S, z_s^S) > \gamma$；② $l_{\gamma_1}(s_\gamma, S_\gamma, \bar{z}_{s_\gamma}^{S_\gamma}) > 0$。

下面用一个示例简单说明。给定 $\gamma \leq \pi^*$，如果 $\propto(\gamma) = \{s_\gamma\}$，则对于所有 $y < S_1$ 有 $l_\gamma(s_\gamma, y, \bar{z}_{s_\gamma}^y) < 0$。这里 S_1 与 γ 有关且为一个可行的订购应达水平，并且有 $l_\gamma(s_\gamma, S_1, \bar{z}_{s_\gamma}^{S_1}) > 0$，那么可以在没有确定最优订购应达水平 S_γ 的情况下直接把 γ 修正为 $\gamma_1 = \pi(s_\gamma, S_1, \bar{z}_{s_\gamma}^{S_1})$。但是，如果 $\propto(\gamma)$ 中有多个元素，如 $\propto(\gamma) = \{s_\gamma^1, s_\gamma^2\}$，对于每个

$s_\gamma^i, i=1,2$,如果 $y<S_1$ 时 $l_\gamma(s_\gamma^i, y, \bar{z}_{s_\gamma}^y)<0$,且 $\max_{s_\gamma^i \in \propto(\gamma)} l_\gamma(s_\gamma^i, S_1, \bar{z}_{s_\gamma}^{S_1}) = l_\gamma(s_\gamma^1, S_1, \bar{z}_{s_\gamma}^{S_1})>0$,那么可以在尚未确定最优订购应达水平 S_γ 的情况下直接把 γ 修正为 $\gamma_1 = \pi(s_\gamma^1, S_1, \bar{z}_{s_\gamma}^{S_1})$。

2. 修正策略参数

接下来讨论如何结合修正的虚拟利润 γ 来修正最优策略参数 s_γ、S_γ 和 $\bar{z}_{s_\gamma}^{S_\gamma}$。

命题 3-7 给出如何搜索最优再订购候选点,以及最优订购应达水平。

命题 3-7 给定虚拟利润 $\gamma < \pi^*$,令 $\propto(\gamma) = \{s_\gamma^1, s_\gamma^2, \cdots, s_\gamma^n\}$,$n \leq M$,假设存在 $S_1 > s_\gamma$ 使得对于所有 $y \in (s_\gamma, S_1)$,有 $l_\gamma(s_\gamma, y, \bar{z}_{s_\gamma}^y) \leq 0$,其中 $s_\gamma \in \propto(\gamma)$;对于 $y = S_1$,有 $l_\gamma(s_\gamma, S_1, \bar{z}_{s_\gamma}^{S_1})>0$。令 $\gamma_1 = \pi(s_\gamma, S_1, \bar{z}_{s_\gamma}^{S_1})$,则有:① $\gamma_1 > \gamma$;② $S_{\gamma_1} \geq \max(S_1, s_{\gamma_1}^1 + 1)$;③ $s_{\gamma_1}^1 \geq s_\gamma^1$,且 $\bar{S}_{\gamma_1} \leq \bar{S}_\gamma$。

命题 3-7 理解如下。给定起始虚拟利润 γ,对于给定的库存控制参数,有 $l_\gamma(s_\gamma, y, \bar{z}_{s_\gamma}^y) \leq 0$,增加订购应达水平 y 至 S_1,一旦 $l_\gamma(s_\gamma, S_1, \bar{z}_{s_\gamma}^{S_1})$ 变为正,就修正 γ 为 γ_1。如命题 3-7②所示,与 γ_1 相关的最优订购应达水平 S_{γ_1} 将不会小于 S_1。这意味着搜索新的最优订购应达水平是单向的,也就是说,前面的迭代中的库存订购应达水平 $y \in (s_\gamma, S_1]$,并不需要在后续迭代中重新计算讨论。这样可以省略比较大的求解最优订购应达水平 S_γ 的搜索范围。此外,约束最优订购应达水平下限的另外一个值:最小的最优再订购候选点,其也随着 γ 递增,即 $s_\gamma^1 \leq s_{\gamma_1}^1$,因此,最优订购应达水平的下界随着对 γ 的修正递增,而最优订购应达水平的上界随着对 γ 的修正而减小,即 $\bar{S}_\gamma \geq \bar{S}_{\gamma_1}$(命题 3-7③)。这样,最优订购应达水平的搜索求解范围随着对 γ 的修正而缩小,从而减少计算量。

应该注意的是,在 Feng 和 Chen(2011)的研究中假设 $f(y)$ 是单峰函数,最优再订购点唯一,并且随着对 γ 的修正增大,即 $s_\gamma \leq s_{\gamma_1}$。然而本章中该性质不一定成立,因为 $f(y)$ 存在有限个局部最优值。因此,当 γ 增加到 γ_1 时,可能出现最优再订购点 s_{γ_1} 甚至小于 s_γ。

3. 终止规则

命题 3-8 阐述搜索终止的规则。

命题 3-8 给定虚拟利润 $\gamma < \pi^*$,假设对所有 $s_\gamma^i \in \propto(\gamma)$,$y \in (s_\gamma^i, \bar{S}_\gamma)$,$l_\gamma(s_\gamma^i, y, \bar{z}_{s_\gamma}^y) \leq 0$,且存在当 $y = S_1$ 时,$l_\gamma(s_\gamma, S_1, \bar{z}_{s_\gamma}^{S_1}) = 0$,则 $(s_\gamma, S_1, \bar{z}_{s_\gamma}^{S_1})$ 是最优的 (s, S, z_s^S) 策略,$\pi^* = \gamma$,$s^* = s_\gamma$,$S^* = S_1$。

命题 3-8 可以理解如下：若虚拟利润不断增大，增大到一定程度时则使得在该策略下辅助函数的值为负，则选择使得辅助函数为 0 的策略为最优。如果该策略存在多个，则选择使得订购应达水平最小的策略为最优。该方法在 Feng 和 Chen（2011），以及 Wei 和 Chen（2011）中均有应用。

4. 计算最优 (s, S, z_s^S) 策略的算法

基于前面讨论的优化过程，下面总结并实现一个有效的计算最优 (s, S, z_s^S) 策略的优化算法。

首先介绍算法的基本原理。设定虚拟利润的初始值 γ_0，γ_0 可以是从任意给定的 (s, S, z_s^S) 策略中获得的长期平均期望利润，因此可视为 π^* 的下限。对于每个虚拟利润 γ，基于以下 (s, S, z_s^S) 策略计算辅助函数的值，其中再订购点 $s = s_\gamma^i$ 从 $\propto(\gamma)$ 中选择（由命题 3-3 可知 $s_\gamma^i \in \propto(\gamma)$），订购应达水平 S 在 $s+1$ 到 $\overline{S}_\gamma$ 区间进行搜索（由命题 3-4 可知 $s+1 \leqslant S \leqslant \overline{S}_\gamma$），与 (s, S) 相关的最优销售杠杆向量为 $\overline{z}_s^S$（由命题 3-5 计算获得）。并不需要找到给定虚拟利润 γ，使得辅助函数 $\omega(\gamma)$ 达到最大的最优订购应达水平 S，只需关注辅助函数的符号。一旦存在 S 使得 $L > 0$，其中 $L = \max_{s_\gamma^i} l(s_\gamma^i, S, \overline{z}_{s_\gamma^i}^S)$ 是给定库存水平 S、再订购点 s_γ^i 的最大辅助函数值（由命题 3-6 ②可以确定这样的 S 存在），则结束当前的迭代计算，并且修正虚拟利润 γ，令 $\gamma = \pi(s_\gamma^i, S, \overline{z}_{s_\gamma^i}^S)$。对于已修正的虚拟利润 γ，重新计算最优再订购候选点，同时搜索最优订购应达水平。搜索范围到从目前为止 S 的最大值和给定修正虚拟利润 γ 对应的最小再订购候选点开始（命题 3-7②）。此外，由于修正后的虚拟利润 γ 和原来相比增大，修正后的最优再订购点下界增加，修正后订购应达水平的搜索上界降低（命题 3-7③），由此进一步缩小了搜索范围。继续重复该过程，直到找到 $\gamma = \pi^*$（命题 3-8）。

考虑到该搜索过程与初始虚拟利润 γ_0 相关，通常令 $\gamma_0 = \pi(s', S', z_{s'}^{S'})$，对应一个可行的 (s, S, z_s^S) 类型策略。γ_0 可视为 π^* 的下限，每迭代一次，γ 修正并递增。算法的有效性因此取决于 γ_0 与 π^* 的接近程度。一个方便的选择是考虑 $(y_0 - 1, y_0, z)$ 策略，这里 y_0 是 $f(y)$ 达到全局最大值的点，z 可以是任意的销售杠杆水平，如 z^1。

假设已知实现库存持有和缺货成本 $g(x)$ 最小值的点 x_0，且 $f(y)$ 达到全局最大值的点 y_0 已知。$B(y, z)$ 和 $f(y)$ 值可以离线计算，因此也为已知量。

优化算法总结如下，流程图见图 3.5。

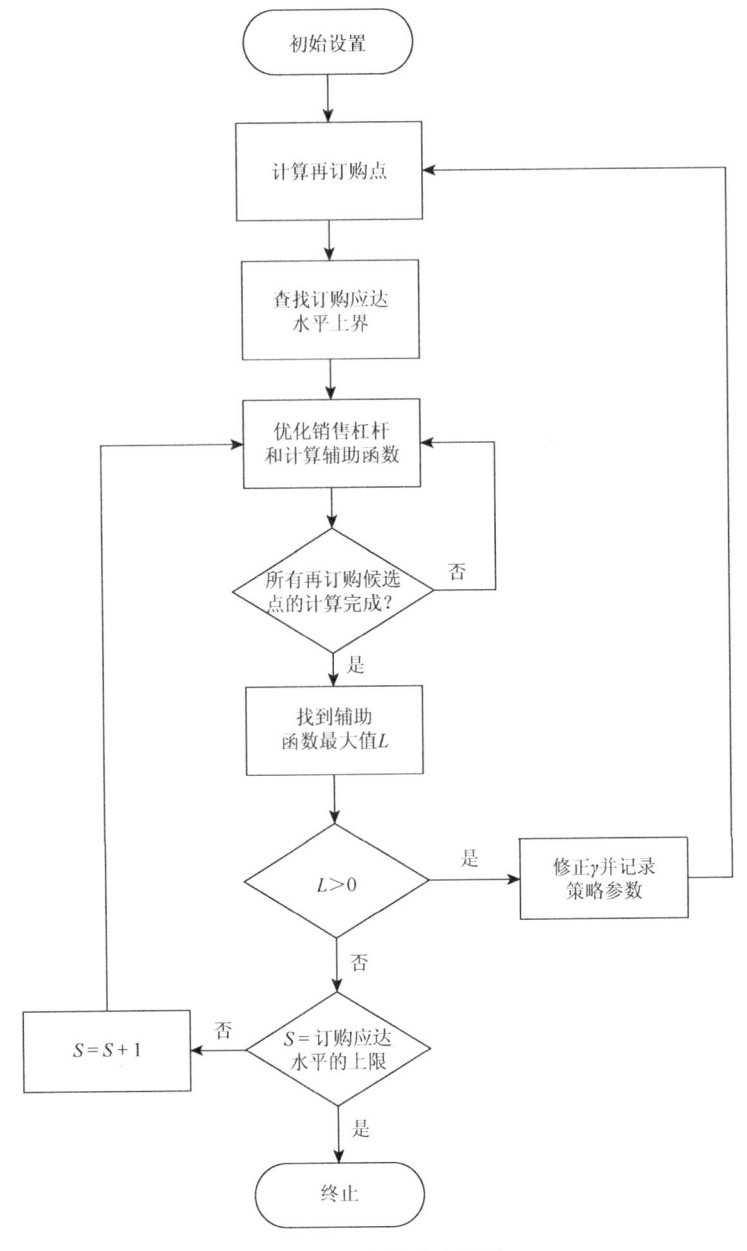

图 3.5 优化算法流程图

1）优化算法

步骤 1　设定初始状态。

令 $s = y_0 - 1$，$S = y_0$。设定 $\gamma = \gamma_0 = \pi(y_0-1, y_0, z^1)$，$\propto (\gamma) = \varnothing$，$\gamma^* = \gamma$，$s^* = s$，$S^* = S$。转到步骤 2.1。

步骤 2　迭代。

步骤 2.1　修正再订购点。

输入 γ，调用计算再订购点程序以获得候选点集 $\propto(\gamma)$。

设定 $s=s_\gamma^1$，如果 $S \leqslant s$，则设定 $S=s+1$。

输入 γ，调用查找订购应达水平上界程序获得订购应达水平 $\overline{S}$。转到步骤 2.2。

步骤 2.2　修正订购应达水平。

步骤 2.2.1　计算辅助函数。

对于所有 $s \in \propto(\gamma)$，输入 (s,S)，调用优化销售杠杆程序获得最优销售杠杆 $\overline{z}_s^S$ 和辅助函数 $l_\gamma(s,S,\overline{z}_s^S)$ 的值。令 $s=s_\gamma$，$L=\max\limits_{s \in \propto(\gamma)} l_\gamma(s,S,\overline{z}_s^S)$。

如果 $L>0$，转到步骤 2.3；否则，转到步骤 2.2.2。

步骤 2.2.2　修正订购应达水平。

如果 $S=\overline{S}$，转到步骤 3；否则，设定 $S=S+1$，转到步骤 2.2.1。

步骤 2.3　修正虚拟利润。

通过下式计算修正 γ：

$$\gamma = \frac{l_\gamma(s_\gamma, S, \overline{z}_{s_\gamma}^S)}{T(s_\gamma, S, \overline{z}_{s_\gamma}^S)} + \gamma$$

其中，$s^*=s_\gamma$；$S^*=S$；$\overline{z}_{s^*}^{S^*} = \overline{z}_{s_\gamma}^S$。转到步骤 2.1。

步骤 3　终止条件。

当 $\gamma^* = \pi^* = \gamma$，最优值为 $(s^*, S^*, \overline{z}_{s^*}^{S^*})$ 时，结束迭代。

2）计算再订购点程序：输入 γ

步骤 1　搜索 $f(y)$ 获得 $\propto(\gamma) = \{s_\gamma^1, s_\gamma^2, \cdots, s_\gamma^n\} = \{y: f(y+1) \geqslant \gamma > f(y)\}$，并记录候选点的数量 n。

步骤 2　返回 $\propto(\gamma)$ 和 n。

3）查找订购应达水平上界程序：输入 γ

步骤 1　搜索 $f(y)$ 获得 $\overline{S} = \sup\{y: f(y) \geqslant \gamma\}$。

步骤 2　返回 $\overline{S}$。

4）优化销售杠杆程序：输入 (s,S)

步骤 1　设定 $y=s+1$，销售杠杆 z_y 为最大化问题 $\max\limits_{i=1,\cdots,M} m_0(z^i)[B(s+1,z^i)-\gamma]$ 的解，设定 $\overline{z}_s^y = z_y$，如果 $y=S$，则设定 $L=l_\gamma(s,y,\overline{z}_s^y)$，然后转到步骤 3；否则，转到步骤 2。

步骤 2　当 $s+1 \leqslant y < S$ 时，令 $y=y+1$，并输入 $(s,y,\overline{z}_s^{y-1})$ 调用优化销售杠杆子程序获得 $\overline{z}_s^y$ 和 L。

步骤 3　返回 $\bar{z}_s^S (=\bar{z}_s^y)$ 和 L。

5）输入 $(s, y, \bar{z}_s^{y-1})$ 调用优化销售杠杆子程序

步骤 1　设定 $\hat{S} = y$ 和 $\bar{z}_s^{\hat{S}-1} = \bar{z}_s^{y-1}$。

步骤 2　设定 $\bar{z}_{\hat{S}}$ 为最大化问题 $\max\limits_{i=1,\cdots,M} l_\gamma(s, \hat{S}, \bar{z}_s^{\hat{S}-1}, z^i)$ 的解，设定 $\bar{z}_s^y = (\bar{z}_s^{\hat{S}-1}, \bar{z}_{\hat{S}})$，$L = l_\gamma(s, y, \bar{z}_s^y)$。

步骤 3　返回 $\bar{z}_s^y$ 和 L。

下面简要解释这四个子程序。

计算再订购点程序根据命题 3-3 找到给定虚拟利润 γ 时的最优再订购候选点，并记录给定 γ 时候选点的数量。

查找订购应达水平上界程序根据命题 3-4①确定给定 γ 时最优订购应达水平的上限。

优化销售杠杆程序获得最优销售杠杆向量和辅助函数值。步骤 1 计算获得 $(s, s+1)$ 订购策略的最优销售杠杆 z_{s+1}，步骤 2 针对一般 (s, y) 订购策略计算获得对应的最佳销售杠杆，这里 $y > s+1$。并且对于低于 y 的订购应达水平，即其位于 $[s+1, y-1]$ 范围之内，最优销售杠杆已经计算获得。

优化销售杠杆程序仅确定库存水平 y 对应的最优销售杠杆。

该优化算法的计算过程解释如下。

步骤 1 用初始虚拟利润 γ_0 初始化算法。

步骤 2.1 首先通过调用计算再订购点子程序并将再订购点设定为最小候选点从而获得最优再订购候选点。如果 $S \leq s_\gamma$，则根据 $S = \max(s_\gamma+1, x_0)$ 设定最优订购应达水平的下限，并且通过输入 γ，调用查找订购应达上界子程序获得其上界。

步骤 2.2 在步骤 2.1 设定的范围内查找订购应达水平。对于给定的 (s_γ, S) 订购策略，步骤 2.2.1 调用优化销售杠杆子程序，产生最优销售杠杆向量和相应的辅助函数 $l_\gamma(s_\gamma, S, \bar{z}_{s_\gamma}^S)$ 的值，对每个 $s_\gamma \in \propto (\gamma)$ 中的再订购候选点计算辅助函数的值。用 L 表示在再订购点 s_γ 处获得的最大辅助函数值。如果 L 为正，则算法立即在步骤 2.3 中修正虚拟利润 γ，令其等于 $(s_\gamma, S, \bar{z}_{s_\gamma}^S)$ 策略下的长期平均期望利润。将修正后的虚拟利润 γ 代入转到步骤 2.1，重新计算最优再订购候选点集 $\propto (\gamma)$。否则，算法转到步骤 2.2.2，在 $\bar{S}$ 的上界以内，将订购应达水平增加 1，为 $S+1$；如果查找范围超出了上界，则算法转到步骤 3。

步骤 3 终止算法，输出最优的策略参数和最优利润。

5. 算法复杂度

该优化算法的计算复杂度分析如下。首先对给定订购策略下优化销售杠杆向量的复杂性进行粗略的估算。通过枚举法,给定订购策略(s,S),由于存在M个销售杠杆选项,销售杠杆优化需要计算并比较M^{S-s}个组合。相比之下,基于本书的算法,仅需计算$(S-s)M$个销售杠杆组合。接下来粗略地估算获得最优策略$\left(s_{\pi^*},S_{\pi^*},\bar{z}_{s_{\pi^*}}^{S_{\pi^*}}\right)$的计算量。正如在3.3.3小节"修正虚拟利润"部分中讨论的,如果枚举所有可行的订购策略,给定虚拟利润γ,其计算复杂度为$\sum_{i=1}^{n}\sum_{y=s_{\gamma}^{i}+1}^{\bar{S}_{\gamma}}(y-s_{\gamma}^{i})$乘以给定$(s_{\gamma}^{i},\bar{S}_{\gamma})$策略下计算最优销售杠杆的计算量,其中$n$是$\propto(\gamma)$中候选点的数量。相比之下,基于本书的算法,最坏的情况不会多于优化订购策略$(s_{\gamma}^{i},\bar{S}_{\gamma})$销售杠杆的$(\bar{S}_{\pi^*}-s_{\gamma_0})M$倍,这里$\gamma_0$是初始虚拟利润。

接下来,将本算法与其他常见的策略迭代算法进行比较。

1)与Federgruen和Zipkin(1984)衍生算法的比较

解决马尔可夫决策问题常用的方法是策略迭代。Federgruen和Zipkin(1984)通过制定一般策略迭代算法开发出了一种计算(s,S)策略的算法。结合销售杠杆决策z可以扩展其算法以优化(s,S,z_s^S)策略。

策略迭代算法的迭代由两部分组成:数值确定和策略改进。第一部分从初始(s,S,z_s^S)策略开始,计算长期平均期望利润函数的唯一解和该策略下不同初始库存水平的相对值函数,这部分在迭代算法中发挥着关键作用。根据Federgruen和Zipkin(1984)的研究,对于给定的(s,S,z_s^S)策略,相对值函数可以定义为

$$v(s,x,z_s^x)=\begin{cases}P(s,x,z_s^x)-\pi(s,S,z_s^S)T(s,x,z_s^x),&x>s\\-K,&x\leqslant s\end{cases} \quad (3.3.10)$$

在更新的库存/销售杠杆联合决策下,如果相对值增加,则算法的第二部分改进原始策略,由此,改进策略的长期平均期望利润不会低于原始策略的长期平均期望利润(Tijms,1986)。为获得改进的策略,一种方法是寻求最佳一步改进策略,即选择(y,z_y)使得对于任意初始库存水平x,函数$I_{(s,S,z_s^S)}(x,y,z_y)$达到最大值。根据Federgruen和Zipkin(1984)的研究,这里定义:

$$I_{(s,S,z_s^S)}(x,y,z_y)=r(x,y,z_y)-\pi(s,S,z_s^S)+\sum_{j=0}^{\infty}\phi_j(z_y)v(s,y-j,z_s^{y-j}),\quad y\geqslant x$$

$$(3.3.11)$$

其中

$$r(x,y,z_y)=\begin{cases}-K+B(y,z_y),&y>x\\B(y,z_y),&y=x\end{cases}$$

为给定库存订购应达水平 y 和销售杠杆 z_y 的单周期期望利润函数,当策略不能再改进时,迭代算法终止。

下面从三个方面比较本算法与 Federgruen 和 Zipkin(1984)的策略迭代算法。

(1)本算法设定 $\gamma_0 = \pi(s', S', z_{s'}^{S'})$,从初始虚拟利润 γ_0 开始,确定最小再订购候选点 $s_{\gamma_0}^1$ 和订购应达水平 $\overline{S}_{\gamma_0}$ 的上界,而策略迭代算法需要预先设置再订购点和订购应达水平的下界和上界,并且该上下界与初始利润无关。

(2)一旦辅助函数值为正,本算法即可修正改进策略中的虚拟利润,而策略迭代算法中根据相对值函数对策略进行调整,使其成为单步改进的最优策略。尽管 Federgruen 和 Zipkin(1984)建议分步确定策略参数,首先,在查找范围内确定新的订购应达水平,使得能够最大化相对值函数;其次,在给定的订购应达水平范围内搜索并改进再订购点,但是其工作量较大。

(3)本算法中,随着虚拟利润 γ 的改进,再订购点和订购应达水平的搜索范围缩小;特别地,最小再订购点随 γ 的增加而增加,订购应达水平的上界随着 γ 的增加而减小;此外,订购应达水平的搜索方向是单向的,从而大大减小了搜索区间。而 Federgruen 和 Zipkin(1984)中的搜索边界并不随着策略迭代而发生变化,并且搜索范围内的所有库存水平在以后的迭代中必须重新再审查。

在单纯库存控制模型的背景下,Zheng 和 Federgruen(1991)比较了他们的算法与 Federgruen 和 Zipkin(1984)算法,宣称他们的算法工作量接近于 Federgruen 和 Zipkin(1984)算法中最后一个策略改进的工作量。策略迭代算法的本质是借助枚举法,由于其计算量较大,用得比较少。另外,其优点在于,"根据经验发现它是一种非常稳定的、收敛速度快的算法……大致说来,由策略迭代方法得到的平均成本至少指数收敛到最小成本"(Tijms,1986)。

2)与 Feng 和 Chen(2011)算法的比较

如前面所述,本算法放宽了 $f(y)$ 函数的单峰性假设,并允许其存在有限个局部最优值,可以被看作 Feng 和 Chen(2011)算法的扩展。$f(y)$ 函数的非单峰性质导致算法中可能存在多个再订购候选点,这使得本算法不同于 Feng 和 Chen(2011)算法,在他们的算法中给定虚拟利润 γ 仅存在唯一再订购候选点。因此,这两种算法的差异值得详细讨论。

(1)给定初始虚拟利润 $\gamma = \gamma_0$,再订购候选点从非空集合 $\propto(\gamma)$ 中选择。本算法中可能存在多个候选点,而在 Feng 和 Chen(2011)中因为 $f(y)$ 函数的单峰性质,只存在一个候选点。

(2)每次迭代中,本算法会估算并比较基于每个再订购候选点的辅助函数,并且把实现辅助函数最大化的策略作为改进策略,其长期平均期望利润被用来修正虚拟利润。然而，Feng 和 Chen（2011）算法根据唯一的再订购点估算辅助函数的值，一旦辅助函数变为正值则修正虚拟利润。

（3）当虚拟利润 γ 增加到 γ_1 时，本算法中最优再订购点 s_{γ_1} 可能小于 s_γ，而在 Feng 和 Chen（2011）算法中，最优再订购点唯一，并且随着修正的 γ 增加，即 $s_\gamma \leqslant s_{\gamma_1}$。

要指出的是，两种算法中查找新的订购应达水平的过程均为单向的，也就是说，在修正的虚拟利润 γ 下，对辅助函数的估算总是从先前的策略下获得的订购应达水平开始。另外，订购应达水平的上界随着修正的虚拟利润呈现递减的性质，而最小再订购候选点项随着虚拟利润 γ 的增加而增加，因此订购应达水平的搜索范围随着修正的虚拟利润而缩小。

与 Feng 和 Chen（2011）的算法相比，最坏情况下本算法对辅助函数进行估算不会超过 M 次，其中 M 是销售杠杆的选择数量。然而，数值研究的结果表明，两种算法复杂度几乎相同。这是因为两种算法的计算量均主要在于计算更新密度函数，而更新密度函数的计算量在两种算法中几乎一样。

3.4 (s, S, z) 策略的最优性条件

3.3 节提出了优化算法计算得到最优 $(s^*, S^*, \overline{z}_s^{S^*})$ 策略，容易获得对应该最优策略下的长期平均期望利润，即 $\gamma^* = \pi^*(s^*, S^*, \overline{z}_s^{S^*})$。本节采用"事后验证"的方法，旨在确定最优 $(s^*, S^*, \overline{z}_s^{S^*})$ 策略为全局最优的条件。为数学表达简洁计，本节用 π 代替 π^*，用 (s, S, z_s^S) 代替 $(s^*, S^*, \overline{z}_s^{S^*})$。

本节首先提出一类特定的 $f(y)$ 函数，接下来验证如果 $f(y)$ 函数满足以下性质：①单峰性；②π-均一约束性；③π-第一再订购点优化，那么，(s, S, z) 策略为全局最优。

3.4.1 一类特定的 $f(y)$ 函数

现有研究表明，如果 $f(y)$ 函数为单峰函数，则 (s, S) 型策略为全局最优（Feng and Chen，2011）。本节通过使用"事后验证"的方法提出 (s, S) 型策略为全局最优的条件可以进一步扩展为更加通用的 $f(y)$ 函数类别。

特别地，定义以下两种 $f(y)$ 函数。

定义 3-1 给定虚拟利润 $\gamma > 0$，存在两个整数 a 和 b，且 $a < b$，如果 $\min[f(a), f(b)] \geqslant \gamma$，对于所有的 $y \in [a, b]$，$f(y) \geqslant \gamma$ 均成立，则称函数 $f(y)$ 为 γ-均一约束。

基于之前的优化过程，给定最优长期平均期望利润 π，如果最优再订购点 s 为最小的候选点 s_π^1，最优订购应达水平的上界为 $\overline{S}_\pi$，则根据最优订购策略参数的性质，有 $\min[f(s), f(\overline{S}_\pi)] \geqslant \pi$。如果对于任意整数 $y \in (s, \overline{S}_\pi]$ 均满足 $f(y) \geqslant \pi$，根据定义 3-1，称 $f(y)$ 为 π-均一约束函数。显然，单峰性是 π-均一约束的一个特例。图 3.6 给出了当 $f(y)$ 为单峰函数时，π-均一约束函数下的示例。

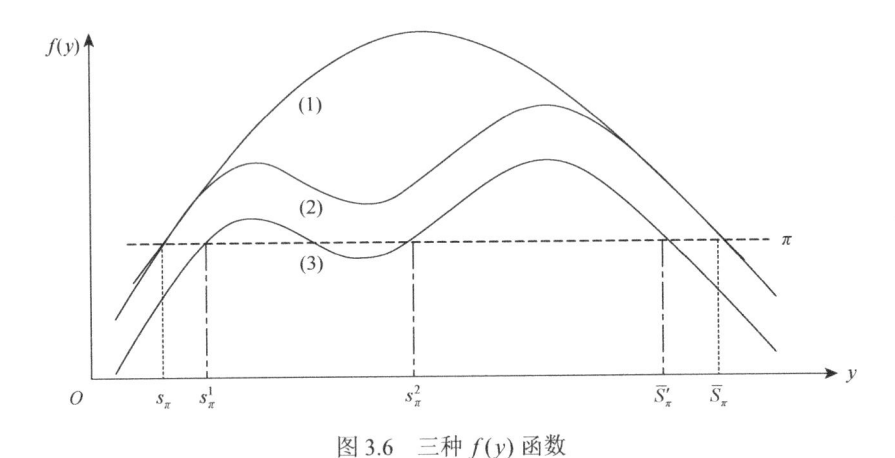

图 3.6　三种 $f(y)$ 函数

（1）$f(y)$ 是单峰函数；（2）$f(y)$ 是 π-均一约束；（3）$f(y)$ 是 π-第一再订购点优化

接下来给出另一个定义，该函数和 π-均一约束函数相比，适用条件更加广泛。

定义 3-2　给定虚拟利润 $\gamma > 0$，如果最优再订购点是 $\alpha(\gamma)$ 中的最小的候选点，即 $s_\gamma = s_\gamma^1$，$\overline{S}_\gamma$ 为最优订购应达水平的上界，并且对于任何两者之间的整数 y，$s_\gamma < y \leqslant \overline{S}_\gamma$，则有

$$\gamma \leqslant \frac{\sum_{j=0}^{y-s_\gamma-1} m(\tilde{z}_{y-j}, \cdots, \tilde{z}_y) f(y-j)}{T\left(s_\gamma,\ y,\ \tilde{z}_{s_\gamma}^y\right)} \tag{3.4.1}$$

此处销售杠杆 $\tilde{z}_{y-j}$ 使得 $B(y-j, \tilde{z}_{y-j}) = f(y-j)$ 成立，$j = 0, 1, \cdots, y-s_\gamma-1$，并且销售杠杆向量 $\tilde{z}_{s_\gamma}^y = \{\tilde{z}_{s_\gamma+1}, \cdots, \tilde{z}_y\}$，则 $f(y)$ 函数称为 γ-第一再订购点优化。

为了检验 $f(y)$ 函数是否 π-第一再订购点优化，求得最优 (s, S, z) 策略以及最优利润 π 之后，需要验证两个条件。首先，需要检查 s 是否为最小的最优再订购候选点，即 $s = s_\pi^1$。其次，检查不等式是否适用于在 $(s, \overline{S}_\pi]$ 范围内的每个库存水平 y。应当注意，因为 s_π^1 是从集合 $\{y: f(y+1) \geqslant \gamma > f(y)\}$ 中选择的最小候选点，通过 $s = s_\pi^1$ 可以推断出当 $y \leqslant s$ 时，$f(y) < \pi$。

显然，如果 $f(y)$ 在 $(s, \overline{S}_\pi]$ 中是 π-均一约束，那么它是 π-第一再订购点优化。图 3.6 描述了满足 π-均一约束的 $f(y)$ 函数。

3.4.2 最优化证明

本小节确定 (s, S, z) 策略的最优性条件。证明思路采用较为常见的最优等式方法：如果 $f(y)$ 函数满足 π-第一再订购点优化，则其满足长期平均期望利润的最优等式。

1. 最优等式

首先建立以长期平均期望利润为目标的最优等式。根据动态规划的基本理论（Ross，1983），如果存在有界函数 $h(x)$ 和实数 τ，使得最优等式（3.4.2）成立：

$$h(x) = \sup_{y>x;\ i=1,2,\cdots,M} \left[-K\delta(y>x) + B(y, z^i) - \tau + \sum_{j=0}^{\infty} \phi_j(z^i) h(y-j) \right] \quad (3.4.2)$$

并且最大化式（3.4.2）中等式右侧的决策行为是可行的，那么 τ 为最优（大）长期平均期望利润。并且，τ 通过最大化式（3.4.2）右侧的策略实现。

使用相同的方法，面向无限规划周期的离散时间库存系统，Zheng（1991）建立了以最小化平均成本为目标的最优等式，并证明了 (s, S) 策略的最优性。最优等式为确定静态最优策略存在的条件提供了一种思路，并且通过最大化等式右侧能够刻画最优策略的性质。但是，应该承认，该方法并不太容易理解。

2. 构造有界的 $h(x)$ 函数

观察最优等式（3.4.2），直接对其进行处理似乎不太可能。因此，本书提出了一个松散模型（relaxed model），允许企业将过多的库存返还给供应商。该方法是 Zheng（1991）第一次针对 (s, S) 策略的最优性分析提出的。如果将返还产品视为订购相同数量的负订单，其同样导致固定订购成本 K，但是获得单位退款（单位订购成本）c，则松散模型的描述与 3.2 节模型的描述类似，唯一的不同在于用 $\delta(y \neq x)$ 代替 $\delta(y>x)$。显然，松散模型的最优等式与原始模型的最优等式相同，但是式（3.4.2）中的约束条件 $y>x$ 被替换为 $y \neq x$。具体最优等式表达如下：

$$h(x) = \sup_{y;\ i=1,2,\cdots,M} \left[-K\delta(y \neq x) + B(y, z^i) - \tau + \sum_{j=0}^{\infty} \phi_j(z^i) h(y-j) \right] \quad (3.4.3)$$

退货行为（returning action）被视为一种选项（option），可以执行也可以不执行。因此，(s, S, z) 策略可视为不执行退货的松散模型的可行解。与原始（无退货）模型相比，松散模型更灵活，因此有可能获得更高的利润。如果可以证明松散模型的最大长期平均期望利润仍然是 π，这是在原始模型中可以通过 (s, S, z_s^s) 类型策略获得的最大长期平均期望利润,则可以得出 (s, S, z) 策略在松散模型中的所有可行策略中仍为最优。因此,(s, S, z) 策略在不允许退货的原始模型中也是全局最优。

接下来根据松散模型构造 $h(x)$ 函数,令

$$h(x) = \begin{cases} -K, & x \leq s \\ l_\pi(s, x, \overline{z}_s^x), & s < x \leq \overline{S}_\pi \\ \max\left\{-K, \max_{i=1,2,\cdots,M}\left[B(x, z^i) - \pi + \sum_{j=0}^{\infty}\phi_j(z^i)h(y-j)\right]\right\}, & x > \overline{S}_\pi \end{cases}$$

当 $s < x \leq \overline{S}_\pi$ 时,销售杠杆向量 $\overline{z}_s^x$ 表示最大化辅助函数 $l_\pi(s, x, \overline{z}_s^x)$ 的最优销售杠杆。对于 $s < x \leq S$,$\overline{z}_s^x$ 由 (s, S, z_s^S) 策略给出,对于 $S < x \leq \overline{S}_\pi$,$\overline{z}_s^x$ 通过式(3.3.9)依次获得。

对于 $x > \overline{S}_\pi$,$h(x)$ 函数的值可以从 $x = \overline{S}_\pi + 1$ 开始依次获得。根据其定义,$h(\overline{S}_\pi + 1)$ 取两个值的最大值:$-K$ 和

$$m_0(z_{\overline{S}_\pi+1})\left[B(\overline{S}_\pi + 1, z_{\overline{S}_\pi+1}) - \pi + \sum_{l=1}^{\infty}\phi_l(z_{\overline{S}_\pi+1})h(\overline{S}_\pi + 1 - l)\right] \tag{3.4.4}$$

其中,$z_{\overline{S}_\pi+1}$ 选自 z^i,$i = 1, 2, \cdots, M$ 以最大化

$$m_0(z^i)\left[B(\overline{S}_\pi + 1, z^i) - \pi + \sum_{j=1}^{\infty}\phi_j(z^i)h(\overline{S}_\pi + 1 - j)\right]$$

由此,可以依次得到对于 $x = \overline{S}_\pi + 2, \cdots$ 的所有 $h(x)$ 的值。

以下引理证明前面所提出的 $h(x)$ 函数有界。

引理 3-1 假设 $f(y)$ 函数是 π-第一再订购点优化,则对于所有 x,$h(x)$ 有界且满足 $-K \leq h(x) \leq 0$。

证明 考虑三种情况。

(1) $x \leq s$。根据定义,$h(x) = -K$。

(2) $s < x \leq \overline{S}_\pi$。$h(x) = l_\pi(s, x, \overline{z}_s^x) \leq l_\pi(s, x, z_s^S) = 0$。$\tilde{z}_x$ 表示针对库存水平 x 使得 $B(x, \tilde{z}_x) = f(x)$ 的销售杠杆。对于 $s < y \leq x$,将所有销售杠杆 $\tilde{z}_y$ 组合形成销售杠杆向量 $\tilde{z}_s^x = (\tilde{z}_{s+1}, \cdots, \tilde{z}_x)$。由于 $f(y)$ 函数是 π-第一再订购点优化,因此,有

$$\pi \leq \frac{\sum_{j=0}^{x-s-1}m(\tilde{z}_{x-j}, \cdots, \tilde{z}_x)f(x-j)}{T(s, x, \tilde{z}_s^x)}$$

那么

$$-K + \sum_{j=0}^{x-s-1}m(\tilde{z}_{x-j}, \cdots, \tilde{z}_x)[f(x-j) - \pi] \geq -K$$

由式（3.3.4）得，$l_\pi(s, x, \tilde{z}_s^x) = -K + \sum_{j=0}^{x-s-1} m(\tilde{z}_{x-j}, \cdots, \tilde{z}_x)[f(x-j)-\pi] \geqslant -K$。$\bar{z}_s^x$ 为通过式（3.3.9）获得的最优销售杠杆向量，有 $l_\pi(s, x, \bar{z}_s^x) \geqslant l_\pi(s, x, \tilde{z}_s^x)$。因此，对于 $s < x \leqslant \bar{S}_\pi$，有 $-K \leqslant h(x) \leqslant 0$。

（3）$x > \bar{S}_\pi$。用归纳法证明。当 $x = \bar{S}_\pi + 1$ 时，$h(\bar{S}_\pi + 1)$ 将为 $-K$ 或式（3.4.4）的值，取较大值。对于 z^i 的任意可能选择，由于：

$$m_0(z^i)[B(\bar{S}_\pi + 1, z^i) - \pi] \leqslant m_0(z^i)[f(\bar{S}_\pi + 1) - \pi] < 0$$

$h(\bar{S}_\pi + 1)$ 的取值均为负。因为 $h(\bar{S}_\pi + 1 - j) \leqslant 0$，$j = 1, 2, \cdots$，所以，$-K \leqslant h(\bar{S}_\pi + 1) < 0$。

类似地，可以证明对于 $x > \bar{S}_\pi + 1$，$-K \leqslant h(x) < 0$ 成立。由此得出结论：对于 $x > \bar{S}_\pi$，$-K \leqslant h(x) < 0$ 成立。由此总结，$h(x)$ 为有界函数，范围为 $-K \sim 0$，$h(x)$ 在 $x = S$ 时达到其最大值且 $h(S) = 0$。证毕。

容易推断，如果 $f(y)$ 函数为 π -均一约束（或单峰函数），则对于任意 x，$h(x)$ 有界且在 $-K \sim 0$ 范围内，$h(x)$ 在 $x = S$ 时达到最大值，且 $h(S) = 0$。

3. 最优性验证

到目前为止，本书构造了一个 $h(x)$ 函数，确定了 $h(x)$ 函数有界的条件。如果可以进一步找到一个常数 τ 使得最优等式（3.4.3）成立，则存在一个稳定的最优策略，并且该策略可最大化最优等式的右侧。

以下定理表明：如果 $f(y)$ 函数为 π -第一再订购点优化，则 (s, S, z) 策略为全局最优。

定理 3-1 给定优化算法计算获得最优利润 π，和最优策略 (s, S, z_s^S)，假设 $f(y)$ 为 π -第一再订购点优化，那么，存在有界 $h(x)$ 函数和常数 τ，使得最优等式（3.4.3）成立，且 $\tau = \pi$。此外，π 为所有可行策略下能够得到的最优长期平均期望利润，而且 (s, S, z_s^S) 策略全局最优。

证明 假设 $f(y)$ 函数为 π -第一再订购点优化，根据引理 3-1，构建的 $h(x)$ 函数有界。接下来证明当 $\tau = \pi$ 时，最优等式（3.4.3）成立。为便于证明，定义一个关于 x 的函数：

$$H(x) = \max_{i=1,2,\cdots,M} \left[B(x, z^i) - \pi + \sum_{l=0}^{\infty} \phi_l(z^i) h(x-l) \right] \quad (3.4.5)$$

可以这么理解，如果将 $h(x)$ 视为终值价值函数，则 $H(x)$ 可以理解为单周期利润最大化问题。因此，$H(x)$ 代表当库存水平为 x，并且销售杠杆为最优等式（3.4.3）的右侧的最优杠杆时的单周期利润。分三种情况讨论 $H(x)$ 函数的值。

（1）$x \leq s$，按其定义，$h(x) = -K$。由于 $f(y)$ 函数为 π-第一再订购点优化，s 是从集合 $\{x: f(x+1) \geq \gamma > f(x)\}$ 中选择的最小候选点，因此对于 $x \leq s$，$f(x) < \pi$。所以，对于 $i = 1,2,\cdots,M$，$B(x, z^i) - \pi \leq f(x) - \pi < 0$。从式（3.4.5）可得 $H(x) < -K$。

（2）$s < x \leq \overline{S}_\pi$，按其定义，$h(x) = l_\pi(s, x, \overline{z}_s^x)$，有

$$H(x) = \max_{i=1,2,\cdots,M} \left[B(x, z^i) - \pi + \sum_{l=0}^{\infty} \phi_l(z^i) h(x-l) \right]$$

$$= \max_{i=1,2,\cdots,M} \left[B(x, z^i) - \pi + \sum_{l=0}^{x-l-1} \phi_l(z^i) l_\pi(s, x-1, z_s^{x-l}) - K \sum_{l=x-s}^{\infty} \phi_l(z^i) \right]$$

$$= \max_{i=1,2,\cdots,M} \left\{ -K + B(x, z^i) - \pi + \sum_{l=0}^{x-l-1} \phi_l(z^i) [l_\pi(s, x-1, z_s^{x-l}) + K] \right\}$$

$$= l_\pi(s, x, \overline{z}_s^x)$$

最后的等式直接由式（3.3.5）可得。所以，对于 $s < x \leq \overline{S}_\pi$，$H(x) = h(x)$。此外，由引理 3-1 可知，$h(x)$ 位于 $-K \sim 0$ 范围内，并且 $h(x)$ 在 $x = S$ 时达到最大值，有 $h(S) = 0$。因此，$-K \leq H(x) \leq 0$，且 $H(S) = 0$。

（3）$x > \overline{S}_\pi$，根据定义：$h(x) = \max\left\{-K, \max_{i=1,2,\cdots,M}\left[B(x, z^i) - \pi + \sum_{j=0}^{\infty}\phi_j(z^i)h(y-j)\right]\right\}$。对于所有 $l = 0,1,\cdots,\infty$，$h(x-l)$ 有界且位于 $-K \sim 0$ 范围内（引理 3-1），可以推出，对于任意 $i = 1,2,\cdots,M$，$\sum_{l=0}^{\infty}\phi_l(z^i)h(x-l) \leq 0$。此外，对于任意 $i = 1,2,\cdots,M$，$B(x, z^i) - \pi \leq f(x) - \pi < 0$，$\overline{S}_\pi$ 是满足 $f(x) \geq \pi$ 的最大 x 值。因此，由式（3.4.5）可知，对任意整数 $x > \overline{S}_\pi$，$H(x) < 0$。

从上述讨论可以推出 $H(x)$ 在 $x = S$ 时达到最大值，$H(S) = 0$。$H(x)$ 可以将最优等式简化为

$$h(x) = \max_y \left[-K\delta(y \neq x) + H(y)\right] - \tau + \pi$$
$$= \max\left[-K + H(S), H(x)\right] - \tau + \pi \quad (3.4.6)$$
$$= \max\left[-K, H(x)\right] - \tau + \pi$$

第二个等式源自前面的讨论，即 $H(x)$ 在 $x = S$ 处达到最大值，且 $H(S) = 0$。

接下来证明如果 $\tau = \pi$，则最优等式（3.4.6）成立。为简单标识计，分别用 RHS 表示右侧多项式，LHS 表示左侧多项式。

（1）$x \leq s$。由于 $H(x) \leq -K$，最优订购应达水平为 S，这使得式（3.4.6）中 RHS 的值为 $-K$。根据其定义，当 $x \leq s$ 时，$h(x) = -K$。因此，RHS = LHS = $-K$。

(2) $s < x \leqslant \overline{S}_\pi$。因为 $H(x) = l_\pi(s, x, \overline{z}_s^x) \geqslant -K$，且 $H(y) \leqslant H(S) = 0$，因此有 $-K + H(y) \leqslant -K + H(S) = -K$，最优决策为推迟订购货品，并以对应库存水平 x 的最优销售杠杆 z_x 售卖产品。因此，RHS = LHS = $h(x)$。

(3) $x > \overline{S}_\pi$。如果 $H(x) < -K$，那么最优策略为发出一个数量为负的订单，使得库存水平回到 S，有 $h(x) = -K$；否则，如果 $H(x) \geqslant -K$，不发出订单，并以对应库存水平 x 的销售杠杆 z_x 进行销售，因此，$h(x) = H(x)$。由此可得，RHS = LHS = $h(x) = \max[-K, H(x)]$。

现在可以总结最优等式右侧多项式的优化策略：当 $x \leqslant s$ 时，订购至库存水平 S 并设置销售杠杆 z_S；当 $s < x \leqslant \overline{S}_\pi$ 时，不下订单，将销售杠杆设置在 z_x 水平；当 $x > \overline{S}_\pi$ 时，或者通过退回过量库存降低到库存水平 S，并且以销售杠杆 z_S 进行销售，或者保持在水平 x，以销售杠杆 z_x 进行销售。这种策略与 (s, S, z) 策略的不同之处仅在于库存水平 $x > \overline{S}_\pi$ 的情形，这里将其称为松散的 (s, S, z) 策略。

到目前为止，已经证明给定 $f(y)$ 是 π-第一再订购点优化，构建的 $h(x)$ 函数和利润 π 能够满足最优等式。本书刻画了最优等式右侧多项式的最优策略为松散 (s, S, z) 策略。由此，π 等同于松散 (s, S, z) 策略下能够获得的最大利润；此外，π 是所有可行策略中可以实现的最优方案。回想一下，π 是通过 (s, S, z) 策略实现的最优利润，在松散模型中也可行，因此可以称 (s, S, z) 策略在松散模型中也是最优的。由此，(s, S, z) 策略在原始模型中也是最优的。证毕。

有限个时间周期后，由于消费需求，库存将下降到 S 以下，因此任何有限个时间周期内产生的利润不会影响其长期利润。所以，松散 (s, S, z) 策略产生的最大长期平均期望利润等于从 (s, S, z) 策略获得的最大长期平均期望利润。这也回答了为什么一开始要设置 $\tau = \pi$。

显然，定理 3-1 的结果可以容易地推广到 $f(y)$ 是单峰函数或者是 π-均一约束的情况。

3.5 本章小结

本章探讨了面向无限规划周期的组合市场决策的库存模型研究。聚焦在 (s, S, z_s^S) 类型策略，现有研究中对类单周期期望利润函数的单峰性假设在本模型中难以成立，从而对研究方法提出新的挑战。为允许类单周期期望利润函数满足更加通用的假设，本章采用更新理论和基于分数规划的辅助函数，将包含两个内生变量的联合优化原问题转化为辅助函数的次序优化问题。本章充分利用优化

(s, S, z_s^S) 类型策略的参数性质，提出了一个有效的、计算复杂度不高的算法找到最优 (s, S, z_s^S) 策略，以及对应的最优长期平均期望利润。

接下来，本章进一步确定 (s, S, z_s^S) 策略全局最优的条件，将 (s, S, z_s^S) 策略的最优性分析扩展到更大的 $f(y)$ 函数类别中发现，如果 $f(y)$ 函数满足三者其一：①单峰性；②π-均一约束；③π-第一再订购点优化，则 (s, S, z_s^S) 策略为全局最优。

参 考 文 献

Chen X, Simchi-Levi D. 2004. Coordinating inventory control and pricing strategies with random demand and fixed ordering cost: The infinite horizon case[J]. Mathematics of Operations Research, 29 (3): 698-723.

Chen F Y, Feng Y Y, Ou J H. 2005. Management of inventory replenishment and available offerings for goods sold with optional value-added packages[J]. IIE Transactions, 37 (5): 397-406.

Federgruen A, Zipkin P. 1984. An efficient algorithm for computing optimal (s, S) policies[J]. Operations Research, 32 (6): 1268-1285.

Feng Y, Sun J. 2001. Computing the optimal replenishment policy for inventory systems with random discount opportunities[J]. Operations Research, 49 (5): 790-795.

Feng Y Y, Chen Y H. 2011. A computational approach for optimal joint inventory-pricing control in an infinite-horizon periodic-review system[J]. Operations Research, 59 (5): 1297-1303.

Feng Y Y, Xiao B C. 2000. A new algorithm for computing optimal (s, S) policies in a stochastic single item/location inventory system[J]. IIE Transactions, 32 (11): 1081-1090.

Ross S. 1983. Introduction to Stochastic Dynamic Programming[M]. New York: Academic Press.

Schaible S. 1995. Fractional Programming[M]//Horst R, Pardalos P M. Handbook of Global Optimization. Norwell: Kluwer Academic Publisher.

Tijms H C. 1986. Stochastic Modelling and Analysis: A Computational Approach[M]. Amsterdam: Wiley.

Veinott Jr A F, Wagner H M. 1965. Computing optimal (s, S) inventory policies[J]. Management Science, 11 (5): 525-552.

Wagner H M, Whitin T M. 1958. Dynamic version of the economic lot size model[J]. Management Science, 5 (1): 89-96.

Wei Y, Chen Y H. 2011. Joint determination of inventory replenishment and sales effort with uncertain market responses[J]. International Journal of Production Economics, 134 (2): 368-374.

Zheng Y S. 1991. A simple proof for optimality of (s, S) policies in infinite-horizon inventory systems[J]. Journal of Applied Probability, 28 (4): 802-810.

Zheng Y S, Federgruen A. 1991. Finding optimal (s, S) policies is about as simple as evaluating a single policy[J]. Operations Research, 39 (4): 654-665.

附 录

1. 命题 3-1 的证明

证明 （1）为了证明 $\omega(\gamma)$ 的单调性，考虑两种虚拟利润 γ_1 和 γ_2，$\gamma_1 > \gamma_2 > 0$。用 $(s_{\gamma_1}, S_{\gamma_1}, \bar{z}_{s_{\gamma_1}}^{S_{\gamma_1}})$ 与 $(s_{\gamma_2}, S_{\gamma_2}, \bar{z}_{s_{\gamma_2}}^{S_{\gamma_2}})$ 分别表示最优策略可达的最大值 $\omega(\gamma_1)$ 和 $\omega(\gamma_2)$，则

第 3 章 组合市场决策的无限规划周期库存管理研究：延期交货

$$\omega(\gamma_1) = \max_{s,S,z} l_{\gamma_1}(s,S,z_s^S) = P(s_{\gamma_1}, S_{\gamma_1}, \overline{z}_{s_{\gamma_1}}^{S_{\gamma_1}}) - \gamma_1 T(s_{\gamma_1}, S_{\gamma_1}, \overline{z}_{s_{\gamma_1}}^{S_{\gamma_1}})$$

$$< P(s_{\gamma_1}, S_{\gamma_1}, \overline{z}_{s_{\gamma_1}}^{S_{\gamma_1}}) - \gamma_2 T(s_{\gamma_1}, S_{\gamma_1}, \overline{z}_{s_{\gamma_1}}^{S_{\gamma_1}})$$

$$\leqslant P(s_{\gamma_2}, S_{\gamma_2}, \overline{z}_{s_{\gamma_2}}^{S_{\gamma_2}}) - \gamma_2 T(s_{\gamma_2}, S_{\gamma_2}, \overline{z}_{s_{\gamma_2}}^{S_{\gamma_2}}) = \omega(\gamma_2)$$

第一个不等式可由 $\gamma_1 > \gamma_2$ 的假设得到，第二个不等式可根据 $(s_{\gamma_2}, S_{\gamma_2}, \overline{z}_{s_{\gamma_2}}^{S_{\gamma_2}})$ 的定义得到。

（2）如果 $\gamma = \pi^*$，其中 π^* 是一个 (s, S, z_s^S) 类型策略获得的长期平均期望利润的最大值，有

$$\omega(\gamma) = \omega(\pi^*) = \max_{s<S, z_s^S \in \{Z^1, \cdots, Z^M\}^{S-s}} [P(s,S,z_s^S) - \pi^* T(s,S,z_s^S)]$$

可直接得出 $\omega(\pi^*) = 0$。

另外，如果 $\omega(\gamma) = 0$，则意味着对于给定的虚拟利润 γ，一个 (s, S, z_s^S) 类型策略能够获得的辅助函数的最大值为 0。因为

$$\omega(\gamma) = \max_{s<S, z_s^S \in \{Z^1, \cdots, Z^M\}^{S-s}} [P(s,S,z_s^S) - \gamma T(s,S,z_s^S)] = 0$$

即

$$\gamma = \max_{s<S, z_s^S \in \{z^1, \cdots, z^M\}^{S-s}} \frac{P(s,S,z_s^S)}{T(s,S,z_s^S)} = \pi^*$$

命题得证。

2. 命题 3-2 的证明

证明 因为 γ 取 $(s', S', z_{s'}^{S'})$ 策略下的长期平均期望利润值，根据更新理论有

$$\gamma = \pi(s', S', z_{s'}^{S'}) = \frac{-K + \sum_{j=0}^{S'-s'-1} m_j(z_{S'-j}, \cdots, z_{S'}) B(S'-j, z_{S'-j})}{\sum_{j=0}^{S'-s'-1} m_j(z_{S'-j}, \cdots, z_{S'})}$$

$$< \frac{\sum_{j=0}^{S'-s'-1} m_j(z_{S'-j}, \cdots, z_{S'}) B(S'-j, z_{S'-j})}{\sum_{j=0}^{S'-s'-1} m_j(z_{S'-j}, \cdots, z_{S'})}$$

$$\leqslant f(y_0)$$

最后一个不等式归因于一个事实，即对于 $s'+1 \leqslant y \leqslant S'$，有 $B(y,z) \leqslant \max_z B(y,z) = f(y) \leqslant f(y_0)$，其中 y_0 是实现 $f(y)$ 最大化的点。

3. 命题 3-3 的证明

证明 给定虚拟利润 $\gamma \leq \pi^*$，拟证明关于辅助函数 $l_\gamma(s, S, z_s^S)$ 的最优再订购点 s_γ 满足 $f(s_\gamma + 1) \geq \gamma > f(s_\gamma)$。

用反证法。假设 $f(s_\gamma + 1) < \gamma$。考虑最优策略 $(s_\gamma, S_\gamma, \bar{z}_{s_\gamma}^{S_\gamma})$ 和策略 $(s_\gamma + 1, S_\gamma, z_{s_\gamma+1}^{S_\gamma})$，$\bar{z}_{s_\gamma}^{S_\gamma} = (z_{s_\gamma+1}, z_{s_\gamma+1}^{S_\gamma})$，即这两种策略下重合的库存水平 $s_\gamma + 2, \cdots, S_\gamma$ 的销售杠杆是一样的，则根据式（3.3.2）有

$$l_\gamma(s_\gamma, S_\gamma, \bar{z}_{s_\gamma}^{S_\gamma}) - l_\gamma(s_\gamma + 1, S_\gamma, z_{s_\gamma+1}^{S_\gamma}) = m_{S_\gamma - s_\gamma - 1}(z_{s_\gamma+1}, \cdots, z_{S_\gamma})[B(s_\gamma+1, z_{s_\gamma+1}) - \gamma]$$
$$\leq m_{S_\gamma - s_\gamma - 1}(z_{s_\gamma+1}, \cdots, z_{S_\gamma})[f(s_\gamma+1) - \gamma]$$
$$< 0$$

因为 $f(y) \geq B(y, \bar{z}_y)$，所以有第一个等式成立。假设 $f(s_\gamma+1) < \gamma$，则 $l_\gamma(s_\gamma+1, S_\gamma, z_{s_\gamma+1}^{S_\gamma}) > l_\gamma(s_\gamma, S_\gamma, \bar{z}_{s_\gamma}^{S_\gamma})$，这和表示最大化辅助函数 $l_\gamma(s, S, z_s^S)$ 的最优 (s, S, z_s^S) 类型策略的 $(s_\gamma, S_\gamma, \bar{z}_{s_\gamma}^{S_\gamma})$ 的定义是相互矛盾的。因此，$f(s_\gamma + 1) \geq \gamma$。

为了证明 $f(s_\gamma) < \gamma$，假设 $f(s_\gamma) \geq \gamma$。现在，考虑可选策略 $(s_\gamma - 1, S_\gamma, z_{s_\gamma-1}^{S_\gamma})$，因此有 $z_{s_\gamma-1}^{S_\gamma} = (z^i, \bar{z}_{s_\gamma}^{S_\gamma})$，其中 $f(s_\gamma) = B(s_\gamma, z^i)$。这两种策略下重合的库存水平 $s_\gamma + 1, s_\gamma + 2, \cdots, S_\gamma$ 的销售杠杆是一样的，且 $z_{s_\gamma} = z^i$，则

$$l_\gamma(s_\gamma - 1, S_\gamma, z_{s_\gamma-1}^{S_\gamma}) - l_\gamma(s_\gamma, S_\gamma, \bar{z}_{s_\gamma}^{S_\gamma}) = m_{S_\gamma - s_\gamma}(z_{s_\gamma}, \cdots, z_{S_\gamma})[B(s_\gamma, z_{s_\gamma}) - \gamma]$$
$$= m_{S_\gamma - s_\gamma}(z_{s_\gamma}, \cdots, z_{S_\gamma})[f(s_\gamma) - \gamma] \geq 0$$

因此，$l_\gamma(s_\gamma - 1, S_\gamma, z_{s_\gamma-1}^{S_\gamma}) \geq l_\gamma(s_\gamma, S_\gamma, \bar{z}_{s_\gamma}^{S_\gamma})$，这和 $(s_\gamma, S_\gamma, \bar{z}_{s_\gamma}^{S_\gamma})$ 的定义相互矛盾。

所以，给定虚拟利润 γ，最优再订购点 s_γ 满足 $f(s_\gamma+1) \geq \gamma > f(s_\gamma)$，$s_\gamma$ 取自非空集合 $\propto(\gamma)$。

4. 命题 3-4 的证明

证明 （1）反证法。假设 $S_\gamma > \bar{S}_\gamma = \sup\{x : f(x) \geq \gamma\}$，于是 $f(S_\gamma) < \gamma$。令 $z_{S_\gamma} = z^i$，z^i 是从 $\{z^1, \cdots, z^M\}$ 中选择的销售杠杆，此处所有的销售杠杆是可行的。则根据式（3.3.3）有

$$l_\gamma(s_\gamma, S_\gamma, \bar{z}_{s_\gamma}^{S_\gamma}) \leq f(S_\gamma) - \gamma - K\left[1 - \sum_{j=0}^{S_\gamma - s_\gamma - 1} \phi_j(z^i)\right] + \sum_{j=0}^{S_\gamma - s_\gamma - 1} \phi_j(z^i) l_\gamma(s_\gamma, S_\gamma - j, \bar{z}_{s_\gamma}^{S_\gamma - j})$$
$$< \sum_{j=0}^{S_\gamma - s_\gamma - 1} \phi_j(z^i) l_\gamma(s_\gamma, S_\gamma, \bar{z}_{s_\gamma}^{S_\gamma})$$

其中第一个不等式根据假设 $f(S_\gamma) \geq B(S_\gamma, \overline{z}_{S_\gamma})$ 得到，根据假设 $f(S_\gamma) < \gamma$，$K \geq 0$ 和 $l_\gamma(s_\gamma, S_\gamma, \overline{z}_{s_\gamma}^{S_\gamma})$ 的定义可知第二个不等式是合理的。因此，有

$$\left[1 - \sum_{j=0}^{S_\gamma - s_\gamma - 1} \phi_j(z^i)\right] l_\gamma(s_\gamma, S_\gamma, \overline{z}_{s_\gamma}^{S_\gamma}) < 0$$

由于 $1 - \sum_{j=0}^{S_\gamma - s_\gamma - 1} \phi_j(z^i)$ 非负，$l_\gamma(s_\gamma, S_\gamma, \overline{z}_{s_\gamma}^{S_\gamma}) < 0$，即 $\omega(\gamma) < 0$。根据命题 3-1，$\omega(\pi^*) = 0$，$\omega(\gamma)$ 随着 γ 的修正递减，因此有 $\gamma > \pi^*$，这明显与假设 $\gamma \leq \pi^*$ 矛盾。

（2）证明 $S_\gamma \geq \max(s_\gamma + 1, x_0)$，显然可以直接得出 $S_\gamma \geq s_\gamma + 1$。假设 $S_\gamma < x_0$。根据假设 3-1，如果 $x < x_0$，则有 $G(x+1, z^i) \leq G(x, z^i)$，这意味着：

$$\begin{aligned} B(x+1, z^i) &= (p_{z^i} - c) E[D(z^i, \epsilon)] - A(z^i) - G(x+1, z^i) \\ &\geq (p_{z^i} - c) E[D(z^i, \epsilon)] - A(z^i) - G(x, z^i) \\ &= B(x, z^i) \end{aligned} \quad (3.1)$$

考虑到最优策略 $(s_\gamma, S_\gamma, \overline{z}_{s_\gamma}^{S_\gamma})$ 和策略 $(s_\gamma + 1, S_\gamma + 1, z_{s_\gamma+1}^{S_\gamma+1})$，因此有 $z_{s_\gamma+1}^{S_\gamma+1} = \overline{z}_{s_\gamma}^{S_\gamma} = (z_{s_\gamma+1}, z_{s_\gamma+2}, \cdots, z_{S_\gamma})$，即在策略 $(s_\gamma + 1, S_\gamma + 1, z_{s_\gamma+1}^{S_\gamma+1})$ 下，将库存水平 $s_\gamma + 2, \cdots, S_\gamma + 1$ 的销售杠杆设定为 $z_{s_\gamma+1}, z_{s_\gamma+2}, \cdots, z_{S_\gamma}$。则有

$$\begin{aligned} l_\gamma(s_\gamma + 1, S_\gamma + 1, z_{s_\gamma+1}^{S_\gamma+1}) &= -K + \sum_{j=0}^{S_\gamma - s_\gamma - 1} m_j(z_{S_\gamma - j}, \cdots, z_{S_\gamma})[B(S_\gamma + 1 - j, z_{S_\gamma - j}) - \gamma] \\ &\geq -K + \sum_{j=0}^{S_\gamma - s_\gamma - 1} m_j(z_{S_\gamma - j}, \cdots, z_{S_\gamma})[B(S_\gamma - j, z_{S_\gamma - j}) - \gamma] \\ &= l_\gamma(s_\gamma, S_\gamma, \overline{z}_{s_\gamma}^{S_\gamma}) \end{aligned}$$

由不等式（3.1）可知上述不等式成立，因此，策略 $(s_\gamma + 1, S_\gamma + 1, z_{s_\gamma+1}^{S_\gamma+1})$ 是比最优策略 $(s_\gamma, S_\gamma, \overline{z}_{s_\gamma}^{S_\gamma})$ 更好的选择。发生矛盾，由此得证。

5. 命题 3-5 的证明

证明 （1）结论①可由 z_{s+1} 的定义和式（3.3.3）得证。特别地，当 $y = s+1$ 时，有 $l_\gamma(s, s+1, \overline{z}_s^{s+1}) = \max_{i=1,\cdots,M} m_0(z^i)[B(s+1, z_{s+1}) - \gamma]$。

（2）当 $y = s+2$ 时，根据式（3.3.5）可知最优销售杠杆 $\overline{z}_s^{s+2}$ 满足：

$$\begin{aligned} l_\gamma(s, s+2, \overline{z}_s^{s+2}) &= \max_{i=1,\cdots,M}\{-K + B(s+2, z^i) - \gamma \\ &\quad + \phi_0(z^i)[l_\gamma(s, s+2, \overline{z}_s^{s+2}) + K] + \phi_1(z^i)[l_\gamma(s, s+1, \overline{z}_s^{s+1}) + K]\} \\ &= -K + \max_{i=1,\cdots,M} m_0(z^i)\{B(s+2, z^i) - \gamma + \phi_1(z^i) l_\gamma(s, s+1, \overline{z}_s^{s+1})\} \end{aligned}$$

其中，$\overline{z}_s^{s+1}$ 可以根据结论①和 $m_0(z^i) = \dfrac{1}{1-\phi_0(z^i)}$ 得到。

同样地，可以获得 $y = s+3,\cdots,S$ 时的等式（3.3.8），其最优销售杠杆可以从 $y = s+1$ 开始依次计算获得。直观地说，这是因为库存水平 y 的 z^i 选择不会影响较低库存水平（如 $z_{s+1},\cdots,z_{y-1}$）的最优销售杠杆，而当且仅当获得所有 $l_\gamma(s, y-j, \overline{z}_s^{y-j})$ 时才能获得 $l_y(s,y,\overline{z}_s^y)$，其中 $j = 1,\cdots,y-s-1$。

6. 命题 3-6 的证明

证明 结论①可以通过辅助函数和利润函数的简单计算得到。因为 $l_\gamma(s, S, z_s^S) > 0$，如果令 $\gamma_1 = \gamma + \dfrac{l_\gamma(s, S, z_s^S)}{T(s, S, z_s^S)}$，则易得 $\gamma_1 > \gamma$。根据辅助函数的定义：

$$\gamma_1 = \gamma + \frac{P(s, S, z_s^S) - \gamma T(s, S, z_s^S)}{T(s, S, z_s^S)} = \gamma + \frac{P(s, S, z_s^S)}{T(s, S, z_s^S)} - \gamma = \pi(s, S, z_s^S)$$

所以 $\gamma_1 = \pi(s, S, z_s^S) > \gamma$。

由于命题 3-1，以及结论①，结论②显然成立。

7. 命题 3-7 的证明

证明 （1）因为 $l_\gamma(s_\gamma, S_1, \overline{z}_{s_\gamma}^{S_1}) > 0$，根据命题 3-6 中的结论②可知 $\gamma_1 = \pi(s_\gamma, S_1, \overline{z}_{s_\gamma}^{S_1}) > \gamma$。

（2）为证明 $S_{\gamma_1} \geqslant \max(S_1, s_\gamma^1 + 1)$，这里逐个进行讨论。首先，$S_{\gamma_1} \geqslant s_\gamma^1 + 1$ 成立。接下来证明 $S_{\gamma_1} \geqslant S_1 > s_\gamma^1 + 1$。因为对 $y \in (s_\gamma, S_1)$ 有 $l_\gamma(s, y, \overline{z}_s^y) \leqslant 0$，如果能够证明对 $s_{\gamma_1} < y < S_1$ 有 $l_{\gamma_1}(s_{\gamma_1}, y, \overline{z}_{s_{\gamma_1}}^y) < 0$，其中 $\overline{z}_s^y$ 是给定订购策略 (s_{γ_1}, y) 时的最优销售杠杆向量，则结论②可根据命题 3-6 中的结论②得证，发现：

$$\begin{aligned} l_{\gamma_1}(s_{\gamma_1}, y, \overline{z}_{s_{\gamma_1}}^y) &= P(s_{\gamma_1}, y, \overline{z}_{s_{\gamma_1}}^y) - \gamma_1 T(s_{\gamma_1}, y, \overline{z}_{s_{\gamma_1}}^y) \\ &= l_\gamma(s_{\gamma_1}, y, \overline{z}_{s_{\gamma_1}}^y) - (\gamma_1 - \gamma) T(s_{\gamma_1}, y, \overline{z}_{s_{\gamma_1}}^y) \\ &< l_\gamma(s_{\gamma_1}, y, \overline{z}_{s_{\gamma_1}}^y) \leqslant l_\gamma(s, y, \overline{z}_s^y) \leqslant 0 \end{aligned}$$

给定虚拟利润 γ，s_γ 是最优再订购点，$\overline{z}_{s_{\gamma_1}}^y$ 为给定订购策略 (s_{γ_1}, y) 对应的最优销售杠杆向量，所以最后一个不等式成立，因此，$l_\gamma(s_{\gamma_1}, y, \overline{z}_{s_{\gamma_1}}^y) < 0$，结论②成立。

（3）采用反证法。为证明 $s_{\gamma_1}^1 \geqslant s_\gamma^1$，假设 $s_{\gamma_1}^1 < s_\gamma^1$。由于库存量为整数值的假设，有 $s_{\gamma_1}^1 + 1 \leqslant s_\gamma^1$。根据定义 s_γ^1 是对于任意 $y \leqslant s_\gamma^1$，$f(y) < \gamma$ 满足 $f(y+1) \geqslant \gamma > f(y)$ 的

最小候选点，所以有 $f(s_{\gamma_1}^1+1) < \gamma < \gamma_1$。这与根据 $s_{\gamma_1}^1$ 的定义和 $\propto(\gamma_1)$ 得到的 $f(s_{\gamma_1}^1+1) \geq \gamma_1$ 矛盾。

类似地，为证明 $\overline{S}_{\gamma_1} \leq \overline{S}_{\gamma}$，假设 $\overline{S}_{\gamma_1} > \overline{S}_{\gamma}$。因为 $\overline{S}_{\gamma}$ 是对任意 $y > \overline{S}_{\gamma}$，满足 $f(y) \geq \gamma$ 的最大的 y 值，所以有 $f(\overline{S}_{\gamma_1}) < \gamma$。这与根据 $\overline{S}_{\gamma_1}$ 的定义获得的 $f(\overline{S}_{\gamma_1}) \geq \gamma_1 > \gamma$ 矛盾。因此，结论③成立。

8. 命题 3-8 的证明

证明 命题 3-4 表明 $s_\gamma < S_\gamma \leq \overline{S}_\gamma$。如前面所述，对于规定范围内的 y 如果满足 $l_\gamma(s_\gamma^i, y, \overline{z}_{s_\gamma^i}^y) \leq 0$，其中 $s_\gamma^i \in \propto(\gamma)$，则有 $l_\gamma(s_\gamma, y, \overline{z}_{s_\gamma}^y) \leq 0$，且 $l_\gamma(s_\gamma, S_\gamma, \overline{z}_{s_\gamma}^{S_\gamma}) = \omega(\gamma) \leq 0$。由命题 3-1 可知，$\omega(\gamma)$ 是 γ 的递减函数，当且仅当 $\gamma = \pi^*$，其中 π^* 是 $(s, S, \overline{z}_s^S)$ 策略的长期平均期望利润的最大值时，$\omega(\gamma) = 0$，因此有 $\gamma \geq \pi^*$。但是，存在当 $y = S_1$ 时，$l_\gamma(s_\gamma, S_1, \overline{z}_{s_\gamma}^{S_1}) = 0$ 代表 $\gamma = \pi(s_\gamma, S_1, \overline{z}_{s_\gamma}^{S_1}) = \pi^*$。因此，$\gamma = \pi^*$，且 $(s_\gamma, S_1, \overline{z}_{s_\gamma}^{S_1})$ 是一个最优的 $(s, S, \overline{z}_s^S)$ 策略。证毕。

第 4 章　组合市场决策的无限规划周期库存管理研究：销售丢失

4.1　概　　述

销售时期末，如果需求量大于库存量，则需求不能及时满足，存在两种情况：未满足需求延期交货，或者未满足需求销售丢失。基于延期交货的假设，第 3 章提出了一种用于计算 (s,S,z) 策略的有效算法，并验证了其关于拓展的 $f(y)$ 函数的最优性。本章继续讨论第二种情况：销售丢失。

类似地，本章的目的是找到最优联合库存和销售杠杆的策略，最大化无限规划周期内的长期平均期望利润，兴趣点仍聚焦在 (s,S,z) 策略。

本章后面内容安排如下。4.2 节讨论销售丢失和延期交货之间的差异，以及对于决策的影响。4.3 节讨论一种简化的市场决策：价格，研究联合库存和动态定价问题，并忽略价格执行的成本。4.4 节将 4.3 节的结果扩展到一般销售杠杆的情况。4.5 节总结全章。

4.2　销售丢失和延期交货之间的差异

本节讨论销售丢失和延期交货之间的差异，以及其对模型和决策的影响。一个销售时期末，需求量大于库存水平，超出的需求将不能及时被满足。如果需求方愿意等候，而且在下一个补货到达时得到满足，则称为延期交货；如果需求方不愿意等候，则称为销售丢失。延期交货的假设通常适用于制造企业，而销售丢失的情况在零售环境中更接近现实。

基于第 3 章描述的面向无限规划周期的组合市场决策的库存模型，表 4.1 详细列出了延期交货和销售丢失对于单个时间周期内的期望销售量、期望收入、期望利润，以及类单周期期望利润函数 $f(y)$ 的影响。

表 4.1　延期交货和销售丢失的差异

影响	延期交货	销售丢失
期望销售量	$E[D(z,\epsilon)]$	$E\{\min[D(z,\epsilon),y]\}$
期望收入 r	$(p_z-c)E[D(z,\epsilon)]$	$(p_z-c)E\{\min[D(z,\epsilon),y]\}$

续表

影响	延期交货	销售丢失
期望利润	$B(y, z) = r(z) - G(y, z) - A(z)$	$B(y, z) = r(y, z) - G(y, z) - A(z)$
$f(y)$ 函数	$f(y) = \max_z B(y, z)$	$f(y) = \max_z B(y, z)$

如果未满足需求延期交货，由于目标为最大化长期平均期望利润，并不考虑折扣等问题，需求延期满足和当期满足并不会对销量、收入、成本等造成影响。因此，单个时间周期内的期望销售量可以视为等同于该期间的期望需求。反之，如果假设未满足需求销售丢失，则单位时间周期内的销售量为需求和库存水平的最小值。假设未满足需求延期交货，单个时间周期内期望收入为当期价格和该时期内期望需求的乘积，表示为 $p_z E[D(z,\epsilon)]$，相关研究中通常假设该单周期收入函数为价格和库存的联合凹函数；假设未满足需求销售丢失，单周期的期望收入则为 $p_z E\{\min[D(z,\epsilon),y]\}$，研究表明，即使设定需求为价格 p 的线性函数，该期望收入的联合凹性也不能保证（Federgruen and Heching, 1999）。

要指出的是，单周期期望利润函数的凹性假设在组合定价的库存研究中非常重要。延期交货假设下，该凹性假设是确保 (s, S, p) 策略为全局最优的数学前提（Chen and Simchi-Levi, 2004a; 2004b）。销售丢失假设下，单周期期望利润 $B(y, z)$ 则不具有（联合）凹性。现有研究通过假设类单周期期望利润函数 $f(y)$ 为单峰函数，从而解决这个难题。根据定义，$f(y)$ 为给定库存水平 y，销售杠杆为最优的单周期期望利润函数。本章进一步放松单峰性假设条件，允许 $f(y)$ 函数具有有限个局部最大值和一个全局最大值。

4.3 特例：组合定价的库存模型

如前面所述，销售丢失的情形较为复杂。为简单起见，首先仅考虑一种特殊的销售杠杆：价格，即 $z = p$，并且忽略执行该销售杠杆的成本，或者说价格调整不产生成本，即 $A(z) = 0$。由此，该问题为假设销售丢失、不考虑价格调整成本、面向无限规划周期的组合定价的库存联合决策问题。

由于销售量不再为需求，而是需求与库存的最小值，该模型分析的困难程度和延期交货相比加剧，相关研究也较少。Chen 等（2006）展示了在有限计划范围内额外需求的 (s, S, p) 策略的最优性。Huh 和 Janakiraman（2008）验证了 Chen 等（2006）的研究结果，并扩展到无限区域折扣情况。基于 Huh 和 Janakiraman（2008）的统一条件，Song 等（2008）进一步展示了有限和无限折扣情况下乘法需求模型的 (s, S, A, p) 策略的最优性。面向无限规划周期，Wei（2012）以最大化长期平均期望利润为目标，证明了 (s, S, p) 策略为最优。

4.3.1 模型描述与假设

面向定期回顾无限规划周期，假设成本参数固定，企业每期起始决定库存和价格决策。价格从给定的有限列表 $\{p^1, p^2, \cdots, p^M\}$ 中选择。需求受到当期价格影响，但是不同时期的需求相互独立。给定价格决策 p，当期需求随机且以密度函数为 $\phi_j(p)$ 的概率取整数值，$j = 0,1,2,\cdots,\infty$。如果任何两个周期中价格决策相同，则相应需求独立且随机一致。

对于每个时期 t，$t = 1,2,\cdots,\infty$，令 $D_t(p_t,\epsilon)$ 表示第 t 期的需求，其中 p_t 为第 t 期的价格，ϵ 表示与销售杠杆无关的随机变量，且该随机变量的分布密度已知。由此，本章的需求函数为一般意义上的需求模型，加法需求模型和乘法需求模型为其中的特例。

每个时间周期内的事件顺序如下：①周期起始，企业审查库存水平；②如有需要，发出补货订单并支付固定订购成本 K；③假设提前期为 0，即订即交货；④企业决定当期价格；⑤销售时期开始，企业观察并满足需求，如果当期需求超过当期库存，则所有未满足需求销售丢失；⑥销售周期结束，期末评估当期成本和收益，计算净利润。每次订购收取固定和成比例的可变成本。为简单起见，忽略执行价格决策的可能成本，即 $A(p) = 0$。库存持有和短缺成本根据期末库存水平计算。企业决策的目标是找到一个最佳的组合定价和库存控制策略，从而最大化无限规划周期长期平均期望利润。

由之前的分析及表 4.1 可得，销售丢失情况下，单个时间周期的期望收入是库存水平 y 和价格决策 p 的函数，即

$$R(y, p) = pE\{\min[D(p, \epsilon), y]\}$$

与第 3 章类似，假设期望持有和缺货成本 $g(x)$ 是关于库存水平 x 的凸函数。凸性假设具有一般性，在诸多文献中用到。

令 (y_t, p_t) 代表在时期 t 的联合决策，其中 y_t 是订购后的库存水平，为该时间周期的价格决策。在规划周期内，给定初始存货水平 x_1，遵循联合决策 $\{(y_1, p_1), (y_2, p_2),\cdots,(y_T, p_T)\}$，则长期平均期望利润为

$$\pi[x_1;(y_1, p_1),\cdots,(y_T, p_T)] = \limsup_{T \to \infty} \frac{1}{T} \sum_{t=1}^{T} \begin{pmatrix} -K\delta(y_t > x_t) - c(y_t - x_t) \\ + p_t E\{\min[D(p_t, \epsilon), y_t]\} - G(y_t, p_t) \end{pmatrix}$$

其中，$x_{t+1} = \max[0, y_t - D(p_t, \epsilon)]$，$t = 1,2,\cdots$。决策目标为发现最优联合控制策略 (y_t^*, p_t^*)，其中 $t = 1,2,\cdots, T$，以最大化长期平均期望利润。

不失一般性，商品被消费时计入单位订购成本 c，由此，目标函数可写为

$$\pi[x_1;(y_1,\ p_1),\cdots,(y_T,\ p_T)]$$
$$=\limsup_{T\to\infty}\frac{1}{T}\sum_{t=1}^{T}\begin{pmatrix}-K\delta(y_t>x_t)+(p_t-c)E\{\min[D(p_t,\ \epsilon),\ y_t]\}\\+cx_1-G(y_t,\ p_t)\end{pmatrix}$$

由于 cx_1 与决策 (y_t,z_t) 无关，可从目标函数中忽略。

假设销售丢失，给定价格决策 p 和订购应达水平 y，忽略固定订购成本 K，单周期期望利润为

$$B(y,\ p)=(p-c)E\{\min[D(p,\ \epsilon),\ y]\}-G(y,\ p)$$

对于每个库存水平 y 优化其价格决策，则获得类单周期期望利润函数 $f(y)$，且

$$f(y)=\max_{p\in\{p^1,\ p^2,\cdots,\ p^M\}}B(y,\ p)$$

假设销售丢失，命题 4-1 表明给定价格 p，$B(y,p)$ 关于库存水平 y 为凹函数。

命题 4-1 给定价格 p，单周期期望收入 $R(y,p)=p\{E\min[D(p,\epsilon),\ y]\}$ 是关于库存 y 的凹函数，并且单周期期望利润函数 $B(y,p)$ 关于库存 y 为凹。

显然，给定价格 p，单周期期望收入为 y 的凹函数。由于 $G(y,p)$ 为库存 y 的凸函数，根据其定义，$B(y,p)$ 关于 y 为凹。具体证明过程在此忽略。

与第 3 章类似，假设 $f(y)$ 函数具有有限个局部最大值。该假设很容易被满足。应注意到价格决策 p 从有限列表 $\{p^1,p^2,\cdots,p^M\}$ 中选择，即有 M 个可用选择。对于每个 p^i，$i=1,2,\cdots,M$，单周期期望利润函数 $B(y,p)$ 关于 y 为凹（命题 4-1），并且有一个全局最大值。根据定义，$f(y)$ 为 $B(y,p)$ 在价格水平 p 上的最大值，因此 $f(y)$ 最多具有 M 个局部最大值。为方便表达，用 y_0 表示 $f(y)$ 达到全局最大值点。

4.3.2 关于类单周期期望利润函数 $f(y)$ 的讨论

考虑到类单周期期望利润函数对于后续分析以及相关文献的重要性，本小节对其进行详细的讨论。

显然，假设 $f(y)$ 为单峰函数，意味着 $f(y)$ 具有一个局部（也是全局）最大值，因此这是假设其存在有限个局部最大值的一个特例。正如相关研究指出，销售丢失情形下，假设 $f(y)$ 是单峰函数，可以绕过单周期收入函数非联合凹性的难题。因此，在销售丢失的情况下，$f(y)$ 函数的单峰性假设是多周期定价/库存联合决策问题研究的基础。表 4.2 进一步总结了现有相关研究中，在何种需求模型的假设条件下 $f(y)$ 函数的单峰性成立。要指出的是，表 4.2 中保证 $f(y)$ 函数单峰性成立的需求函数，同样使得 $f(y)$ 函数存在多个局部最优值的假设成立。

表 4.2　销售丢失假设下的单周期定价/库存联合决策模型

文章	需求模型	确定性需求分量	随机分量	类单周期期望利润函数 $f(y)$
Karlin 和 Carr（1962）	乘法需求模型	关于价格的线性函数	指数分布	关于库存 y 的单峰函数
Polatoğlu（1991）	加法需求模型	关于价格的线性函数	均匀分布	关于库存 y 的单峰函数
	乘法需求模型	关于价格的线性函数	指数分布	关于库存 y 的单峰函数
Petruzzi 和 Dada（1999）	加法需求模型	关于价格的线性函数	一般分布	关于库存 y 的单峰函数
	乘法需求模型	关于价格的幂函数	一般分布	关于库存 y 的单峰函数
Chen 等（2006）	加法需求模型	关于价格的一般函数	一般分布	关于 z^* 单峰；也关于库存 y 单峰
Song 等（2008）	乘法需求模型	关于价格的幂函数	一般分布	关于库存 y 的单峰函数

* z 是库存储存因子，和库存以及需求有关。

上述相关文献中，需求模型通常用加法需求模型 $D(p, \epsilon) = d(p) + \epsilon$，其中 $E(\epsilon) = 0$，或乘法需求模型 $D(p, \epsilon) = d(p)\epsilon$，其中 $E(\epsilon) = 1$。通常假设确定性需求分量 $d(p)$ 对价格 p 敏感，而随机分量 ϵ 与价格 p 无关。基于销售丢失的假设，表 4.2 总结了组合定价的单周期库存模型相关研究。其中确定性需求分量 $d(p)$ 和随机分量 ϵ 的特征总结如下。

确定性需求分量 $d(p)$ 的特征。对于加法需求模型，最简单也最常见的假设是确定性需求分量 $d(p)$ 为价格 p 的线性函数。另外一个常见假设为 $d(p)$ 是价格 p 的凹函数。Chen 等（2006）假设 $d(p)$ 是关于价格 p 递减的凹函数，并且要求满足一个技术性的不等式：$3d''(p) + pd'''(p) \leq 0$。该不等式在诸多情形下成立，如需求函数为幂函数、指数函数，以及对数函数等。例如，$d(p) = \alpha - \beta p^\gamma$，$\gamma \geq 1$，当 $\gamma = 1$ 时为线性需求函数；$\ln(\alpha - \beta p)^\gamma$，$\gamma \geq 0$；$\alpha - e^{\gamma p}$，$\gamma \geq 0$。

对于乘法需求模型，通常假设确定性需求分量 $d(p)$ 为关于价格 p 的线性函数（Polatoğlu，1991；Karlin and Carr，1962）或者幂函数（Song et al.，2008）。

随机分量 ϵ 的特征。一个较为广泛接受的假设是：假定随机分量 ϵ 的分布具有 IFR 特性。相关文献中的 ϵ 分布多满足 IFR 特性，如均匀分布、正态分布、零点处正交分布、指数分布、伽马分布（形状参数 $s \geq 1$）、贝塔分布（两个参数都是 $s \geq 1$）和韦布尔分布（形状参数 $s \geq 1$）等。

4.3.3　(s, S, p) 策略的利润函数

第 3 章中已经发现并证明，假设未满足的需求延期交货，面向无限规划周期组合销售杠杆/库存系统，如果销售杠杆仅为价格决策，则静态的 (s, S, p) 策略为全局最优。其中库存决策遵照 (s, S) 策略补货，价格 p 与库存水平相关。本章

模型遵循与第3章相同的假设,如库存持有和缺货成本函数为凸函数,以及类单周期期望利润函数存在有限个局部最大值。一个很自然的问题是:假设未满足需求销售丢失,第3章 (s, S, p) 策略的优化算法和最优性分析是否依旧适用?

为回答这个问题,首先推导给定静态 (s, S, p) 策略下的长期平均期望利润函数。同样地,假定库存水平和需求均为离散的整数值。

遵循静态 (s, S, p_s^S) 策略,订单补货后的库存水平形成一个以 $\{s+1, \cdots, S\}$ 为状态空间的离散时间、有限状态的马尔可夫过程。特别地,一旦库存水平返回到 S,则重复该过程,从而形成一个再生更新过程。在一个典型的更新周期中,周期始于订单应达库存水平 S,当库存水平下降到或低于 s 时周期结束。向量 $p_s^S = (p_{s+1}, \cdots, p_S)$ 由和 (s, S) 策略相关的 $S-s$ 个价格分量组成。同样地,(s, S, p) 和 (s, S, p_s^S) 的符号互换使用。

基于更新理论,系统的长期平均期望利润等于更新周期期间的期望利润和更新周期的期望长度的比值(Tijms, 1986)。假设未满足需求延期交货,Feng 和 Chen(2011)求出 (s, S, p) 策略的长期平均期望利润函数。给定 (s, S, p_s^S) 策略,用 $\pi(s, S, p_s^S)$ 表示长期平均期望利润,类似地,有

$$\pi(s, S, p_s^S) = \frac{P(s, S, p_s^S)}{T(s, S, p_s^S)} \tag{4.3.1}$$

其中,$P(s, S, p_s^S)$ 与 $T(s, S, p_s^S)$ 分别是更新周期的期望利润和期望长度。$P(s, S, p_s^S)$ 和 $T(s, S, p_s^S)$ 的表达式如下:

$$P(s, S, p_s^S) = -K + \sum_{j=0}^{S-s-1} m_j(p_{S-j}, \cdots, p_S)[B(S-j, p_{S-j})] \tag{4.3.2}$$

$$T(s, S, p_s^S) = \sum_{j=0}^{S-s-1} m_j(p_{S-j}, \cdots, p_S) \tag{4.3.3}$$

其中,$m_j(p_{S-j}, \cdots, p_S)$ 是更新密度函数,并且可以通过递归方法计算得到

$$m_0(p_x) = \frac{1}{1-\phi_0(p_x)}$$

$$m_j(p_{x-j}, \cdots, p_x) = \sum_{j=0}^{j} \phi_l(p_x) m_{j-1}(p_{x-j}, \cdots, p_{x-l}), \quad j = 1, \cdots, x-s-1 \tag{4.3.4}$$

或者

$$P(s, S, p_s^S) = \sum_{j=0}^{S-s-1} \phi_j(p_S)[P(s, S-j, p_s^{S-j}) + K] - K + B(S, p_S) \tag{4.3.5}$$

和

$$T(s, S, p_s^S) = 1 + \sum_{j=0}^{S-s-1} \phi_j(p_S) T(s, S-j, p_s^{S-j}) \tag{4.3.6}$$

以上目标函数的推导与第 3 章基于延期交货的假设相同。为保证完整性，下面给出详细的推导过程。

给定静态 (s, S, z_s^S) 策略，令 $P(s, x, p_s^x)$ 为以初始库存水平 x 开始，并且在库存水平小于或等于 s 时结束的这段时间内所发生的期望利润。通过动态递归方法，对于 $x > s$，有

$$P(s, x, p_s^x) = B(S, p_x) + \sum_{j=0}^{\infty} \phi_j(p_x) P(s, x-j, p_s^{x-j}) \tag{4.3.7}$$

当 $x \leq s$ 时，系统发出补货订单，产生固定订购成本 K，该更新周期结束，且 $P(s, x, p_s^x) = K$。

给定静态 (s, S, z_s^S) 策略，$T(s, x, p_s^x)$ 定义为将库存水平从 x 降低到等于或低于 s 水平所需的时间周期数。因此，对于 $x > s$，有

$$T(s, x, p_s^x) = 1 + \sum_{j=0}^{\infty} \phi_j(p_x) T(s, x-j, p_s^{x-j}) \tag{4.3.8}$$

当 $x \leq s$ 时，系统发出补货订单，该更新周期结束，且 $T(s, x, p_s^x) = 0$。

为表达方便，将 $P(s, x, p_s^x)$ 和 $T(s, x, p_s^x)$ 分别简化表达为 $P(x)$ 与 $T(x)$。将 $P(x) = -K$（$x \leq s$）代入式（4.3.7），得到对于任意 $x > s$，有

$$\begin{aligned}P(x) &= B(x, p_x) + \sum_{j=0}^{x-s-1} \phi_j(p_x) P(x-j) + B(S, p_x) + \sum_{j=x-s}^{\infty} \phi_j(p_x)(-K) \\ &= B(x, p_x) + \sum_{j=0}^{x-s-1} \phi_j(p_x)[P(x-j) + K] - K\end{aligned} \tag{4.3.9}$$

类似地，将 $T(x) = 0$（$x \leq s$）代入式（4.3.8）得到

$$T(x) = 1 + \sum_{j=0}^{\infty} \phi_j(p_x) T(s, x-j, p_s^{x-j}) = 1 + \sum_{j=0}^{x-s-1} T(x-j) \tag{4.3.10}$$

或令式（4.3.9）中的 $K = 0$，$B(x, p_x) = 1$，可同样得到 $T(x)$ 的表达式。

令 $x = S$，则式（4.3.5）、式（4.3.6）是式（4.3.9）和式（4.3.10）的直接结果。

假设未满足需求销售丢失，以下用更新密度推导得到 $P(x)(x > s)$ 的另一种表达。当 $x = s+1$ 时，有

$$\begin{aligned}P(s+1) &= \phi_0(p_{s+1})[P(s+1) - g(s+1)] + \sum_{j=1}^{s+1} \phi_j(p_{s+1})[-K + (p_{s+1} - c)j - g(s+1-j)] \\ &\quad + \sum_{j=s+2}^{\infty} \phi_j(p_{s+1})[-K + (p_{s+1} - c)(s+1) - g(s+1-j)] \\ &= \phi_0(p_{s+1})[P(s+1) + K] - K + (p_{s+1} - c)E\{\min[D(p, \epsilon), s+1]\} - G(s+1, p_{s+1})\end{aligned}$$

所以

$$P(s+1)+K = \frac{1}{1-\phi_0(p_{s+1})}((p_{s+1}-c)E\{\min[D(p,\epsilon),s+1]\} - G(s+1, p_{s+1}))$$
$$= m_0(p_{s+1})B(s+1, p_{s+1})$$

其中，$m_0(p_x)$是更新密度，有

$$m_0(p_x) = \frac{1}{1-\phi_0(p_x)}$$

类似地，对于任何$x > s$，有

$$p_x = \sum_{j=0}^{x-s-1}\phi_j(p_x)[P(x-j)+(p_x-c)j-g(x-j)] + \sum_{j=x-s}^{x}\phi_j(p_x)[-K+(p_x-c)j-g(x-j)]$$
$$+ \sum_{j=x+1}^{\infty}\phi_j(p_x)[-K+(p_x-c)j-g(x-j)]$$
$$= \sum_{j=0}^{x-s-1}\phi_j(p_x)[P(x-j)+K] - K - G(x,z_x) + \sum_{j=0}^{x}\phi_j(p_x)[(p_x-c)j] + \sum_{j=x+1}^{\infty}\phi_j(p_x)[(p_x-c)x]$$
$$= \sum_{j=0}^{x-s-1}\phi_j(p_x)[P(x-j)+K] - K + B(x, p_x)$$

此外，迭代扩展$P(x-j)$有

$$P(x)+K = B(x, p_x) + \sum_{j=0}^{x-s-1}\phi_j(p_x)B(x-j, p_{x-j}) + \sum_{j=0}^{x-s-1}\phi_j(p_z)\sum_{l=0}^{z-j-s-1}\phi_l(p_{x-j})[P(x-j-l)+K]$$
$$= B(x, p_x) + \sum_{j=0}^{x-s-1}\phi_j(p_x)B(x-j, p_{x-j}) + \sum_{j=0}^{x-s-1}\sum_{j_1+j_2=j}\phi_{j_1}(p_x)\phi_{j_2}(p_{x-j_1})[P(x-j)+K]$$
$$= B(x, p_x) + \sum_{j=0}^{x-s-1}\phi_j(p_x)B(x-j, p_{x-j}) + \sum_{j=0}^{x-s-1}\sum_{j_1+j_2=j}\phi_{j_1}(p_x)\phi_{j_2}(p_{x-j_1})$$
$$\cdot\left[\sum_{l=0}^{x-j-s-1}\phi_l(p_{x-j})[P(x-j-l)+K] + B(x-j, p_{x-j})\right]$$
$$= B(x, p_x) + \left[\sum_{j=0}^{x-s-1}\phi_j(p_x) + \sum_{j=0}^{x-s-1}\sum_{j_1+j_2=j}\phi_{j_1}(p_x)\phi_{j_2}(p_{x-j_1})\right]B(x-j, p_{x-j})$$
$$+ \sum_{j=0}^{x-s-1}\sum_{j_1+j_2=j}\phi_{j_1}(p_x)\phi_{j_2}(p_{x-j_1})\phi_{j_3}(p_x-j_1-j_2)[P(x-j)+K]$$
$$= \cdots$$
$$= \sum_{j=0}^{x-s-1}\sum_{i=1}^{\infty}\phi_j(p_{x-j},\cdots,p_x)B(x-j, p_{x-j})$$
$$= \sum_{j=0}^{x-s-1}m_j(p_{x-j},\cdots,p_x)B(x-j, p_{x-j})$$

(4.3.11)

其中，$m_j(p_{x-j},\cdots,p_x) \equiv \sum_{i=1}^{\infty} \phi_j^i(p_{x-j},\cdots,p_x)$ 是更新密度，可以理解为累计需求为 j 时的期望时间长度，可以通过式（4.3.4）递归计算。

因此，在累计需求超过 $x-s-1$ 之前的期望时间总长度为 $\sum_{j=0}^{x-s-1} m_j(p_{x-j},\cdots,p_x)$，等同于将库存水平 x 降低到或低于 s 的期望时间周期数量，即 $T(x)$。因此，有

$$T(x) = \sum_{j=0}^{x-s-1} m_j(p_{x-j},\cdots,p_x) \qquad (4.3.12)$$

令 $x = S$，式（4.3.2）、式（4.3.3）可从式（4.3.11）和式（4.3.12）直接获得。

4.3.4　(s, S, p) 策略的最优化分析

可以注意到，销售丢失假设下的长期平均期望利润函数（式（4.3.1）～式（4.3.3））和延期交货假设下的长期平均期望利润函数（式（3.2.2）～式（3.2.4））具有相同的结构。基于对 $f(y)$ 函数以及库存持有和短缺成本作出的相同假设，第 3 章的优化算法以及最优性分析同样适用于销售丢失的情况。

因此，第 3 章关于全局最优性分析的结果可以直接应用于销售丢失的联合定价和库存控制问题，只需将销售杠杆 z 替换为价格 p，所有证明都是相同的，在此不作赘述。

销售丢失和延期交货的差异主要在于单周期期望利润函数 $B(y,z)$ 和类单周期期望利润函数 $f(y)$。然而，两者对于优化计算复杂度的影响的差异几乎可以忽略不计。此外，由于 $f(y)$ 函数可通过事先线下计算获得，该差异可以不考虑。

4.4　一般销售杠杆

如果考虑一般销售杠杆 z，且执行销售杠杆的成本为 $A(z) \geqslant 0$。假设未满足需求销售丢失，组合销售杠杆的库存模型运作和第 3 章相同，只是此时单周期期望利润函数为

$$B(y, z) = (p_z - c)E\{\min[D(z, \epsilon), y]\} - A(z) - G(y, z)$$

给定订购应达水平 y 和销售杠杆 z，忽略固定订购成本 K，定义类单周期期望利润函数 $f(y)$ 为

$$f(y) = \max_{z \in \{z^1, z^2, \cdots, z^M\}} B(y, z)$$

给定静态 (s, S, z) 策略，系统的长期平均期望利润函数可以通过更新过程推导获得，且与 4.3.3 小节中联合库存和定价模型的目标函数具有相同的结构。其目标函数可以通过用销售杠杆 z 代替式（4.3.1）~式（4.3.3）中的价格 p 获得。

类似地，通过对 $f(y)$ 函数、库存持有和短缺成本作出相同的假设，基于价格和库存的优化计算与最优性分析可以拓展到一般销售杠杆和库存的联合决策问题。

4.5 本章小结

假设未满足需求销售丢失，本章讨论面向无限规划周期的组合市场决策的库存模型。与未满足需求延期交货的假设不同的是，此时单个时间周期内的销售量为需求和库存水平的最小值。单个时间周期内期望收入为当期价格和该时期内期望需求的乘积，且不满足联合凹性的假设。相关研究通过假设类单周期期望利润函数 $f(y)$ 具单峰性质解决这个难题。本章将单峰性的假设进行拓展，验证了在销售丢失情形下，静态的 (s, S, p) 策略仍为最优，且第 3 章的优化过程以及最优性分析结果在本章同样适用。

为简单起见，本章首先仅考虑一种特殊的销售杠杆：价格，并忽略执行价格决策的成本，发现基于静态的 (s, S, p) 策略，销售丢失情形下的目标函数和延期交货情形下的目标函数具有相同的结构。基于对 $f(y)$ 函数性质的相同假设，发现延期交货情况下的优化算法以及最优性条件分析可以应用到销售丢失情况。类似地，该结果可以进一步拓展到一般销售杠杆、销售杠杆执行成本不为零的情况。

参 考 文 献

Chen X, Simchi-Levi D. 2004a. Coordinating inventory control and pricing strategy with random demand and fixed ordering cost: The finite horizon case[J]. Operations Research, 52（6）: 887-896.

Chen X, Simchi-Levi D. 2004b. Coordinating inventory control and pricing strategy with random demand and fixed ordering cost: The infinite horizon case[J]. Mathematics of Operations Research, 29（3）: 698-723.

Chen Y, Ray S, Song Y. 2006. Optimal pricing and inventory control policy in periodic-review systems with fixed ordering cost and lost sales[J]. Naval Research Logistics, 53（2）: 117-136.

Federgruen A, Heching A. 1999. Combined pricing and inventory control under uncertainty[J]. Operations Research, 47（3）: 454-475.

Feng Y Y, Chen Y H. 2011. A computational approach for optimal joint inventory-pricing control in an infinite-horizon periodic-review system[J]. Operations Research, 59（5）: 1297-1303.

Huh W T, Janakiraman G. 2008. (s, S) Optimality in joint inventory-pricing control: An alternate approach[J]. Operations Research, 56（3）: 783-790.

Karlin S, Carr C R. 1962. Prices and Optimal Inventory Policy[M]. Stanford: Stanford University Press.

Petruzzi N C, Dada M. 1999. Pricing and the newsvendor problem: A review with extensions[J]. Operations Research, 47 (2): 183-194.

Polatoğlu L H. 1991. Optimal order quantity and pricing decisions in single-period inventory systems[J]. International Journal of Production Economics, 23 (1/3): 175-185.

Song Y, Ray S, Li S. 2008. Structural properties of buyback contracts for price setting newsvendors[J]. Manufacturing and Service Operations Management, 10 (1): 1-18.

Tijms H C. 1986. Stochastic Modelling and Analysis: A Computational Approach[M]. Amsterdam: Vrije Universiteit.

Wei Y. 2012. Optimization and optimality of a joint pricing and inventory control policy in periodic-review systems with lost sales[J]. OR Spectrum, 34 (1): 243-271.

第5章 组合市场决策的无限规划周期库存管理研究：数值分析

5.1 概　　述

承接第 3 章和第 4 章关于组合市场决策的无限规划周期库存管理研究，本章从数值分析的角度进一步刻画静态最优 (s,S,z) 策略。本章目的有三个：首先，实现并评估前面提出的 (s,S,z) 策略优化算法；其次，刻画并获得类单周期期望利润函数 $f(y)$ 的性质，使读者能够对该函数有更加直观的认识和理解；最后，数值刻画最优 (s,S,z) 策略的结构特性。

具体说来，本章分析并比较动态销售杠杆控制、半动态销售杠杆控制以及静态销售杠杆控制下系统的绩效，对系统利润、最优策略参数等进行关于成本参数的敏感性分析。不失一般性的同时，为计算方便，本章也特别考虑了两种销售杠杆：一种为价格和货架展示组合的销售杠杆；另一种为仅考虑价格因素的销售杠杆，分别讨论了未满足需求延期交货及未满足需求销售丢失情况的两种情形。

本章后面的具体结构如下：5.2 节研究组合一般销售杠杆的库存模型，即销售杠杆为价格和货架展示的组合策略；5.3 节研究销售杠杆仅为价格的组合库存模型；5.4 节总结全章。

5.2　组合一般销售杠杆的库存模型

本节对组合一般销售杠杆的库存模型进行数值分析，即销售杠杆为价格和货架展示的组合策略。本节讨论未满足需求延期交货以及未满足需求销售丢失的两种情形。基于前面章节提出的最优算法，本节首先实现获得最优 (s,S,z) 策略的计算机算法，并用数值验证该策略的最优性条件；其次探讨销售努力决策和库存决策对需求的影响，以及对系统运作的影响。特别地，本节研究并比较动态销售杠杆控制、半动态销售杠杆控制，以及静态销售杠杆控制下的系统绩效和性能。动态销售杠杆控制指每个时间周期初决定销售杠杆，即销售杠杆随着时间发生变化。半动态销售杠杆控制中，不同的决策调整的频率有所不同。例如，价格的调整频率通常高于广告（如电视广告）以及促销活动（如货架展示）的频率。如果非价格的调整周期长于价格的调整周期，则半动态销售杠杆控制问题可以分解成多个价格/库存决策问题。静态销售杠杆控制指规划周期起始制定销售杠杆，并且之后保持不变。

美国宝洁公司生产并销售面向女性健康、护肤和日常护理等的日用消费品。某零售店销售宝洁公司的产品。假设零售店经理定期检查库存，每两周调整一次销售杠杆以促进销量。销售杠杆包含两种形式：货架展示和价格。货架展示是指在零售店内提供专门的货架展示某一个品牌或产品，这是商家促销的常用手段。简单地说，零售店经理对于货架展示有三个备选项：无展示；低度展示（如非大流量区域展示）；高度展示（在顾客流量大的区域，如店内中心区域或店门口进行展示）。不同的货架展示选项有不同的执行成本。价格决策的可选项有常规价格、20%折扣、30%折扣或更高。因此，此时的销售杠杆是指货架展示和价格的组合决策，将所有可能的组合用数列表示，$\{z^1,\cdots,z^M\}$，$M=12$，相应的组合见表5.1。

表 5.1 销售杠杆和确定性需求部分

销售杠杆	价格折扣	价格/美元	货架展示	销售杠杆成本 $A(z)$/美元	$a_0(z)$	$a_1(z)$	$d(z)$
z^1	正常价格	14.99	无	0	150	8	30
z^2	20%折扣	11.99	无	0	150	8	54
z^3	30%折扣	10.49	无	0	150	8	65
z^4	更高折扣	9.99	无	0	150	8	70
z^5	正常价格	14.99	低度	150	180	9	45
z^6	20%折扣	11.99	低度	150	180	9	72
z^7	30%折扣	10.49	低度	150	180	9	85
z^8	更高折扣	9.99	低度	150	180	9	90
z^9	正常价格	14.99	高度	300	200	10	50
z^{10}	20%折扣	11.99	高度	300	200	10	80
z^{11}	30%折扣	10.49	高度	300	200	10	94
z^{12}	更高折扣	9.99	高度	300	200	10	100

每个销售时间周期产品的需求是不确定的。假设需求函数是销售杠杆的确定性函数和一个随机变量的加和形式，即 $D(z,\epsilon)=d(z)+\epsilon$。确定性需求 $d(z)$ 与销售杠杆有关，此处假设为简单的线性关系形式：$d(z)=a_0(z)+a_1(z)p_z$，其中 $a_0(z)$ 和

$a_1(z)$ 与货架展示决策有关,p_z 是销售价格。随机分量 ϵ 服从参数为 λ 的泊松分布。表 5.1 列出了具体的销售杠杆、相关成本,以及相关需求。零售店经理每次订购产生固定订购成本 K,以及单位订购成本 c。假设持有成本和缺货成本均为线性函数,且令单位持有成本为 h、单位缺货成本为 b。

1)延期交货

首先考虑未满足需求延期交货的情况。相关成本参数(成本单位为美元,为了简洁,均不标单位)设置如下:$c=6$,$b=10$,$K=100$,$h=1$。令随机需求参数 $\lambda_0=3$,零售店经理每个时间周期初始都可以调整其销售杠杆(动态销售杠杆控制),图 5.1 给出了最优解的一个典型示例(π^* 单位为美元,各利润单位均为美元,均不标单位)。

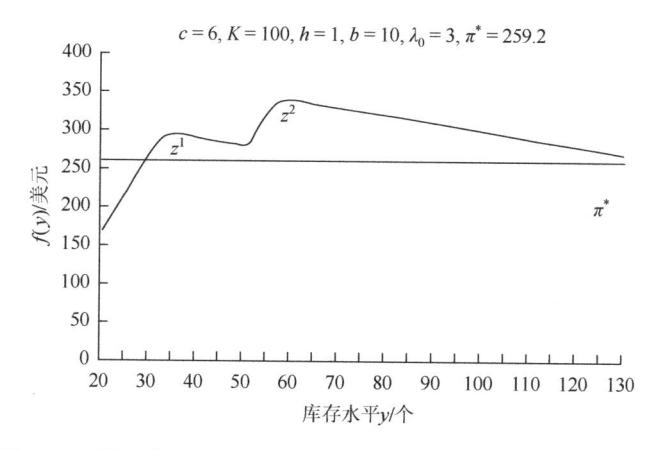

图 5.1 延期交货情形下最优解的典型示例(动态销售杠杆控制)

图 5.1 中横坐标为库存水平 y,纵坐标为类单周期期望利润函数 $f(y)$。观察到 $f(y)$ 函数像"信封"一样,包络 $B(y,z)$ 在最优销售杠杆的轨迹。如图 5.1 所示,此时 $f(y)$ 函数为具有两个局部最大值的非单峰函数:当库存水平较低时,选择 z^1 作为最优销售杠杆;当库存水平较高时,选择 z^2 作为最优销售杠杆。通过优化算法,发现最优再订购点 s^* 和最优订购应达水平 S^* 分别为 $s^*=29$ 和 $S^*=116$。最优动态销售杠杆策略取决于库存水平:当库存水平 $y\in(29,50]$ 时,最优销售杠杆为以常规价格销售,不进行货架展示促销(z^1);当库存水平 $y\geq 51$ 时,零售店经理的最优选择为以 20%的折扣价格销售,不进行货架展示促销(z^2)。在动态销售杠杆控制下,最优长期平均期望利润为 $\pi^*=259.2$。

零售店经理在规划期初始必须决定是否进行货架展示,以及以何种程度开展。而且一旦决定,在整个规划期内不作调整,但是销售价格可以在每期进行调整。如前面提到的,采取半动态销售杠杆控制。此时销售杠杆/库存联合决策可以被分解为三个价格/库存动态调整子问题,其中货架展示决策是给定且不变的。通过优化算法计算得到,在没有货架展示促销的情况下,即 $A(z)=0$,系统的最优长期平均期望利润为 $\pi_1^*=259.2$,这与从动态销售杠杆控制中获得的利润一样多。当进行低度货架展示时,$A(z)=150$,系统计算获得的最优长期平均期望利润为 $\pi_2^*=212.7$。当进行高度货架展示时,$A(z)=300$,系统最优长期平均期望利润为 $\pi_3^*=106.6$。

如果零售店经理销售杠杆调整的灵活性进一步降低,即规划周期起始就必须确定价格以及货架展示,而且一旦确定,在整个规划周期内不作调整。在这种静态销售杠杆下,通过优化算法得到的系统最优长期平均期望利润为 $\pi_s^*=201.3$,此时最优销售杠杆是 z^2,即零售价格始终固定在 11.99 美元,且没有货架展示促销。

以上简单的算例分析表明,通过允许零售店经理动态调整价格和货架展示的决策,可以为企业带来更多的利润。

接下来改变成本参数,观察其对最优解和动态销售杠杆控制的相对利润增益的影响。表 5.2 列出了部分算例结果。表 5.2 的第一列区给出不同成本参数的取值,此处令 $c=2$、4、6、8、10,$K=60$、80、100、200,$h=0.5$、1、2、3,$b=4$、8、10、15、20,$\lambda_0=0$、3、5、10、20。第二列区给出动态销售杠杆控制下,最优的策略参数以及最优长期平均期望利润,即最优再订购点 s^*、最优订购应达水平 S^* 和最优长期平均期望利润 π^*。第三列区给出同样成本参数下,静态销售杠杆控制策略的最优解 s_s^*、S_s^* 和 π_s^*,以及利润增益 "$\frac{\pi^*-\pi_s^*}{\pi_s^*}\times 100\%$",后者表示动态销售杠杆优于静态销售杠杆的程度。最后,第四列区中的 "$f(y)$" 表示 $f(y)$ 函数的形状,其中 "N-U" 表示非单峰,"U" 表示单峰。"最优性"表示最优 $(s,S,\bar{z}_s^S)$ 策略是否满足全局最优。根据第 3 章内容,事后验证 $f(y)$ 是否满足 π^* 的第一再订购点优化性质。如果满足,则最优 (s,S,z) 策略为全局最优,记为"是";否则,不能判断是否为全局最优,记为"未知"。

表 5.2 延期交货情形下最优策略-成本参数表

c	K	h	b	λ_0	s^*	S^*	π^*	s_s^*	S_s^*	π_s^*	利润增益 $\left(\frac{\pi^*-\pi_s^*}{\pi_s^*}\times 100\%\right)$	$f(y)$	最优性
2	100	1	10	3	51	165	511.5	65	140	454.8	12.5%	N-U	是
4					48	116	373.2	65	140	320.3	16.5%	N-U	是
6					29	116	259.2	54	118	201.3	28.8%	N-U	是
8					25	101	160.6	30	70	126.3	27.1%	N-U	是
10					25	101	94.6	30	70	60.3	56.8%	U	是

续表

c	K	h	b	λ_0	s^*	S^*	π^*	s_s^*	S_s^*	π_s^*	利润增益 $\left(\dfrac{\pi^*-\pi_s^*}{\pi_s^*}\times 100\%\right)$	$f(y)$	最优性
4	60	1	10	3	50	116	393.2	61	70	344.5	14.1%	N-U	是
	80				49	116	383.2	60	138	330.3	16.0%	N-U	是
	100				48	116	373.2	59	138	320.3	16.5%	N-U	是
	200				29	173	328.0	44	173	271.6	20.8%	N-U	是
4	100	0.5	10	3	50	174	391.1	61	139	338.0	15.7%	N-U	是
		1			48	116	373.2	59	138	320.3	16.5%	N-U	是
		2			32	59	349.8	57	70	300.4	16.5%	N-U	未知
		3			31	58	348.3	57	69	297.6	17.0%	N-U	未知
4	100	1	4	3	36	114	374.5	46	136	321.6	16.5%	N-U	是
			8		46	116	373.5	57	138	320.6	16.5%	N-U	是
			10		48	116	373.2	59	138	320.3	16.5%	N-U	是
			15		49	117	372.6	62	139	319.7	16.6%	N-U	是
			20		49	117	372.6	63	139	319.3	16.6%	N-U	是
4	100	1	10	0	46	108	354.5	56	130	307.5	15.3%	N-U	是
				3	48	116	373.2	59	138	320.3	16.5%	N-U	是
				5	49	121	387.1	61	143	330.3	17.2%	N-U	是
				10	39	132	422.7	55	132	359.3	17.6%	N-U	是
				20	44	153	495.2	64	154	421.6	17.5%	N-U	是

注：s^*、S^*、s_s^*、S_s^* 单位为个，表 5.3、表 5.4、表 5.6、表 5.8、表 5.9 与此相同。

根据列表数据，可以观察到最优再订购点 s^* 和最优订购应达水平 S^* 随着单位订购成本 c 增大而减小。这是因为当 c 较大时，为获得更高的利润，零售商会设定较高的销售价格水平。由于价格较高，需求变少，库存策略参数 s^* 和 S^* 随 c 的增大而减小。

s^* 和 S^* 对固定订购成本 K 的变化也是敏感的，表 5.2 显示最优再订购点 s^* 随着固定订购成本 K 的增大而减小，而最优订购应达水平 S^* 随着 K 的减小而增大。解释如下：由于固定订购成本较大，零售商降低订购频率，从而长期来看节约了固定订购成本总和。

最优再订购点 s^* 和最优订购应达水平 S^* 随单位库存持有成本 h 的增加而减

小,以便节省可能的持有成本。另外,单位缺货成本 b 越大,最优再订购点 s^* 越大,而最优订购应达水平 S^* 对单位缺货成本不敏感。

随着随机需求参数 λ 增加,需求总量增加,为满足更高的需求,S^* 表现出增大的趋势。然而,更大的 λ 也意味着更高的不确定性,这解释了为什么 s^* 随着 λ 的增加没有表现出有规律的变化。上述对参数的敏感性规律在零售商采用静态销售杠杆控制时同样成立,如表 5.2 所示。

观察表 5.2 可以发现,与静态销售杠杆控制相比,动态销售杠杆控制的利润增益通常是非常显著的。通过数据还观察到,利润增益部分随着单位订购成本 c 和固定订购成本 K 的增加而增加。对此可以作出如下解释。因为单位订购成本 c 增加,所以零售商通过增加销售价格 p 以获得更高的边际利润 $p-c$。采用动态销售杠杆控制,零售商可以通过动态地调整其他销售努力(如货架展示)从而刺激需求。然而,如果零售商采用静态销售杠杆控制策略就会失去这种灵活性。类似地,因为固定订购成本 K 增加,所以零售商会采用动态销售杠杆控制作为主要工具来降低订购频率,而静态销售杠杆控制策略缺乏这种灵活性。如表 5.2 所示,由于动态销售杠杆控制下零售商处理需求不确定性的能力更强、手段更多,它的最优再订购点总是小于静态销售杠杆控制的再订购点,即 $s^* < s_s^*$。

观察表 5.2 发现,一般来说,$f(y)$ 呈现非单峰形状。附图 5.1 描述了不同参数值时 $f(y)$ 的形状,水平线表示相应的 π^* 值。如果 $f(y)$ 是单峰的或 π^* 服从均匀分布且有界,则满足 π^* 的第一再订购点最优条件,无须计算即可验证此时的解是最优的。在表 5.2 中,大多数算例满足 π^* 的第一再订购点最优条件,证明其是全局最优的。然而,从表 5.2 中还可以观察到,某些算例不能满足 π^* 的第一再订购点最优条件,如 $c=4$,$K=100$,$h=2$,$b=10$,$\lambda_0=3$,如图 5.2 所示。

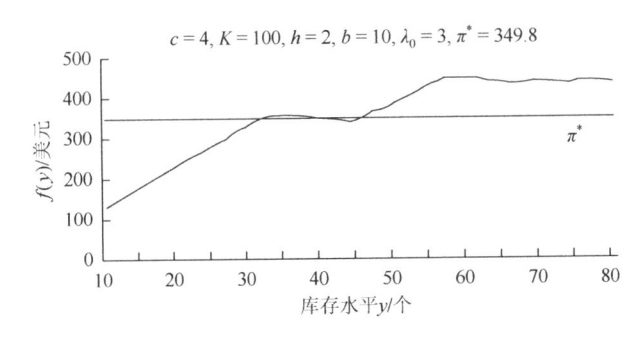

图 5.2 最优 (s^*, S^*, z^*) 策略是否全局最优未知

表 5.3 列出了与不同的半动态销售杠杆控制策略相比,动态销售杠杆控制策略的利润增益情况。π_1^* 表示在无货架展示促销的情况下定价和库存控制联合决策

所获得的最优利润，π_2^* 表示在低度货架展示促销的情况下定价和库存控制联合决策的最优利润，π_3^* 表示在高度货架展示促销的情况下定价和库存控制联合决策产生的最优利润。如表 5.3 所示，一些半动态销售杠杆控制策略获得的利润接近最优利润，如 π_1^*，而其他与最优利润相差较大，如 π_3^*。

表5.3 动态销售杠杆与半动态销售杠杆控制绩效的对比

c	K	h	b	λ_0	π^*	π_1^*	利润增益 $\left(\frac{\pi^*-\pi_1^*}{\pi_1^*}\times100\%\right)$	π_2^*	利润增益 $\left(\frac{\pi^*-\pi_2^*}{\pi_2^*}\times100\%\right)$	π_3^*	利润增益 $\left(\frac{\pi^*-\pi_3^*}{\pi_3^*}\times100\%\right)$
2	100	1	10	3	511.5	496.5	3%	511.5	0	436.0	17.3%
4					373.2	373.2	0	358.0	4.2%	267.9	39.2%
6					259.2	259.2	0	212.7	21.9%	106.6	143.2%
4	60	1	10	3	393.2	393.2	0	385.8	1.9%	297.4	32.2%
	80				383.2	383.2	0	368.0	4.1%	279.7	37.0%
	100				373.2	373.2	0	358.0	4.2%	267.9	39.3%
	200				328	328	0	308.0	6.5%	217.9	50.5%
4	100	0.5	10	3	391.1	391.1	0	378.1	3.4%	290.1	34.8%
		1			373.2	373.2	0	358.0	4.2%	267.9	39.3%
		2			349.8	349.8	0	343.6	1.8%	257.6	35.8%
		3			348.3	348.3	0	342.1	1.8%	256.1	36.0%
4	100	1	4	3	374.5	374.5	0	359.3	4.2%	269.2	39.1%
			8		373.5	373.5	0	358.3	4.2%	268.3	39.2%
			10		373.2	373.2	0	358.0	4.2%	268.1	39.2%
			15		372.6	372.6	0	357.5	4.2%	267.3	39.4%
			20		372.2	372.2	0	357.1	4.3%	267.0	39.4%
4	100	1	10	0	354.5	354.5	0	339.3	4.5%	249.3	42.2%
				3	373.2	373.2	0	358.0	4.2%	268.1	39.2%
				5	387.1	387.1	0	372.0	4.1%	281.9	37.3%
				10	422.7	422.7	0	407.5	3.7%	317.6	33.1%
				20	495.2	495.2	0	482.8	2.6%	390.5	26.8%

2）销售丢失

假设未满足需求销售丢失，令成本参数值与之前已讨论的延期交货情形下的成本参数值相等，进行算例计算。表 5.4 列出了部分结果。

表 5.4 销售丢失情况下的算例结果

c	K	h	b	λ_0	s^*	S^*	π^*	s_s^*	S_s^*	π_s^*	利润增益 $\left(\dfrac{\pi^*-\pi_s^*}{\pi_s^*}\times 100\%\right)$	$f(y)$	最优性
2	100	1	10	3	54	166	510.6	62	139	454.9	12.2%	N-U	是
4					49	117	372.4	61	138	319.2	16.7%	N-U	是
6					31	117	258.6	50	116	201.8	28.1%	N-U	是
8					28	69	159.7	27	101	126.7	26.0%	N-U	是
10					28	69	93.9	27	101	61.0	53.9%	U	是
4	60	1	10	3	53	117	392.4	63	70	343.6	14.2%	N-U	是
	80				52	117	382.4	63	138	329.2	16.2%	N-U	是
	100				49	117	372.4	61	138	319.2	16.7%	N-U	是
	200				31	174	327.0	48	173	270.2	21.0%	N-U	是
4	100	0.5	10	3	53	175	390.7	63	139	338.1	15.6%	N-U	是
		1			49	117	372.4	61	138	319.2	16.7%	N-U	是
		2			32	59	348.7	60	70	300.6	16.0%	N-U	未知
		3			32	59	346.6	60	69	298.3	16.2%	N-U	未知
4	100	1	4	3	49	116	372.9	58	136	319.7	16.6%	N-U	是
			8		49	117	372.4	61	138	319.3	16.7%	N-U	是
			10		49	117	372.4	61	138	319.2	16.7%	N-U	是
			15		50	117	372.0	63	139	318.9	16.7%	N-U	是
			20		54	118	371.8	63	139	318.7	16.7%	N-U	未知
4	100	1	10	0	49	108	354.5	59	130	306.5	15.7%	N-U	是
				3	49	117	372.4	61	138	319.2	16.7%	N-U	是
				5	50	122	386.1	63	143	329.0	17.4%	N-U	是
				10	41	134	421.3	58	133	357.7	17.8%	N-U	是
				20	48	155	493.5	67	155	419.5	17.6%	N-U	是

通过数据观察到，销售丢失情形下，最优再订购点 s^* 和最优订购应达水平 S^* 对成本参数表现出与延期交货情形相似的敏感性。也就是说，s^* 和 S^* 随着单位订购成本 c 的增加而减小。s^* 和 S^* 也对固定订购成本 K 具有敏感性，其中 s^* 随着 K 的增加而减小，S^* 随着 K 的增加而增加。s^* 和 S^* 随着单位持有成本 h 的增加而减小。s^* 随单位缺货成本 b 的增加而增加，S^* 对单位缺货成本不敏感。S^* 随着 λ_0 的增加而增加，而 s^* 随着 λ_0 的增加没有表现出有规律的变化。

当比较动态和静态销售杠杆控制策略的长期平均期望利润时，利润的增益是显著的。这种利润增益随着单位订购成本 c 和固定订购成本 K 的增加而增加。另外，与延期交货情况类似，假设销售丢失，大多数情况下 $f(y)$ 函数是非单峰函数。

5.3 组合定价的库存模型

考虑到价格是决定需求的最主要因素,本节将销售杠杆限定为价格决策,并进行算例分析。由于延期交货情况下,Feng 和 Chen(2011)的方法及结果同样适合本书,这里仅讨论未满足需求销售丢失的情形。通过算例研究以下问题。

(1)探讨并确定最优价格和最优库存控制之间的关系,以及最优解对不同参数的敏感性。

(2)定量分析动态定价策略下,与静态定价策略相比,其利润增益如何,以及该增益对相关参数变化的敏感性。

(3)如果将延期交货下的最优控制策略应用到销售丢失模型,其绩效表现如何。

1)基本模型

首先建立基本模型,设定如下:假设零售店经理现在只需要决定售价(或者说价格折扣率)。他每隔一段时间(如每两周)审查库存水平,并根据库存高低调整价格。该时间段内(两周)的需求是非负的,符合加法需求模型,即 $D=d(p)+\epsilon$,其中 $d(p)=a_0+a_1p$, a_0、$a_1>0$。p 和 $d(p)$ 之间的关系如表 5.5 所示,可以看出价格弹性随 p 的增加而增加。不同时期的随机分量 ϵ 是独立的,服从参数为 λ_0 的泊松分布。需求的期望 $E[D(p)]=d(p)+\lambda_0$,方差为 $\mathrm{Var}[D(p)]=\lambda_0$,协方差系数为 $\mathrm{c.v.}=\dfrac{\sqrt{\mathrm{Var}[D(p)]}}{E[D(p)]}=\dfrac{\sqrt{\lambda_0}}{d(p)+\lambda_0}$。

表 5.5 价格和确定性需求(基本模型)

价格 p/美元	15	14	13	12	11	10	9	8	7	6
确定性需求 $d(p)$/个	30	34	37	40	42	44	46	48	50	52
价格弹性系数	—	2	1.235	1.054	0.6	0.524	0.455	0.391	0.333	0.28

每次补货产生一个固定订购成本 K 和单位订购成本 c。持有成本和缺货成本是单位持有成本 h 和单位缺货成本 b 的线性函数。所有未满足需求在每个时期结束时完全丢失。令 $A(p)=0$ 表示忽略价格决策的执行成本。

图 5.3 展示了最优解的一个示例,其中 $c=4$,$K=10$,$h=2$,$b=4$,$\lambda_0=3$。最优长期平均期望利润 $\pi^*=353.85$。$f(y)$ 函数表现为 π^* 服从有界均匀分布。图 5.4 展示了作为最优再订购点/订购应达水平的函数的最优价格,该图呈现出"高—

低"模式,可以很直观地理解为:当库存保持在高水平时,零售商会降低价格以刺激需求和减少库存;当库存降低时,零售商会提高价格以减少缺货惩罚并保持未来时段库存量。

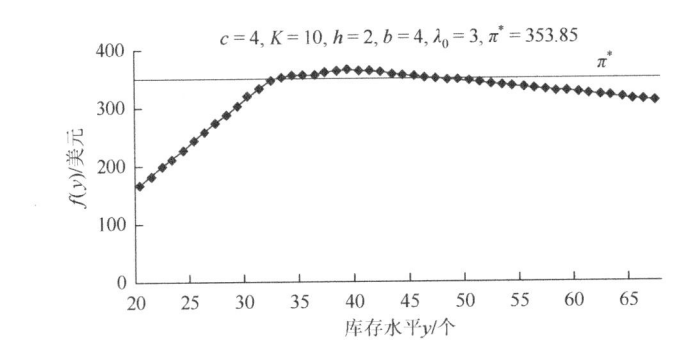

图 5.3 销售丢失情形的最优解示例

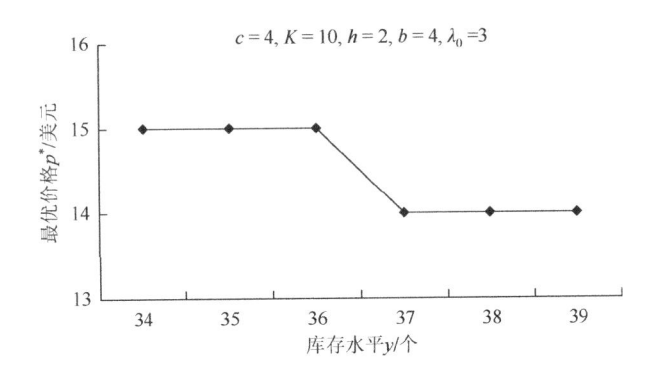

图 5.4 最优价格关于库存水平呈"高—低"模式

另外,在算例结果中发现普遍存在另一种"高—低—高—低"模式,如图 5.5 所示,其中 $c=4$,$K=100$,$h=2$,$b=4$,$\lambda_0=3$。Feng 和 Chen(2011)、Polatoglu 和 Sahin(2000)也发现了类似的情境。这可以解释如下,直觉上,设定高水平的销售价格主要有两个原因:①抑制需求以便节省未来时间段的固定订购成本 K;②增加单位产品的净利润,即 $p-c$。

设置低价可以:①刺激需求,以便获得更多的收益;②降低库存持有成本。一旦高价格水平产生的利润超过低价格水平产生的利润,即使库存处于高水平,也会将价格设定在高水平,反之亦然。这个解释与 Feng 和 Chen(2011)、Polatoglu 和 Sahin(2000)提供的解释不同,本书从利润的角度对其进行评价,而他们从成本的角度考虑。

第5章 组合市场决策的无限规划周期库存管理研究：数值分析 ·91·

$c=4, K=100, h=2, b=4, \lambda_0=3$

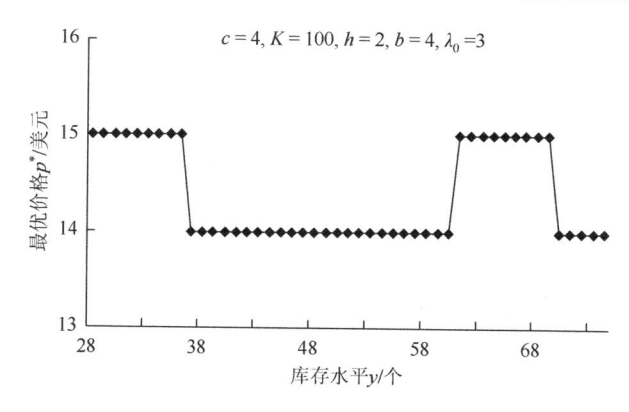

图 5.5 最优价格关于库存水平呈"高—低—高—低"模式

2）敏感性分析

接下来改变成本和需求参数，探讨最优解对相关参数的敏感系数。将固定订购成本设定为 $K=10$、50、100、200、400，单位持有成本设定为 $h=0.5$、1、2、4，单位缺货成本设定为 $b=2$、3、4、8、10、20，单位订购成本设定为 $c=2$、4、8、10，对各成本参数进行敏感性分析。表 5.6 展示了部分分析结果。通过设定泊松分布参数 $\lambda_0 = 0$、1、3、5、10、20，需求关于价格的弹性系数，不同的需求分布密度（如正态分布），以及不同需求模型的影响（加法和乘法需求模型），这里对需求进行敏感性分析。表 5.6 中最优再订购点 s^* 和最优订购应达水平 S^* 对成本参数的敏感性与表 5.2 中观察到的结果类似。最优再订购点 s^* 随着 c 和 K 的增大而减小，并随 λ_0 的增大而增大。最优订购应达水平 S^* 随着 c 的增大而减小，并且随着 K 和 λ_0 的增大而增大。此时，s^* 和 S^* 对 h 和 b 不敏感。

表 5.6 销售丢失情形下最优策略-成本参数表（泊松分布）

c	K	h	b	λ_0	s^*	S^*	π^*	π_s^*	利润增益 $\left(\frac{\pi^*-\pi_s^*}{\pi_s^*}\times100\%\right)$	π'	利润损失 $\left(\frac{\pi^*-\pi'}{\pi'}\times100\%\right)$
2	10	2	4	3	36	39	427.6	426.1	0.4%	426.3	0.3%
4					33	39	353.8	352.4	0.4%	352.9	0.3%
8					31	35	215.3	214.0	0.6%	214.8	0.2%
10					31	35	149.5	148.6	0.6%	149.5	0.0%
4	50	2	4	3	29	39	313.8	312.4	0.5%	312.4	0.5%
	100				27	74	277.8	275.2	0.9%	274.0	1.4%
	150				25	74	252.8	250.2	1.0%	243.1	4.0%
	200				23	74	227.8	225.2	1.2%	135.4	68.2%
	400				19	139	160.4	156.8	2.3%	91.4	75.5%

续表

c	K	h	b	λ_0	s^*	S^*	π^*	π_s^*	利润增益 $\left(\dfrac{\pi^*-\pi_s^*}{\pi_s^*}\times 100\%\right)$	π'	利润损失 $\left(\dfrac{\pi^*-\pi'}{\pi'}\times 100\%\right)$
4	10	0.5	4	3	34	40	357.8	357.4	0.1%	357.0	0.2%
		1			33	40	356.2	355.4	0.2%	354.2	0.6%
		2			33	39	353.8	352.4	0.4%	352.9	0.3%
		4			33	38	350.3	347.8	0.7%	347.9	0.7%
4	10	2	2	3	33	39	354.1	352.5	0.5%	350.6	1.0%
			3		33	39	354.0	352.4	0.5%	349.9	1.2%
			4		33	39	353.8	352.4	0.4%	352.9	0.3%
			8		33	39	353.3	352.1	0.3%	351.6	0.5%
			10		33	39	353.0	352.0	0.3%	353.0	0.0%
			20		34	40	352.4	351.5	0.3%	351.7	0.2%
4	10	2	4	0	33	34	330.0	328.0	0.6%	330.0	0.0%
				1	34	36	336.3	334.8	0.4%	334.1	0.7%
				3	33	39	353.8	352.4	0.4%	352.9	0.3%
				5	35	42	372.0	370.7	0.4%	370.1	0.5%
				10	40	48	419.0	417.7	0.3%	414.7	1.0%
				20	50	55	524.4	523.0	0.3%	519.3	1.0%

与延期交货的结果不同，大多数情况下，动态定价策略相对静态定价策略的利润增益在销售丢失的情况下不明显。不过相同的是，利润增益随着c和K的增加而增加，随着λ_0的增加而减少。

根据前面的分析，和销售丢失的情形相比，延期交货的情形更容易处理。因此出现了一个有趣的问题：采用延期交货情形的最优策略应对销售丢失的情况，会造成多少损失？这种损失是过多还是容易接受？表5.6中的"π'"列记录了将延期交货情形的最优策略应用到销售丢失情形中产生的利润。"利润损失$\left(\dfrac{\pi^*-\pi'}{\pi'}\times 100\%\right)$"列表示与销售丢失情况下最优利润$\pi^*$相比的利润损失$\pi'$，根据公式$\dfrac{\pi^*-\pi'}{\pi'}\times 100\%$计算。从表5.6中的数据可以看出，在大多数情况下利润损失是微不足道的，将销售丢失的需求当作延期交货处理不会造成太多的利润损失。然而，当$K=200$和400时，利润损失变得显著，此时由于固定订购成本K较大，管理者会降低订购的频率。进一步分析发现，当$K=200$时，延期交货情形的最优订购策略参数是$s_b^*=0$和$S_b^*=76$，而在销售丢失的情况下，是$s^*=23$和$S^*=74$。

采用订购策略（0，76）意味着只要库存水平高于 0，系统就不会发出订单订购。显然，这与如果库存水平降至 23 个，则应补充库存的策略相差很大。在销售丢失的情况下，期望销量是库存水平和随机需求的期望最小值，意味着采用（0，76）的订购策略将导致期望收益大幅减少，缺货成本大幅增加，从而导致在此策略下的期望利润和最优利润相比差距显著。当固定订购成本 $K=400$ 时，延期交货情形下的最优再订购点 $s_b^*=-13$，最优订购应达水平 $S_b^*=105$，和销售丢失情形下的最优订购策略（19，139）相比差异更大，由此导致该情况下利润进一步显著下跌。

3）价格弹性

需求的价格弹性系数指价格变化引起需求量变化的比例。它可表示为

$$\xi=-\frac{\Delta d(p)}{d(p)}\Big/\frac{\Delta p}{p}$$

假设 $d(p)=a_0+a_1p=150-a_1p$，因此可以通过改变 a_1 的大小来观察价格弹性的影响，如表 5.7 所示。如果 λ 为常数，则随着 a_1 的增加，预期需求减少，方差 $c.v.=\frac{\sqrt{\lambda_0}}{d(p)+\lambda_0}$ 增加。由于平均需求水平降低，最优再订购点 s^* 和最优订购应达水平 S^* 随着 a_1 的增加而减小。与此同时，不确定性需求分量随着 $d(p)$ 的减小而增加，动态定价的利润增益随 a_1 的增加而增加。和静态定价策略相比，动态定价策略能够更好地处理需求波动性。图 5.6 显示了 $a_1=2$、6、8 时的结果。

表 5.7 价格和确定性需求

价格 p/美元	15	14.5	14	13.5	13	12.5	12	11.5	11	10.5	10	9.5
$d(p)(a_1=2)$	120	121	122	123	124	125	126	127	128	129	130	131
ξ	—	0.25	0.24	0.23	0.22	0.21	0.2	0.19	0.181	0.172	0.163	0.154
$d(p)(a_1=6)$	60	63	66	69	72	75	78	81	84	87	90	93
ξ	—	1.5	1.381	1.273	1.174	1.083	1	0.923	0.852	0.786	0.724	0.667
$d(p)(a_1=8)$	30	34	38	42	46	50	54	58	62	66	70	74
ξ	—	4	3.412	2.947	2.571	2.261	2	1.778	1.586	1.419	1.273	1.143

4）正态分布

为了研究不同需求分布的影响，假设随机变量 ϵ 属于正态分布 $N(\mu,\sigma^2)$。令分布参数 $\mu=3$，$\sigma=1.65$。通过 $c.v.=\frac{\sigma}{d(p)+\mu}$ 计算方差系数 $c.v.$。例如，给定 $p=15$，$d(p)=30$，有 $c.v.=\frac{1.65}{30+3}=0.05$。在加法需求模型中，需求的方差与定

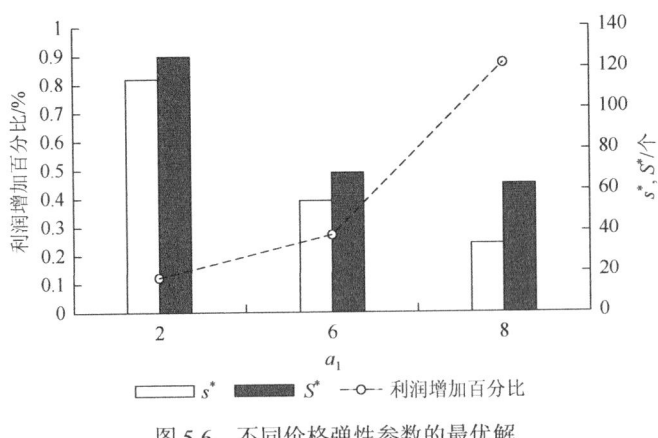

图 5.6 不同价格弹性参数的最优解

价决策无关。给定 $\mu=3$，可以通过改变 c.v. 的值刻画需求的不确定性。也可以给定 c.v.=0.05，用 μ 来刻画需求的不确定性。表 5.8 列出了部分分析结果。与之前观察到的结果一致，最优再订购点 s^* 随着 c 和 K 的增大而减小。最优订购应达水平 S^* 随着 c 的增大而减小，并随着 K 的增大而增大。s^* 和 S^* 随着需求不确定性 μ 以及 c.v. 的增大而增大。与静态定价策略相比，动态定价策略的利润增益与固定订购成本 K 有关，但是，其对单位订购成本 c 没有明确的变化模式。另外还发现，不同方差参数 c.v. 对应的利润增益变化是显著的，图 5.7 描述了 c.v. 与最优利润和利润增益的关系。随着 c.v. 的不断增加，静态定价增益先增加后减少，而延期交货损失则不断增加。

表 5.8 销售丢失情形的结果：正态分布

c	K	h	b	μ	c.v.	s^*	S^*	π^*	π_s^*	利润增益 $\left(\dfrac{\pi^*-\pi_s^*}{\pi_s^*}\times 100\%\right)$	π'	利润损失 $\left(\dfrac{\pi^*-\pi'}{\pi'}\times 100\%\right)$
2	10	2	4	3	0.05	36	39	428.4	419.8	2.0%	427.0	0.3%
4						33	39	354.6	347.2	2.1%	353.6	0.3%
8						31	35	216.3	213.6	1.3%	216.3	0.0%
10						31	34	150.7	148.5	1.5%	150.7	0.0%
4	50	2	4	3	0.05	29	39	314.6	307.3	2.4%	313.6	0.3%
	100					27	73	278.3	270.4	2.9%	274.8	1.3%
	200					24	73	228.3	220.5	3.5%	134.4	69.9%
	400					19	137	161.0	153.8	4.7%	92.2	74.6%
4	10	1	4	3	0.05	33	40	356.7	350.1	1.9%	354.9	0.5%
		2				33	39	354.6	347.2	2.1%	353.6	0.3%

续表

c	K	h	b	μ	c.v.	s^*	S^*	π^*	π_s^*	利润增益 $\left(\dfrac{\pi^*-\pi_s^*}{\pi_s^*}\times 100\%\right)$	π'	利润损失 $\left(\dfrac{\pi^*-\pi'}{\pi'}\times 100\%\right)$
4	10	2	4	4	0.05	32	38	351.0	343.0	2.3%	348.1	0.8%
				8		35	38	346.0	336.9	2.7%	339.9	1.8%
				3		33	39	354.1	352.5	0.5%	350.6	1.0%
				5		34	41	374.6	372.8	0.5%	373.6	0.3%
				10		39	42	425.1	423.4	0.4%	424.4	0.2%
4	10	2	4	3	0.08	33	40	351.1	322.6	8.8%	347.7	1.0%
					0.1	34	41	348.9	306.6	13.8%	343.5	1.6%
					0.5	43	57	307.1	246.5	24.6%	288.7	6.4%
					1	58	80	298.9	280.3	6.6%	269.8	10.8%
					1.2	66	90	306.4	297.1	3.1%	272.1	12.6%

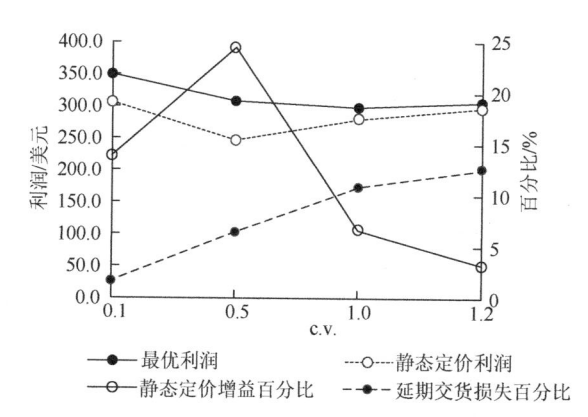

图 5.7 需求正态分布时不同 c.v. 水平对应的最优策略

5）乘法需求模型

接下来针对乘法需求模型 $D=d(p)\epsilon$ 的需求函数进行算例分析。假设 $d(p)$ 是幂函数，即 $d(p)=a_0 p^{-a_1}$，其中 $a_0>0$，$a_1\geqslant 1$。设定 $a_0=160$，$a_1=1$，并且 ϵ 服从 $(0,2\pi]$ 上的均匀分布。通过参数 λ_0 改变需求的不确定性，则平均需求为 $E[D(p,\epsilon)]=d(p)\lambda_0$，需求方差为 $\mathrm{Var}[D(p,\epsilon)]=\dfrac{d(p)^2\lambda_0^2}{3}$，与加法需求模型不同，乘法需求模型的方差系数与价格无关，即 $\mathrm{c.v}=\dfrac{\sqrt{\mathrm{Var}[D(p,\epsilon)]}}{E[D(p,\epsilon)]}=\dfrac{1}{\sqrt{3}}$。对于均匀分布随机变量，可通过改变参数 λ_0 来改变需求的不确定性。结果如表 5.9 所示。

表 5.9 销售丢失情形的结果：乘法需求模型

c	K	h	b	λ_0	s^*	S^*	π^*	π_s^*	利润增益 $\left(\dfrac{\pi^*-\pi_s^*}{\pi_s^*}\times 100\%\right)$	π'	利润损失 $\left(\dfrac{\pi^*-\pi'}{\pi'}\times 100\%\right)$
2	10	2	4	2	64	67	3401.7	3381.2	0.6%	3142.8	8.2%
4					50	54	2165.6	2149.4	0.8%	1990.4	8.8%
6					38	41	1481.6	1468.1	0.9%	1367.2	8.4%
8					31	34	1021.6	1010.1	1.1%	943.2	8.3%
4	100	2	4	2	49	56	2150.3	2133.0	0.8%	1932.5	11.3%
	200				48	57	2143.9	2125.4	0.9%	1930.1	11.1%
	300				48	57	2136.4	2117.9	0.9%	1892.1	12.9%
	400				47	57	2130.7	2117.0	0.6%	1887.9	12.9%
4	10	4	4	2	34	37	1651.8	1625.6	1.6%	1237.7	33.5%
		8			25	28	1127.4	1086.8	3.7%	599.0	88.2%
		10			23	26	947.7	901.3	5.1%	394.7	140.1%
4	10	2	8		53	56	2122.8	2110.0	0.6%	2076.8	2.2%
			10		54	57	2108.5	2097.1	0.5%	2077.7	1.5%
			20		57	57	2067.6	2059.8	0.4%	2062.9	0.2%
4	10	2	4	3	76	80	3273.9	3257.8	0.5%	1990.4	64.5%
				5	129	134	5491.7	5475.5	0.3%	5066.0	8.4%

类似地，通过算例分析发现最优再订购点 s^* 随着 c 和 K 的增大而减小。最优订购应达水平 S^* 随着 c 的增大而减小，并且对 K 不敏感。与之前观察到的加法需求模型不同，乘法需求模型中的 s^* 和 S^* 随着单位持有成本 h 的增大而减小，随着 λ_0 的增大而增大。与静态定价策略相比，动态定价策略的利润增益也不显著。然而，当将延期交货策略应用于销售丢失情形时，某些情况下利润损失变得显著。

5.4 本章小结

本章针对未满足需求延期交货，以及未满足需求销售丢失的两种情形，分别进行了算例分析，实现了前面提出的优化算法，计算得到最优 (s,S,z_S^S) 策略，并事后验证了其最优性条件。主要发现总结如下。

（1）与半动态和静态销售杠杆控制相比，动态销售杠杆控制策略的利润增益显著。

（2）最优再订购点 s^* 和最优订购应达水平 S^* 对单位订购成本 c 和固定订购成本 K 等成本参数敏感。这种模式在延期交货和销售丢失情形中都可以观察到，也可以在包含多个销售努力或单个销售努力的销售杠杆控制中观察到。

（3）报童模型利润函数 $f(y)$ 在大多数情况下是非单峰的。此外，即使函数为非单峰函数，通过计算也可以证明该函数在大多数情况下都满足 π^* 的第一再订购点优化条件。

（4）当销售杠杆只包含价格决策时，可以观察到最优价格作为库存水平的函数的两种常见模式："高—低"模式和"高—低—高—低"模式。本章从利润最大化的角度对这两种模式进行了解释。

参 考 文 献

Feng Y Y, Chen Y H. 2011. A computational approach for optimal joint inventory-pricing control in an infinite-horizon periodic-review system[J]. Operations Research, 59（5）: 1297-1303.

Polatoglu H, Sahin I. 2000. Optimal procurement policies under price-dependent demand[J]. International Journal of Production Economics, 65（2）: 141-171.

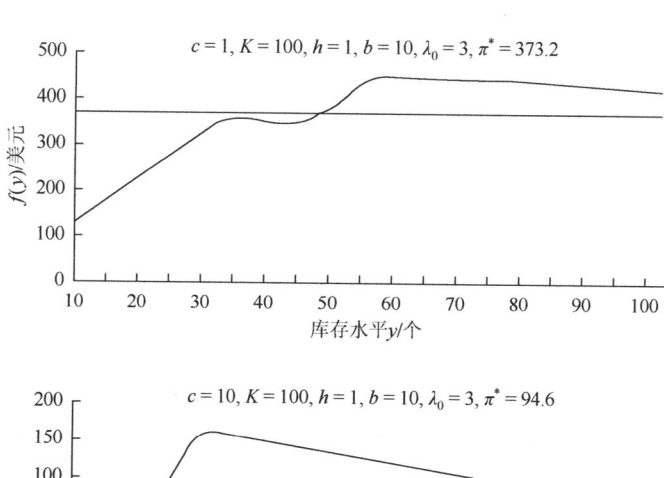

附　　录

$c = 1, K = 100, h = 1, b = 10, \lambda_0 = 3, \pi^* = 373.2$

$c = 10, K = 100, h = 1, b = 10, \lambda_0 = 3, \pi^* = 94.6$

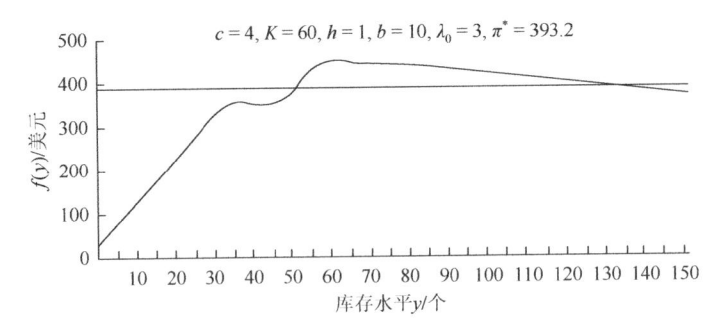

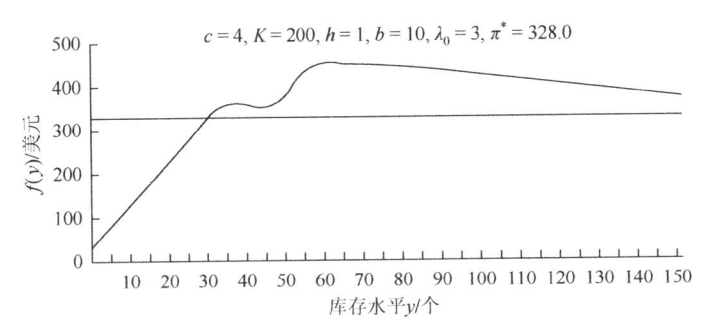

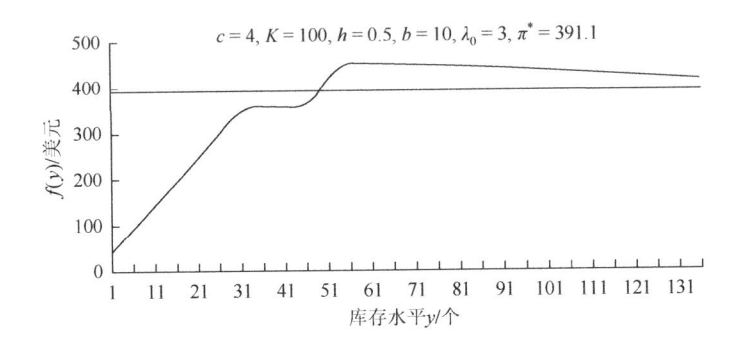

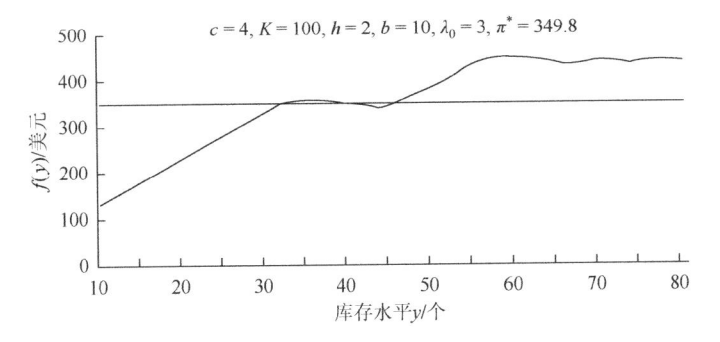

$c = 4, K = 60, h = 1, b = 10, \lambda_0 = 3, \pi^* = 393.2$

$c = 4, K = 200, h = 1, b = 10, \lambda_0 = 3, \pi^* = 328.0$

$c = 4, K = 100, h = 0.5, b = 10, \lambda_0 = 3, \pi^* = 391.1$

$c = 4, K = 100, h = 2, b = 10, \lambda_0 = 3, \pi^* = 349.8$

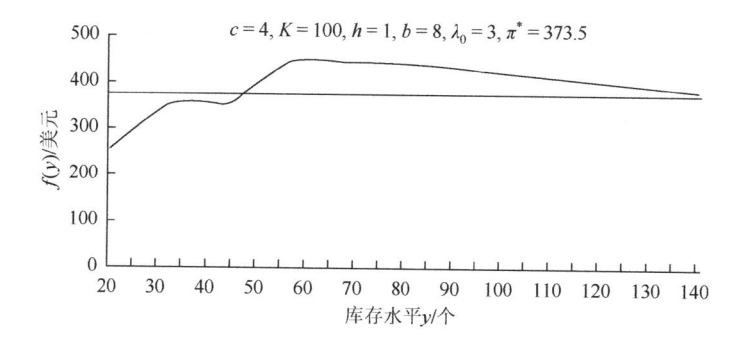

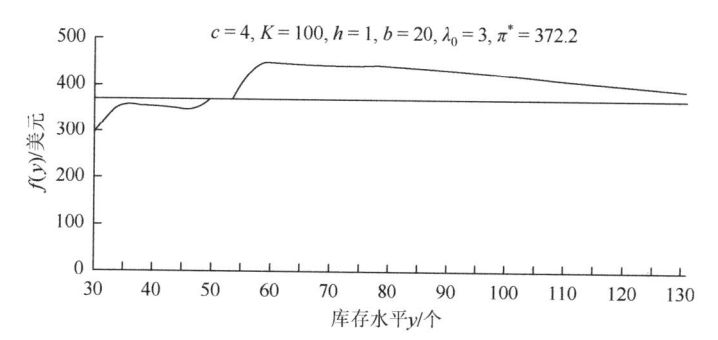

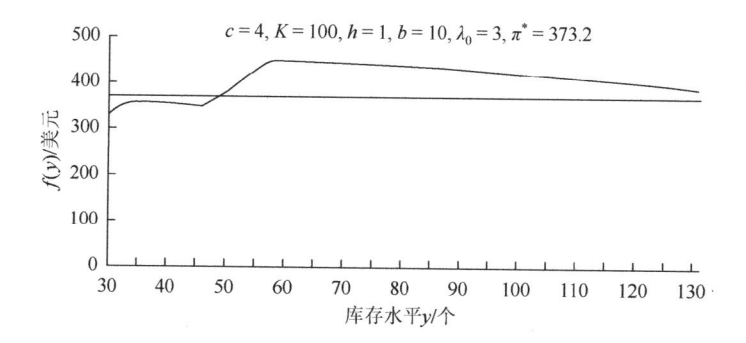

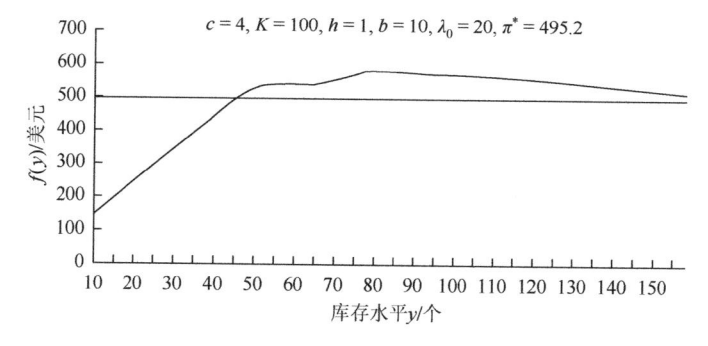

附图 5.1　不同参数下的类单周期期望利润函数 $f(y)$

第三篇　组合市场决策的供应链模型

第 6 章 需求受价格和促销投资费用影响的供应链优化决策研究

6.1 概　　述

考虑到零售业实践中的需求通常受到价格、促销力度等因素影响，产品价格、促销对不同产品产生的影响差异非常大，本章将这两个市场决策纳入供应链模型，考虑价格和促销投资费用对需求的影响，探讨并比较收益共享契约和批发价契约下零售商与制造商的最优决策以及绩效表现。

现实中商品促销力度与促销投资费用的分担方式紧密相关。零售业中常见的方式是由零售商承担并提供商品促销活动。但是也存在由制造商承担促销投资费用并提供促销人员的方式，如在国美、苏宁等家用电器的线下零售店，美的、松下等电器制造商派遣厂家促销人员到柜台吸引顾客购买。类似地，服装、护肤品或家电企业在大型百货公司派驻人员开展各种促销活动。2007 年 11 月，国美电器在上海新开了两家卖场（徐家汇店和浦东南路店）试点，取代家电品牌的自有促销员，而是统一启用国美电器的销售代表（王素娟和胡奇英，2011）。这种促销策略的变化引发了一系列问题：产品的促销投资费用究竟由谁来承担？促销投资费用承担模式的不同如何影响产品需求以及供应链决策？不同的供应链契约，如批发价契约、收益共享契约等，其影响程度有何不同？哪种方式有利于零售商（或制造商）？这些都是本章探讨的问题。

本章后面内容结构如下：6.2 节介绍模型描述与假设；6.3 节探讨批发价契约下，由零售商或制造商分别单独承担促销投资费用时供应链的决策和绩效表现；6.4 节探讨收益共享契约下，由零售商或制造商分别单独承担促销投资费用时供应链的决策和绩效表现；6.5 节总结全章。

6.2 模型描述与假设

本章考察由单一风险中立的供应商和单一风险中立的零售商组成的简单二级供应链系统。供应商提供单一产品给零售商，零售商在终端市场销售产品。首先给出批发价契约下的供应链模型。制造商以批发价格 $w>0$ 提供商品给零售商，单

位商品的制造成本 $c_m>0$。零售商自行决定商品售价 $p>0$，以及促销努力。这里的促销努力可以是广告，销售人员的销售努力，以及促销活动如货架展示、展厅展示等。促销活动发生成本。促销投资费用越高，销售人员越努力，需求从而增加。本章令促销投资费用为 e。需求和商品价格 p 以及促销投资费用 e 有关。特别地，令需求量 $D=kp^{-\alpha}e^{\beta}$，这里 $k>0$ 视为潜在市场总量，α 为价格因子，$\alpha>1$ 代表需求对价格敏感，$0<\alpha\leqslant 1$ 代表需求对价格不敏感。本模型假设 $\alpha>1$。类似地，β 视为促销努力的影响因子。不失一般性，假设需求与促销努力正相关，但是需求增加幅度随着 β 递减，即 $0<\beta<1$。

本书采用指数函数的形式刻画多个市场因素对需求的影响，基于以下考虑：①指数函数对应于市场学研究中常用的对数线性模型，现有实证和理论研究均表明，指数函数可以较好地刻画价格和促销投资费用对需求的影响；②指数函数可以刻画需求与市场因素之间的非线性特征。这种指数形式的需求函数在经济学领域也是经常用到的一种形式。

批发价契约下，供应链成员双方博弈次序如下：制造商首先制定批发价格 w，零售商决定零售价 p 和促销投资费用 e，与此同时，零售商需决定订购量 q，$q\geqslant 0$，付给制造商购买费用 wq。本章仅考虑确定性需求，因此有，$q=D=kp^{-\alpha}e^{\beta}$。假设订单履行花费的时间为零，即提前期为零，且制造商不存在产能限制，即制造商收到零售商的订单后，即刻供给零售商 q 数量的产品。零售商和制造商为理性的经济人，各自以最大化自身的利润 π_r 和 π_m 为目标，它们的下标 r 和 m 分别代表零售商和制造商。由此，π_r 和 π_m 分别计算如下：

$$\pi_r^{W,R}=D(p-w)-e=kp^{-\alpha}e^{\beta}(p-w)-e \quad (6.2.1)$$

$$\pi_m^{W,R}=D(w-c_m) \quad (6.2.2)$$

其中，第一个上标 W 指批发价契约；第二个上标 R 指由零售商承担促销投资费用。

收益共享契约下，当促销投资费用由零售商承担时，博弈的事件次序如下：制造商首先制定并给出批发价格 w 以及收益共享比例 λ；零售商决定商品的市场售卖价格以及促销投资费用，并根据需求决定订购 $q\geqslant 0$ 数量的产品，向制造商支付订购费用 wq。由于需求为确定性需求，订购量 $q=D$。零售商和制造商的利润分别为

$$\pi_r^{R,R}=D(\lambda p-w)-e=(\lambda p-w)kp^{-\alpha}e^{\beta}-e \quad (6.2.3)$$

$$\pi_m^{R,R}=D[(1-\lambda)p+w-c_m] \quad (6.2.4)$$

其中，第一个上标 R 指收益共享契约；第二个上标 R 指由零售商承担促销投资费用。

如果由制造商承担促销投资费用，在批发价契约下，制造商首先设定批发价格 w，决定促销投资费用 e。零售商据此决定商品的零售价格 p 以及订购 $q\geqslant 0$ 数

量的产品,支付给制造商购买成本 wq。同样地,订购量与商品需求相等,即 $q=D$。零售商和制造商的利润分别为

$$\pi_r^{W,M} = D(p-w) = kp^{-\alpha}e^{\beta}(p-w) \tag{6.2.5}$$

$$\pi_m^{W,M} = D(w-c_m) - e \tag{6.2.6}$$

其中,第二个上标 M 指促销投资费用由制造商承担。

如果由制造商承担促销投资费用,在收益共享契约下,调整模型如下:制造商不再设置批发价格 w,而是与零售商签署寄售契约,零售商决定商品的零售价格 p,以及收益共享比例 λ。零售商和制造商的利润分别为

$$\pi_r^{R,M} = D\lambda p = kp^{-\alpha}e^{\beta}\lambda p \tag{6.2.7}$$

$$\pi_m^{R,M} = D[(1-\lambda)p - c_m] - e \tag{6.2.8}$$

接下来讨论上述不同模型设定下的供应链优化决策,并进一步比较不同情形下的供应链成员绩效。

6.3 批发价契约下的供应链优化决策

6.3.1 零售商决定促销投资费用

给定批发价格 w,零售商决定最优的零售价格 p 和促销投资费用 e,以达到自身利润最大化。对零售商的利润函数求一阶偏导数并令其为 0,得到

$$\frac{\partial \pi_r^{W,R}}{\partial p} = -\alpha k p^{-\alpha-1} e\beta(p-w) + kp^{-\alpha}e^{\beta} = 0 \tag{6.3.1}$$

$$\frac{\partial \pi_r^{W,R}}{\partial e} = \beta k p^{-\alpha} e^{\beta-1}(p-w) - 1 = 0 \tag{6.3.2}$$

对式(6.3.1)和式(6.3.2)联立求解,得到最优的零售价格为 $p_{W,R}^* = \alpha w/(\alpha-1)$,以及最优的促销投资费用为 $e_{W,R}^* = \dfrac{\beta k}{\alpha-1}\left(\dfrac{\alpha}{\alpha-1}\right)^{1/(1-\beta)} w^{\frac{1-\alpha}{1-\beta}}$。

制造商决定最优批发价格 $w_{W,R}^*$ 以最大化自身利润。命题 6-1 总结了制造商和零售商的最优决策。

命题 6-1 批发价契约下,如果零售商决定促销投资费用,则制造商的最优批发价格为 $w_{W,R}^* = \dfrac{\alpha-\beta}{\alpha-1}c_m$;零售商的最优零售价格为 $p_{W,R}^* = \dfrac{\alpha(\alpha-\beta)}{(\alpha-1)^2}c_m$;零售商的最优促销投资费用为 $e_{W,R}^* = \dfrac{\beta k}{\alpha-1}\left(\dfrac{\alpha}{\alpha-1}\right)^{1/(1-\beta)}\left(\dfrac{\alpha-\beta}{\alpha-1}\right)^{\frac{1-\alpha}{1-\beta}} c_m^{\frac{1-\alpha}{1-\beta}}$。

基于命题 6-1 的结论，能够计算零售商和制造商的利润，总结在表 6.1 中。

表 6.1 不同契约和商业情境下的利润

模型设定	$(W^{①},R^{②})$	(R,R)	(W,M)	(R,M)
零售商利润	$\left(\dfrac{1}{\beta}-1\right)\left(\dfrac{\alpha-\beta}{\alpha-1}\right)^{(1-\alpha)/(1-\beta)}$ $\cdot\left[\dfrac{\beta k}{\alpha-1}\left(\dfrac{\alpha}{\alpha-1}\right)^{-\alpha}\right]^{1/(1-\beta)}$ $\cdot c_m^{(1-\alpha)/(1-\beta)}$	$\dfrac{1}{\beta}\left(\dfrac{1}{\beta}-1\right)\beta^{1/(1-\beta)}$ $\cdot\left[\dfrac{\beta k}{\alpha-1}\left(\dfrac{\alpha}{\alpha-1}\right)^{-\alpha}\right]^{1/(1-\beta)}$ $\cdot c_m^{(1-\alpha)/(1-\beta)}$	$\dfrac{1}{\beta}\dfrac{\alpha}{\alpha-1}\left(\dfrac{\alpha}{\alpha-1}\right)^{-\alpha/(1-\beta)}$ $\cdot\left[\dfrac{\beta k}{\alpha-1}\left(\dfrac{\alpha}{\alpha-1}\right)^{-\alpha}\right]^{1/(1-\beta)}$ $\cdot c_m^{(1-\alpha)/(1-\beta)}$	$\dfrac{1}{\beta}\left(\dfrac{1}{\beta}-1\right)\beta^{1/(1-\beta)}$ $\cdot\left[\dfrac{\beta k}{\alpha-1}\left(\dfrac{\alpha}{\alpha-1}\right)^{-\alpha}\right]^{1/(1-\beta)}$ $\cdot c_m^{(1-\alpha)/(1-\beta)}$
制造商利润	$\left(\dfrac{1}{\beta}-1\right)\left(\dfrac{\alpha-1}{\alpha-\beta}\right)$ $\cdot\left(\dfrac{\alpha-\beta}{\alpha-1}\right)^{(1-\alpha)/(1-\beta)}$ $\cdot\left[\dfrac{\beta k}{\alpha-1}\left(\dfrac{\alpha}{\alpha-1}\right)^{-\alpha}\right]^{1/(1-\beta)}$ $\cdot c_m^{(1-\alpha)/(1-\beta)}$	$\dfrac{1}{\beta}\left(\dfrac{1}{\beta}-1\right)\beta^{1/(1-\beta)}$ $\cdot\left[\dfrac{\beta k}{\alpha-1}\left(\dfrac{\alpha}{\alpha-1}\right)^{-\alpha}\right]^{1/(1-\beta)}$ $\cdot c_m^{(1-\alpha)/(1-\beta)}$	$\left(\dfrac{1}{\beta}-1\right)\left(\dfrac{\alpha}{\alpha-1}\right)^{-\alpha/(1-\beta)}$ $\cdot\left[\dfrac{\beta k}{\alpha-1}\left(\dfrac{\alpha}{\alpha-1}\right)^{-\alpha}\right]^{1/(1-\beta)}$ $\cdot c_m^{(1-\alpha)/(1-\beta)}$	$\left(\dfrac{1}{\beta}-1\right)\beta^{1/(1-\beta)}$ $\cdot\left[\dfrac{\beta k}{\alpha-1}\left(\dfrac{\alpha}{\alpha-1}\right)^{-\alpha}\right]^{1/(1-\beta)}$ $\cdot c_m^{(1-\alpha)/(1-\beta)}$

注：①W/R 即批发价/收益共享契约；②R/M 即零售商/制造商决定投资程度。

6.3.2 制造商决定促销投资费用

当促销投资费用由制造商决定时，给定批发价格 w，零售商决定最优的零售价格 p，以达到自身利润最大化。对零售商的利润函数取一阶导并令其等于零，最优零售价格为 $p^*_{W,M}=\alpha w/(\alpha-1)$。制造商然后决定最优批发价格以及促销投资费用以最大化自身利润。命题 6-2 总结了相关结果。

命题 6-2 批发价契约下，如果由制造商决定促销投资费用，则制造商的最优批发价格为 $w^*_{W,M}=\dfrac{\alpha}{\alpha-1}c_m$；零售商的最优零售价格为 $p^*_{W,M}=\dfrac{\alpha^2}{(\alpha-1)^2}c_m$；零售商的最优促销投资费用为 $e^*_{W,M}=\left(\dfrac{\beta k}{\alpha-1}\right)^{\frac{1}{1-\beta}}\left(\dfrac{\alpha}{\alpha-1}\right)^{\frac{-2\alpha}{1-\beta}}c_m^{\frac{1-\alpha}{1-\beta}}$。

同样地，零售商和制造商的利润计算总结在表 6.1 中。

6.4 收益共享契约下的供应链优化决策

6.4.1 零售商决定促销投资费用

给定收益共享契约 $\{w,\lambda\}$，零售商决定最优零售价格和促销投资费用以最大化自身利润，见式（6.2.3）。制造商决定收益共享契约参数 w 及 λ 以最大化自身利润，见式（6.2.4）。命题 6-3 总结了相关结论。

命题 6-3 收益共享契约下，如果零售商决定促销投资费用，则制造商的最优批发价格为：① $w_{R,R}^* = \beta c_m$；②最优共享参数 $\lambda_{R,R}^* = \beta$；③零售商的最优零售价格 $p_{R,R}^* = \alpha c_m/(\alpha-1)$；④最优促销投资费用为 $e_{R,R}^* = \{[\beta k/(\alpha-1)][\alpha/(\alpha-1)]^{-\alpha}\}^{1/(1-\beta)} c_m^{(1-\alpha)/(1-\beta)} \beta^{1/(1-\beta)}$。

6.4.2 制造商决定促销投资费用

当制造商决定促销投资费用时，收益共享契约成为一种特殊的寄售方式，即零售商决定收益共享比例 λ 和零售价格 p 以最大化自身利润，见式（6.2.7）。制造商决定促销投资费用 e 以最大化自身利润，见式（6.2.8）。命题 6-4 总结了相关结论。

命题 6-4 在基于寄售的收益共享契约下，由制造商决定促销投资费用，零售商的最优零售价格为：① $p_{R,M}^* = \alpha c_m/(\alpha-1)$；②最优共享比例为 $\lambda_{R,M}^* = (1-\beta)/\alpha$；③制造商的最优促销投资费用为 $e_{R,M}^* = \{[\beta k/(\alpha-1)][\alpha/(\alpha-1)]^{-\alpha}\}^{1/(1-\beta)} c_m^{(1-\alpha)/(1-\beta)} \beta^{1/(1-\beta)}$。

零售商和制造商在此时的利润见表 6.1。

6.5 比较及分析

对以上两种不同模型设定下的结论进行比较，容易得到以下结论。

定理 6-1 ① $p_{W,M}^* > p_{R,M}^*$；②当 $1/e_0 \leqslant \beta < 1$ 时，$e_0 \approx 2.71828$ 为无理数，有 $e_{R,M}^* > e_{W,M}^*$，以及 $\pi_m^{R,M} > \pi_m^{W,M}$。

分析发现，当制造商决定并承担促销投资费用时，批发价契约下零售商制定的最优零售价格和收益共享契约相比更高。如果促销努力的影响因子 β 位于一定范围，如 $\dfrac{1}{e_0} \leqslant \beta < 1$，收益共享契约下的促销投资费用和批发价契约相比更高。作为回报，制造商在收益共享契约下的利润也高于批发价契约。不过，当 $0 < \beta < \dfrac{1}{e_0}$ 时，难以判断哪种契约更加有利于制造商。

6.6 本章小结

本章研究了单一制造商和单一零售商组成的简单供应链结构下，不同供应链契约环境下的最优决策和绩效表现。分析发现，如果零售商决定促销投资费用，则批发价契约下的批发价格将高于收益共享契约下的批发价格,由此导致零售商的促销投资费用更高。作为回报,零售商从中获利。

如果制造商决定促销投资费用,则批发价契约下零售价格将高于收益共享契约下的零售价格,然而促销投资费用更低。如果促销因子满足 $\frac{1}{e_0} \leq \beta < 1$,和批发价契约相比,基于寄售的收益共享契约下的制造商能够获利更多。

最后指出本章模型的不足。本章仅考虑确定性需求,但现实生活中需求往往是不确定的,因此需求模型存在一定的局限性。此外,假设需求函数为指数形式,这意味着需求关于价格和促销努力的弹性为常数。该形式存在技术层面的局限,从函数形式上看,当价格和促销努力趋近于零时,需求接近无限大,与现实不符。

参 考 文 献

王素娟, 胡奇英. 2011. 3C 零售商商业模式研究:促销与贸易方式交互影响[J]. 管理科学学报, 14 (4): 1-11.

附 录

1. 命题 6-1 的证明

证明 将 $p_{W,R}^* = \frac{\alpha w}{\alpha - 1}$ 及 $e_{W,R}^* = \frac{\beta k}{\alpha - 1}\left(\frac{\alpha}{\alpha - 1}\right)^{1/(1-\beta)} w^{\frac{1-\alpha}{1-\beta}}$ 代入 $D = kp^{-\alpha}e^{\beta}$,再代入式(6.2.2)。对其求一阶偏导数并令其为 0,得

$$\frac{\partial \pi_m^{W,R}}{\partial p} = \frac{c_m}{w^2}\frac{\alpha - 1}{\beta}Aw^{\frac{1-\alpha}{1-\beta}} + \frac{\alpha - 1}{\beta}\left(1 - \frac{c_m}{w}\right)A\frac{1-\alpha}{1-\beta}w^{\frac{1-\alpha}{1-\beta}-1} = 0$$

此处 $A = \left[\frac{\beta k}{\alpha - 1}\left(\frac{\alpha}{\alpha - 1}\right)^{-\alpha}\right]^{\frac{1}{1-\beta}}$。由此,得到 $w_{W,R}^* = \frac{\alpha - \beta}{\alpha - 1}c_m$,得证。

将 $w_{W,R}^*$ 的值代入 $p_{W,R}^*$,以及 $e_{W,R}^*$ 即可得证。

2. 命题 6-2 的证明

证明 将 $p_{W,M}^* = \alpha w/(\alpha - 1)$ 代入式(6.2.6)得

$$\pi_m^{W,M} = D(w - c_m) - e = k\left(\frac{\alpha}{\alpha - 1}\right)^{-\alpha} w^{-\alpha}e^{\beta}(w - c_m) - e = 0$$

令其分别对 w 和 e 求一阶偏导数并令其为 0,得

$$\frac{\partial \pi_m^{W,M}}{\partial w} = k\left(\frac{\alpha}{\alpha - 1}\right)^{-\alpha}(-\alpha)w^{-\alpha-1}e^{\beta}(w - c_m) - k\left(\frac{\alpha}{\alpha - 1}\right)^{-\alpha} w^{-\alpha}e^{\beta} = 0$$

第6章 需求受价格和促销投资费用影响的供应链优化决策研究

$$\frac{\partial \pi_m^{W,M}}{\partial e} = k\left(\frac{\alpha}{\alpha-1}\right)^{-\alpha}\beta w^{-\alpha}e^{\beta-1}(w-c_m)-1=0$$

联立解得 $w_{W,M}^* = \frac{\alpha}{\alpha-1}c_m$，以及 $e_{W,M}^* = \left(\frac{\beta k}{\alpha-1}\right)^{\frac{1}{1-\beta}}\left(\frac{\alpha}{\alpha-1}\right)^{\frac{-2\alpha}{1-\beta}}c_m^{\frac{1-\alpha}{1-\beta}}$。再将其代入 $p_{W,M}^* = \alpha w/(\alpha-1)$ 即可得 $p_{W,M}^* = \frac{\alpha^2}{(\alpha-1)^2}c_m$。证毕。

3. 命题 6-3 的证明

证明 根据一阶最优方程（6.2.3）得到：$p_{R,R}^* = \alpha w/[(\alpha-1)\lambda]$ 以及 $e_{R,R}^* = \{[\beta k/(\alpha-1)][\alpha/(\alpha-1)]^{-\alpha}\}^{1/(1-\beta)}w^{(1-\alpha)/(1-\beta)}\lambda^{\alpha/(1-\beta)}$。

将该结果代入式（6.2.4），并求一阶偏导数，得到

$$\frac{\partial \pi_m^{R,R}}{\partial \lambda} = \frac{-\alpha}{\lambda^2(\alpha-1)}\frac{\alpha-1}{\beta}Aw^{\frac{1-\alpha}{1-\beta}}\lambda^{\frac{\alpha}{1-\beta}}$$

$$+\left(\frac{\alpha}{(\alpha-1)\lambda}-\frac{1}{\alpha-1}-\frac{c_m}{w}\right)\frac{\alpha-1}{\beta}A\frac{\alpha}{1-\beta}w^{\frac{1-\alpha}{1-\beta}}\lambda^{\frac{\alpha}{1-\beta}-1}=0$$

$$\frac{\partial \pi_m^{R,R}}{\partial w} = \frac{c_m}{w^2}\frac{\alpha-1}{\beta}Aw^{\frac{1-\alpha}{1-\beta}}\lambda^{\frac{\alpha}{1-\beta}}+\left[\frac{\alpha}{(\alpha-1)\lambda}-\frac{1}{\alpha-1}-\frac{c_m}{w}\right]$$

$$\frac{\alpha-1}{\beta}A\frac{1-\alpha}{1-\beta}w^{((1-\alpha)/(1-\beta))-1}\lambda^{\alpha/(1-\beta)}=0$$

联立解得：$w_{R,R}^* = \beta c_m$，$\lambda_{R,R}^* = \beta$。将该结果代入 $p_{R,R}^*$ 和 $e_{R,R}^*$，得证。

4. 命题 6-4 的证明

证明 对式（6.2.8）求一阶偏导数并令其为 0，得到

$$\frac{\partial \pi_m^{R,M}}{\partial e} = [(1-\lambda)p-c_m]kp^{-\alpha}\beta e^{\beta-1}-1=0$$

求解该等式得到：$e_{R,M}^* = (\beta k)^{1/(1-\beta)}[(1-\lambda)p-c_m]^{1/(1-\beta)}p^{-\alpha/(1-\beta)}$。将该结果代入式（6.2.7）并求一阶偏导数令其等于 0，得

$$\frac{\partial \pi_r^{R,M}}{\partial p} = \frac{1-\alpha-\beta}{1-\beta}B[(1-\lambda)p-c_m]^{\frac{\beta}{1-\beta}}p^{\frac{1-\alpha-\beta}{1-\beta}-1}$$

$$+B(1-\lambda)[(1-\lambda)p-c_m]^{\frac{\beta}{1-\beta}-1}p^{\frac{1-\alpha-\beta}{1-\beta}}=0$$

此时 $B = \lambda k(\beta k)^{\beta/(1-\beta)}$。

$$\frac{\partial \pi_r^{R,M}}{\partial \lambda} = k(\beta k)^{\frac{\beta}{1-\beta}}[(1-\lambda)p-c_m]^{\frac{\beta}{1-\beta}}p^{\frac{1-\alpha-\beta}{1-\beta}}$$

$$-\frac{\beta}{1-\beta}p\lambda k(\beta k)^{\frac{\beta}{1-\beta}}[(1-\lambda)p-c_m]^{\frac{\beta}{1-\beta}-1}p^{\frac{1-\alpha-\beta}{1-\beta}}=0$$

求解上述等式可以得到：$p_{R,M}^*=\alpha c_m/(\alpha-1)$ 和 $\lambda_{R,M}^*=(1-\beta)/\alpha$，则证明①和②成立。将该结果代入 $e_{R,M}^*$ 证明③成立。

5. 定理 6-1 的证明

证明 （1）根据上述讨论已知 $\dfrac{p_{W,M}^*}{p_{R,M}^*}=\dfrac{\alpha}{\alpha-1}$，又有 $\alpha>1$，因此①成立。

（2）根据 $\dfrac{e_{R,M}^*}{e_{W,M}^*}=\{\beta[\alpha/(\alpha-1)]^\alpha\}^{1/(1-\beta)}$，令 $f(\alpha)=[\alpha/(\alpha-1)]^\alpha=[1+1/(\alpha-1)]^\alpha$，可知 $f(\alpha)$ 是一个单调递减函数，随着 $\alpha\to\infty$，$f(\alpha)=e_0$，$e_0\approx 2.71828$ 为无理数。因此，如果定义 $f(\alpha,\beta)=\beta[\alpha/(\alpha-1)]^\alpha$，则对于任意的 $\alpha>1$，都有 $f(\alpha,\beta)>f(\infty,\beta)=\beta e_0$。如果 $1>\beta>1/e_0$，则有 $\dfrac{e_{R,M}^*}{e_{W,M}^*}=\{\beta[\alpha/(\alpha-1)]^\alpha\}^{1/(1-\beta)}>1$，因此 $e_{R,M}^*>e_{W,M}^*$ 成立。

同样地，$\dfrac{\pi_m^{R,M}}{\pi_m^{W,M}}=\{\beta[\alpha/(\alpha-1)]^\alpha\}^{1/(1-\beta)}$，根据相同的证明过程，如果 $1>\beta>1/e_0$，则 $\dfrac{\pi_m^{R,M}}{\pi_m^{W,M}}>1$ 成立。证毕。

第7章 需求受价格、促销和货架展示量影响的供应链优化决策研究

7.1 概 述

　　实践中零售企业经营者将产品价格、促销、货架展示量等市场决策问题和库存决策问题相结合。例如，超市对库存过多的货品增加展示量或降价促销，零售店经理要求销售人员对于特定商品增加销售努力，或通过雇佣更多的销售人员来提高产品的销售量。同时，产品价格、促销和货架展示量对不同产品产生的影响差异非常大。例如，市场需求与产品定价的关系随产品类别的不同而不同：一些产品的需求受价格影响较大，价格弹性高（如时尚产品）；而有些产品的需求受价格影响较小，价格弹性低（如生活必需品）。对于货架展示量而言，通常超市展品货架上陈列的产品数量越多，越能够刺激顾客的购买欲望，即提高该产品的需求量（如新鲜水果）。但是在类似"小米"手机的"饥饿营销"策略中，有限的产品数量更能够刺激顾客的购买欲望。

　　这种组合市场/库存决策问题中，需求由于依赖于价格、促销和货架展示量等相关决策，增加了问题分析的难度。鉴于内生需求函数的复杂性，现有研究多集中在需求受到单个或两个市场因素的影响。相比之下，本章讨论价格、促销和货架展示量三个因素对需求与供应链优化决策的影响，是对现有研究的拓展。特别地，本章在第6章的基础上，考虑产品价格、促销和货架展示量对需求以及供应链优化决策的影响，仅讨论价格弹性高，且货架展示量正向影响需求的情况。注意到批发价契约和收益共享契约在零售行业的广泛适用，本章进一步分析并比较不同供应链契约下，当促销投资费用由零售商单独承担、制造商单独承担、二者分担的情况下供应链成员的优化决策及相关利润，试图发现有利于零售商（制造商）的方式。

　　本章后面内容结构如下：7.2节介绍模型描述与假设；7.3节探讨收益共享契约下，不同供应链成员承担促销投资费用情形下的供应链优化决策和绩效表现；7.4节探讨批发价契约下，不同供应链成员承担促销投资费用下的供应链优化决策和绩效表现；7.5节为数值分析并得到相关结论；7.6节总结全章。

7.2 模型描述与假设

本章以一个制造商和一个零售商组成的二级供应链系统为对象,讨论批发价契约和收益共享契约下的供应链成员优化决策,进一步对比分析促销投资费用分别由零售商承担、制造商承担、二者分担三种情况下的成员决策。

收益共享契约下,零售商单独承担促销投资费用,其决策过程如下。制造商首先决定批发价格 w 和收益共享比例 λ,$0<\lambda<1$。其中,λ 为零售商保留的收益比例,制造商共享比例为 $1-\lambda$。零售商决定是否接受该契约。如果零售商接受该契约,则需决定零售价格 p,货架展示量 s,促销投资费用 e,以及订购量 Q。当 $\lambda=1$ 时,收益共享契约即批发价契约。

本章采用指数函数的形式刻画多个市场因素对需求的影响,基于以下考虑:①指数函数对应于市场学研究中常用的对数线性模型,现有实证和理论研究均表明,指数函数可以较好地刻画价格、促销、货架展示量等因素对需求的影响(Sudhir,2001;Urban,1969);②指数函数可以刻画需求与市场因素之间的非线性特征(Huang et al.,2013)。特别地,假设需求函数 $D=kp^{-\alpha}s^{\beta}e^{\gamma}$。其中 k 为潜在的市场规模,且 $k>0$。α 是需求的价格因子,α 值越大代表需求对价格越敏感。当 $0\leq\alpha\leq 1$ 时,需求对价格不敏感。本章主要关注有价格弹性的产品,即 $\alpha>1$。本章假设需求随货架展示量的增加而递增,且为展示量的递增凹函数。β 代表货架展示量对需求的影响因子,且 $0<\beta<1$。γ 代表促销投资费用对需求的影响因子,需求随着促销投资费用的增加而增加,进一步假设需求随促销投资费用的边际效应递减,即 $0<\gamma<1$(王素娟和胡奇英,2011)。同时假设 $0<\beta+\gamma<1$。类似的假设在文献中较为常见(曹宗宏和周永务,2008;Wang and Gerchak,2001)。

零售商在货架上摆放 s 个产品后,剩下库存存储在仓库中。一旦货架上的产品售出,零售商从仓库中取出相应数量的产品补充货架,从而始终保持货架展示量为 s。考虑到货架有限,产品展示要承担相应的单位成本 h_r,因此零售商选择合适的货架展示量以平衡销售带来的收益与展示成本。为简化起见,本书不考虑零售商固定订购成本以及仓储存储费用。

价格、货架展示量和促销投资费用一旦决定,需求可以由此确定,零售商向制造商发出的订购量 Q 即需求量 D。零售商通过制定价格、货架展示量、促销投资费用等决策最大化利润 π_r。

制造商一旦收到零售商的订单,即刻满足客户需求,即提前期假设为 0。生产产品的单位制造成本为 c_m。假设货源充足,不存在缺货问题,且不考虑制造商的库存成本和订购费用等。制造商通过制定合适的批发价和收益共享比例使得自

己的利润 π_m 最大化。这里的利润既包含制造商由于生产的获利，也包含从零售商得到的收益共享比例 $(1-\lambda)$，$0<\lambda<1$。

注意到实践中促销投资费用也可能由制造商承担或者二者分担，本书将对比分析并讨论当促销投资费用由零售商单独承担、由制造商决定并单独承担，以及由制造商决定但是二者按照收益共享比例进行分担的情况。

7.3 收益共享契约下的供应链优化决策

本书用下标 "$R/M/S$" 分别指代促销投资费用由零售商/制造商/供应链成员共同承担的情况，上标 "$*$" 代表最优值。

7.3.1 零售商独自承担促销投资费用

假定零售商和制造商均为理性的经济人，给定制造商提供的收益共享契约 $\{w,\lambda\}$，零售商决定其货架展示量 s、零售价格 p，以及促销投资费用 e，从而最大化自身利润 π_r：

$$\pi_r = D(\lambda p - w) - h_r s - e = kp^{-\alpha}s^{\beta}e^{\gamma}(\lambda p - w) - h_r s - e \tag{7.3.1}$$

对式（7.3.1）取最优化一阶条件得，零售商的最优零售价格、最优货架展示量及最优的促销投资费用分别满足：

$$p_R^* = \frac{\alpha w}{(\alpha-1)\lambda} \tag{7.3.2}$$

$$s_R^* = \left[\frac{h_r(\alpha-1)}{\beta k}\left(\frac{h_r\gamma}{\beta}\right)^{-\gamma}\left(\frac{\alpha}{\alpha-1}\right)^{\alpha}\right]^{\frac{1}{\beta+\gamma-1}} w^{\frac{\alpha-1}{\beta+\gamma-1}} \lambda^{\frac{-\alpha}{\beta+\gamma-1}} \tag{7.3.3}$$

$$e_R^* = \frac{h_r\gamma}{\beta}s_R^* \tag{7.3.4}$$

制造商通过选择批发价格 w 以及收益共享比例 $\lambda(0<\lambda<1)$ 以最大化利润 π_m。其利润函数为

$$\pi_m = D[(1-\lambda)p + w - c_m] = \frac{h_r s(\alpha-1)}{\beta w}\left[\frac{\alpha w}{(\alpha-1)\lambda} - \frac{w}{\alpha-1} - c_m\right] \tag{7.3.5}$$

将式（7.3.2）~式（7.3.4）代入式（7.3.5）化简得

$$\pi_m = Aw^{\frac{\alpha-\beta-\gamma}{\beta+\gamma-1}} \lambda^{\frac{-\alpha}{\beta+\gamma-1}} \left[\frac{\alpha w}{(\alpha-1)\lambda} - \frac{w}{\alpha-1} - c_m\right] \tag{7.3.6}$$

令 $A = \dfrac{h_r(\alpha-1)}{\beta}\left[\dfrac{h_r(\alpha-1)}{\beta k}\left(\dfrac{h_r\gamma}{\beta}\right)^{-\gamma}\left(\dfrac{\alpha}{\alpha-1}\right)^{\alpha}\right]^{\frac{1}{\beta+\gamma-1}}$，易知 A 仅与参数有关，与决策无关。

命题 7-1 收益共享契约下，当零售商独自承担促销投资费用时，制造商的最优批发价格 w_R^* 和最优收益比例 λ_R^* 满足：① $w_R^* = (\beta+\gamma)c_m$；② $\lambda_R^* = \beta+\gamma$。而零售商的最优决策满足：③ $p_R^* = \dfrac{\alpha c_m}{\alpha-1}$；④ $s_R^* = B/h_r(\beta+\gamma)^{\frac{-1}{\beta+\gamma-1}}$；⑤ $e_R^* = B\gamma/\beta(\beta+\gamma)^{\frac{-1}{\beta+\gamma-1}}$。

这里 $B = h_r\left[\dfrac{h_r(\alpha-1)}{\beta k}\left(\dfrac{h_r\gamma}{\beta}\right)^{-\gamma}\left(\dfrac{\alpha}{\alpha-1}\right)^{\alpha}\right]^{\frac{1}{\beta+\gamma-1}} c_m^{\frac{\alpha-1}{\beta+\gamma-1}}$。

从命题 7-1①和命题 7-1②容易看出，受展示因子和促销因子的影响，β、γ 取值越大，则批发价格和收益共享比例越高。由命题 7-1③易得 $\partial p_R^*/\partial\alpha < 0$，受价格因子影响，$\alpha$ 取值越大，需求对价格越敏感，零售商越降低价格以增大需求。将 s_R^* 对 h_r 取一阶偏导数发现 $\partial s_R^*/\partial h_r < 0$，易发现展示成本越高，展示量越小。

将命题 7-1 的结论代入需求函数和利润函数，得到市场需求量，制造商、零售商以及供应链的利润，见表 7.1。

表7.1 收益共享契约下的需求量和供应链成员利润

需求量	零售商利润	制造商利润	供应链利润
零售商独自承担促销投资费用（R）			
$B\dfrac{\alpha-1}{\beta(\beta+\gamma)c_m}$ $\cdot(\beta+\gamma)^{\frac{1}{1-(\beta+\gamma)}}$	$B\dfrac{1-\beta-\gamma}{\beta}$ $\cdot(\beta+\gamma)^{\frac{1}{1-(\beta+\gamma)}}$	$B\dfrac{1-\beta-\gamma}{\beta(\beta+\gamma)}$ $\cdot(\beta+\gamma)^{\frac{1}{1-(\beta+\gamma)}}$	$B\dfrac{1-(\beta+\gamma)^2}{\beta(\beta+\gamma)}$ $\cdot(\beta+\gamma)^{\frac{1}{1-(\beta+\gamma)}}$
制造商独自承担促销投资费用（M）			
$B\dfrac{\alpha-1}{\beta(1-\beta)c_m}\beta^{\frac{\beta}{1-(\beta+\gamma)}}$	$B\beta^{\frac{\beta}{1-(\beta+\gamma)}}$	$B\dfrac{1-\gamma}{\beta}\beta^{\frac{\beta}{1-(\beta+\gamma)}}$	$B\dfrac{1+\beta-\gamma}{\beta}\beta^{\frac{\beta}{1-(\beta+\gamma)}}$
双方共同承担促销投资费用（S）			
$B\dfrac{\alpha-1}{\beta c_m}\left(\dfrac{\beta}{1-\gamma}\right)^{\frac{1}{1-(\beta+\gamma)}}$	$B\dfrac{1-\beta-\gamma}{\beta}$ $\cdot\left(\dfrac{\beta}{1-\gamma}\right)^{\frac{1-\gamma}{1-(\beta+\gamma)}}$	$B\dfrac{(1-\beta-\gamma)(1-\gamma)}{\beta^2}$ $\cdot\left(\dfrac{\beta}{1-\gamma}\right)^{\frac{1-\gamma}{1-(\beta+\gamma)}}$	$B\dfrac{(1-\beta-\gamma)(1-\gamma+\beta)}{\beta^2}$ $\cdot\left(\dfrac{\beta}{1-\gamma}\right)^{\frac{1-\gamma}{1-(\beta+\gamma)}}$
零售商独自承担促销投资费用（$\lambda=1$）			
$B\dfrac{(\alpha-1)^2}{\beta(\alpha-\beta-\gamma)c_m}$ $\cdot\left(\dfrac{\alpha-\beta-\gamma}{\alpha-1}\right)^{\frac{\alpha-1}{\beta+\gamma-1}}$	$B\dfrac{1-\beta-\gamma}{\beta}$ $\cdot\left(\dfrac{\alpha-\beta-\gamma}{\alpha-1}\right)^{\frac{\alpha-1}{\beta+\gamma-1}}$	$B\dfrac{(1-\beta-\gamma)(\alpha-1)}{\beta(\alpha-\beta-\gamma)}$ $\cdot\left(\dfrac{\alpha-\beta-\gamma}{\alpha-1}\right)^{\frac{\alpha-1}{\beta+\gamma-1}}$	$B\dfrac{(2\alpha-\beta-\gamma-1)(1-\beta-\gamma)}{\beta(\alpha-\beta-\gamma)}$ $\cdot\left(\dfrac{\alpha-\beta-\gamma}{\alpha-1}\right)^{\frac{\alpha-1}{\beta+\gamma-1}}$

7.3.2 制造商独自承担促销投资费用

假设促销投资费用 e 由制造商独自承担，且该投资费用对于零售商已知。给定制造商的收益共享契约 $\{w, \lambda\}$，以及促销投资费用 e，零售商决定货架展示量 s 和零售价格 p 从而最大化自己的利润。有

$$\pi_r = D(\lambda p - w) - h_r s = \lambda k p^{1-\alpha} s^\beta e^\gamma - k p^{-\alpha} s^\beta e^\gamma w - h_r s \tag{7.3.7}$$

由其最优化一阶条件得，零售商的最优零售价格和最优货架展示量分别为

$$p_M^* = \frac{\alpha w}{(\alpha - 1)\lambda} \tag{7.3.8}$$

$$s_M^* = \left[\frac{h_r(\alpha - 1)}{\beta k}\left(\frac{\alpha}{\alpha - 1}\right)^\alpha\right]^{1/(\beta - 1)} w^{\frac{\alpha - 1}{\beta - 1}} e^{\frac{\gamma}{1-\beta}} \lambda^{\frac{\alpha}{1-\beta}} \tag{7.3.9}$$

制造商决定促销投资费用 e、批发价格 w 以及收益共享比例 $\lambda(0 < \lambda < 1)$ 从而最大化其利润：

$$\pi_m = D[(1-\lambda)p + w - c_m] - e = \frac{h_r s(\alpha - 1)}{\beta w}\left[\frac{\alpha w}{(\alpha - 1)\lambda} - \frac{w}{\alpha - 1} - c_m\right] - e \tag{7.3.10}$$

将式（7.3.8）、式（7.3.9）代入式（7.3.10），化简得

$$\pi_m = M w^{\frac{\alpha - 1}{\beta - 1}} e^{\frac{\gamma}{1-\beta}} \lambda^{\frac{\alpha}{1-\beta}} \left[\frac{\alpha w}{(\alpha - 1)\lambda} - \frac{w}{\alpha - 1} - c_m\right] - e \tag{7.3.11}$$

其中，$M = \frac{h_r(\alpha - 1)}{\beta}\left[\frac{h_r(\alpha - 1)}{\beta k}\left(\frac{\alpha}{\alpha - 1}\right)^\alpha\right]^{1/(\beta - 1)}$。

命题 7-2 收益共享契约下，当制造商独自承担促销投资费用时，制造商的最优批发价格 w_M^*、最优收益比例 λ_M^* 和最优促销投资费用 e^* 满足：① $w_M^* = \beta c_m$；② $\lambda_M^* = \beta$；③ $e_M^* = B\gamma / \beta \beta^{\frac{\beta}{1-(\beta+\gamma)}}$。零售商的最优决策为：④ $p_M^* = \frac{\alpha c_m}{\alpha - 1}$；⑤ $s_M^* = \frac{B}{(1-\beta)h_r}\beta^{\frac{1-\gamma}{1-(\beta+\gamma)}}$。

分析命题 7-2，如果制造商独自承担促销投资费用，其最优批发价格和收益共享比例不受促销因子 γ 的影响，仅与展示因子 β 正相关。与命题 7-1 类似，需求对价格敏感程度越高（α 越大），零售商越降低零售价格以促进需求。由于 $\partial s_M^* / \partial h_r < 0$，展示成本越高，展示量越小。需求量，制造商、零售商以及供应链的利润总结见表 7.1。

7.3.3 零售商和制造商共同承担促销投资费用

与 7.3.1 节类似，此时促销投资费用 e 仍由零售商制定，但由制造商与零售商按照合约的分成比例共同承担。给定制造商的收益共享契约 $\{w, \lambda\}$，零售商决定货架展示量 s、零售价格 p，以及促销投资费用 e，从而最大化自己的利润。易知：

$$\pi_r = D(\lambda p - w) - h_r s - \lambda e = \lambda k p^{1-\alpha} s^\beta e^\gamma - k p^{-\alpha} s^\beta e^\gamma w - h_r s - \lambda e \quad (7.3.12)$$

由其最优化一阶条件得，零售商的最优零售价格和最优货架展示量及最优的促销投资费用分别满足：

$$p_S^* = \frac{\alpha w}{(\alpha - 1)\lambda} \quad (7.3.13)$$

$$s_S^* = \left[\frac{h_r(\alpha-1)}{\beta k} \left(\frac{h_r \gamma}{\beta} \right)^{-\gamma} \left(\frac{\alpha}{\alpha-1} \right)^\alpha \right]^{1/(\beta+\gamma-1)} w^{\frac{\alpha-1}{\beta+\gamma-1}} \lambda^{\frac{\gamma-\alpha}{\beta+\gamma-1}} \quad (7.3.14)$$

$$e_S^* = \frac{h_r \gamma}{\beta \lambda} s_S^* \quad (7.3.15)$$

制造商决定批发价格 w 以及收益共享比例 $\lambda(0 < \lambda < 1)$ 从而最大化其利润。此时：

$$\pi_m = D[(1-\lambda)p + w - c_m] - (1-\lambda)e \quad (7.3.16)$$

将式（7.3.13）～式（7.3.15）代入式（7.3.16），化简得

$$\pi_m = A w^{\frac{\alpha-1}{\beta+\gamma-1}} \lambda^{\frac{\gamma-\alpha}{\beta+\gamma-1}} \left[\frac{\alpha}{\lambda} - 1 - \frac{c_m(\alpha-1)}{w} - \frac{\gamma(1-\lambda)}{\lambda} \right] \quad (7.3.17)$$

命题 7-3 收益共享契约下，当制造商与零售商按收益分成比例共同承担促销投资费用时，制造商的最优批发价格 w_S^* 和最优收益比例 λ_S^* 满足：① $w_m^* = \beta c_m / (1-\gamma)$；② $\lambda_S^* = \beta / (1-\gamma)$。零售商的最优决策满足：③ $p_S^* = \alpha c_m / (\alpha-1)$；④ $s_S^* = B / h_r \left(\frac{\beta}{1-\gamma} \right)^{\frac{1-\gamma}{1-(\beta+\gamma)}}$；⑤ $e_S^* = B\gamma / \beta \left(\frac{\beta}{1-\gamma} \right)^{\frac{\beta}{1-(\beta+\gamma)}}$。

分析命题 7-3，如果制造商和零售商分担促销投资费用，则批发价格和收益共享比例与展示因子 β 正相关，与促销因子 γ 负相关。类似地，需求对价格敏感程度越高（α 越大），零售商制定越低的零售价格以促进需求量。$\partial s_M^* / \partial h_r < 0$ 表明展示成本越高，展示量越小。由命题 7-3 可计算得到需求量，制造商、零售商以及供应链的利润，总结见表 7.1。

7.3.4 对比分析

对上述三种情况进行对比分析，有以下发现。

定理 7-1 在收益共享契约下：① $w_M^* < w_S^* < w_R^* < c_m$；② $\lambda_M^* < \lambda_S^* < \lambda_R^*$；③ $p_M^* = p_S^* = p_R^*$；④ $e_M^* < e_S^*$。

有意思的是，结果表明：如果零售商分担甚至独立承担促销投资费用，制造商反而制定更高的批发价格（定理 7-1①）；同时许以更高的收益共享比例给零售商以激励对方（定理 7-1②）。反之，如果促销投资费用由制造商独自承担，则制造商制定更低的批发价格和更低的共享比例。无论促销投资费用由谁承担，都不影响零售商的定价，即最优零售价格恒为 $\alpha c_m (1-\alpha)$，且与展示因子和促销因子无关（定理 7-1③）。这可以理解为促销投资费用承担方式的不同主要影响促销投资费用的投入以及展示量，从而对需求和利润产生影响。而分析表明，零售价格仅与批发价格和共享比例的比值 (w/λ) 有关，如果该比值保持不变，则零售价格不变。和制造商独自承担促销投资费用相比，零售商分担促销投资费用会促进整体促销投资费用的增加（定理 7-1④）。

7.4 批发价契约下的供应链优化决策

本节用下标 "$W, R/M$" 指代不同的情境。W 代表批发价契约，R/M 代表促销投资费用由零售商/制造商承担，上标 "*" 代表最优值。

7.4.1 零售商独自承担促销投资费用

假定零售商和制造商均为理性的经济人，给定制造商的批发价格 w，零售商决定其货架展示量 s、零售价格 p，以及促销投资费用 e，从而最大化自己的利润 π_r：

$$\pi_r = D(p-w) - h_r s - e = kp^{1-\alpha} s^\beta e^\gamma - kp^{-\alpha} s^\beta e^\gamma w - h_r s - e \tag{7.4.1}$$

由其最优化一阶条件得，零售商的最优零售价格、最优货架展示量及最优促销投资费用分别为

$$p_{W,R}^* = \frac{\alpha w}{\alpha - 1} \tag{7.4.2}$$

$$s_{W,R}^* = \left[\frac{h_r(\alpha-1)}{\beta k} \left(\frac{h_r \gamma}{\beta} \right)^{-\gamma} \left(\frac{\alpha}{\alpha-1} \right)^\alpha \right]^{1/(\beta+\gamma-1)} w^{\frac{\alpha-1}{\beta+\gamma-1}} \tag{7.4.3}$$

$$e_{W,S}^* = \frac{h_r \gamma}{\beta} s_{W,R}^* \tag{7.4.4}$$

制造商通过制定批发价格 w 获得最大利润，有

$$\pi_m = D(w - c_m) = \frac{h_r s(\alpha-1)}{\beta w}(w - c_m) \tag{7.4.5}$$

将式（7.4.2）~式（7.4.4）代入式（7.4.5），化简得

$$\pi_m = \frac{h_r(\alpha-1)}{\beta}\left[\frac{h_r(\alpha-1)}{\beta k}\left(\frac{h_r\gamma}{\beta}\right)^{-\gamma}\left(\frac{\alpha}{\alpha-1}\right)^\alpha\right]^{\frac{1}{\beta+\gamma-1}} w^{\frac{\alpha-\beta-\gamma}{\beta+\gamma-1}}(w-c_m) = Aw^{\frac{\alpha-\beta-\gamma}{\beta+\gamma-1}}(w-c_m) \quad (7.4.6)$$

命题 7-4 批发价契约下，当零售商独自承担促销投资费用时，制造商的最优批发价格 $w_{W,R}^*$ 满足：① $w_{W,R}^* = \frac{\alpha-\beta-\gamma}{\alpha-1}c_m$。零售商的最优决策满足：② $p_{W,R}^* = \frac{\alpha(\alpha-\beta-\gamma)}{(\alpha-1)^2}c_m$；③ $s_{W,R}^* = B\frac{1}{h_r}\left(\frac{\alpha-\beta-\gamma}{\alpha-1}\right)^{\frac{\alpha-1}{\beta+\gamma-1}}$；④ $e_{W,R}^* = B\frac{\gamma}{\beta}\left(\frac{\alpha-\beta-\gamma}{\alpha-1}\right)^{\frac{\alpha-1}{\beta+\gamma-1}}$。

从命题 7-4 可以看出，展示因子 β 和促销因子 γ 取值越大，最优批发价格和零售价格反而越小。对 $w_{W,R}^*$ 和 $p_{W,R}^*$ 取一阶偏导数发现 α 取值越大（需求对价格越敏感），批发价格和零售价格越低，以促进需求量。$s_{W,R}^*$ 对 h_r 取一阶偏导数为负，即展示成本越高，展示量越小。此时需求量，制造商、零售商以及供应链的利润见表 7.2。

表 7.2 批发价契约下的需求量和供应链成员利润

需求量	零售商利润	制造商利润	供应链利润
零售商独自承担促销投资费用（W, R）			
$B\frac{(\alpha-1)^2}{\beta(\alpha-\beta-\gamma)c_m}$ $\cdot\left(\frac{\alpha-\beta-\gamma}{\alpha-1}\right)^{\frac{\alpha-1}{\beta+\gamma-1}}$	$B\frac{1-\beta-\gamma}{\beta}$ $\cdot\left(\frac{\alpha-\beta-\gamma}{\alpha-1}\right)^{\frac{\alpha-1}{\beta+\gamma-1}}$	$B\frac{(1-\beta-\gamma)(\alpha-1)}{\beta(\alpha-\beta-\gamma)}$ $\cdot\left(\frac{\alpha-\beta-\gamma}{\alpha-1}\right)^{\frac{\alpha-1}{\beta+\gamma-1}}$	$B\frac{(2\alpha-\beta-\gamma-1)(1-\beta-\gamma)}{\beta(\alpha-\beta-\gamma)}$ $\cdot\left(\frac{\alpha-\beta-\gamma}{\alpha-1}\right)^{\frac{\alpha-1}{\beta+\gamma-1}}$
制造商独自承担促销投资费用(W, M)			
$B\frac{\alpha-1}{\beta c_m}$ $\cdot\left(\frac{\alpha-\beta}{\alpha-1}\right)^{\frac{\alpha-\beta}{\beta+\gamma-1}}$	$B\frac{1-\beta}{\beta}$ $\cdot\left(\frac{\alpha-\beta}{\alpha-1}\right)^{\frac{\alpha+\gamma-1}{\beta+\gamma-1}}$	$B\frac{1-\beta-\gamma}{\beta}$ $\cdot\left(\frac{\alpha-\beta}{\alpha-1}\right)^{\frac{\alpha-\beta}{\beta+\gamma-1}}$	$B\frac{(1-\beta-\gamma)(\alpha-1)+(1-\beta)(\alpha-\beta)}{\beta(\alpha-\beta)}$ $\cdot\left(\frac{\alpha-\beta}{\alpha-1}\right)^{\frac{\alpha+\gamma-1}{\beta+\gamma-1}}$

7.4.2 制造商独自承担促销投资费用

与 7.4.1 小节不同，本小节中促销投资费用由制造商单独承担。零售商决定货架展示量 s 和零售价格 p，从而最大化自己的利润：

$$\pi_r = D(p-w) - h_r s = kp^{1-\alpha}s^\beta e^\gamma - kp^{-\alpha}s^\beta e^\gamma w - h_r s \quad (7.4.7)$$

由最优化一阶条件得，零售商的最优零售价格和最优货架展示量分别为

$$p_{W,M}^* = \frac{\alpha w}{\alpha - 1} \tag{7.4.8}$$

$$s_{W,M}^* = \left[\frac{h_r(\alpha-1)}{\beta k} \left(\frac{\alpha}{\alpha-1} \right)^\alpha \right]^{\frac{1}{\beta-1}} w^{\frac{\alpha-1}{\beta-1}} e^{\frac{-\gamma}{\beta-1}} \tag{7.4.9}$$

制造商通过选择批发价格 w 以及促销投资费用 e 来最大化其自身利润 π_m：

$$\pi_m = D(w-c_m) - e = \frac{h_r s(\alpha-1)}{\beta w}(w-c_m) - e \tag{7.4.10}$$

将式（7.4.8）、式（7.4.9）代入式（7.4.10）并化简得

$$\pi_m = A w^{\frac{\alpha-\beta}{\beta-1}} e^{\frac{-\gamma}{\beta-1}} (w-c_m) - e \tag{7.4.11}$$

命题 7-5 批发价契约下，当制造商独自承担促销费用时，制造商的最优批发价格以及最优促销投资费用满足：① $w_{W,M}^* = \frac{\alpha-\beta}{\alpha-1} c_m$；② $e_{W,M}^* = B \frac{\gamma}{\beta} \left(\frac{\alpha-\beta}{\alpha-1} \right)^{\frac{\alpha-\beta}{\beta+\gamma-1}}$。零售商的最优决策满足：③ $p_{W,M}^* = \frac{\alpha(\alpha-\beta)}{(\alpha-1)^2} c_m$；④ $s_{W,M}^* = B \frac{1}{h_r} \left(\frac{\alpha-\beta}{\alpha-1} \right)^{\frac{\alpha+\gamma-1}{\beta+\gamma-1}}$。

从命题 7-5 发现，当制造商独自承担促销投资费用时，批发价格和零售价格与促销投资费用无关，且不受促销因子 γ 的影响。进一步推导发现 $\partial w_{W,M}^* / \partial \alpha < 0$，$\partial p_{W,M}^* / \partial \alpha < 0$，即 α 取值越大（需求对价格越敏感），批发价格和零售价格越低。类似地，$s_{W,M}^*$ 对 h_r 的一阶偏导数为负，即展示成本越高，展示量越小。此时需求量，制造商、零售商以及供应链的利润见表 7.2。

进一步分析发现，批发价契约下，促销投资费用由不同成员独自承担时，最优决策关系如下。

定理 7-2 在批发价契约下：① $c_m < w_{W,R}^* < w_{W,M}^*$；② $p_{W,R}^* < p_{W,M}^*$；③ $s_{W,R}^* > s_{W,M}^*$；④ $e_{W,R}^* > e_{W,M}^*$；⑤ $\pi_{m,W,M}^* < \pi_{m,W,R}^*$。

定理 7-2①表明，在批发价契约下，如果制造商单独承担促销投资费用，其会索取更高的批发价格；如果零售商单独承担促销投资费用，制造商会以更加低廉的批发价格作为回报。这种现象在现实中非常常见。不管哪种情况，批发价契约下，批发价格总是要大于制造商的单位成本 c_m 的。定理 7-2②表明如果零售商不用承担促销投资费用，则其面临的批发价格越高，其制定的零售价格也越高；同时零售商的货架展示量越低（定理 7-2③）。定理 7-2④表明零售商单独承担促销投资费用，和制造商单独承担促销投资费用相比，其投资力度会更大，从而销量会增加。反之，制造商单独承担促销投资费用时，由于制造商不用直接面向终端

销售市场，其促销投资费用会更小。定理 7-2⑤表明批发价契约下制造商更希望由零售商承担促销投资费用，从而自身获得更大利润。

至此可以比较收益共享契约和批发价契约下的最优决策，易得以下命题。

命题 7-6 ① $w_R^* < w_{W,R}^*$，$w_M^* < w_{W,M}^*$；② $p_R^* < p_{W,R}^*$；$p_M^* < p_{W,M}^*$。

命题 7-6 表明当零售商（或制造商）独自承担促销投资费用时，和批发价格契约相比，如果采用收益共享契约，制造商将制定更低的批发价格，零售商将制定更低的零售价格。但是对于其他的决策如展示量、促销投资费用、相关利润等，由于计算的复杂性，本书难以判断。

7.5 数值分析

本节通过算例进一步分析和理解相关因子对需求及供应链成员利润的影响，采用数值分析，发现何种促销投资费用承担方式下，对零售商和制造商更加有利。

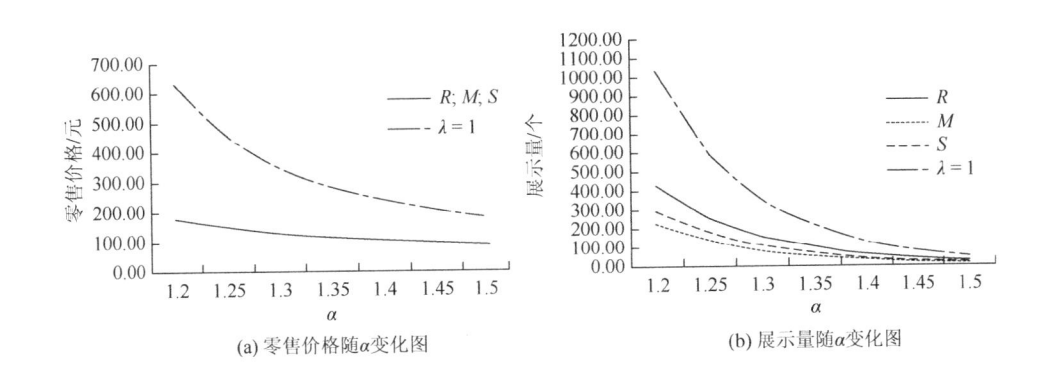

1）价格因子对决策和目标函数的影响

设定 $\beta=0.2$，$\gamma=0.3$，$h_r=5$ 元，$c_m=30$ 元。市场规模的基数 $k=2000$，单位为个，令价格因子 $\alpha=[1.2,1.25,1.3,1.35,1.4,1.45,1.5]$，计算得到 $w_R^*=15$ 元，$\lambda_R^*=0.5$；$w_M^*=6$ 元，$\lambda_M^*=0.2$；$w_S^*=8.6$ 元，$\lambda_S^*=0.28$。可以看出，收益共享契约下，批发价格和收益共享比例与价格因子无关。价格因子 α 越大，需求对价格越敏感，零售价格越低，且批发价契约下（$\lambda=1$）的零售价格远远高于收益共享契约下的零售价格（图 7.1（a），与命题 7-6 符合），且展示量随 α 的增加递减（图 7.1（b））。与此同时，需求量、零售商利润和制造商利润也越少（图 7.1（c）～图 7.1（e））。图 7.1 显示收益共享并未为零售商带来更多利润，反而低于批发价契约下零售商独自承担促销投资费用的利润。这是因为批发价契约下零售商可以制定更高的零售价格从而获取更大的收益。反之收益共享契约有利于制造商，制造商通过自己独立承担促销投资费用获利最大。

(a) 零售价格随 α 变化图

(b) 展示量随 α 变化图

(c) 需求量随α变化图

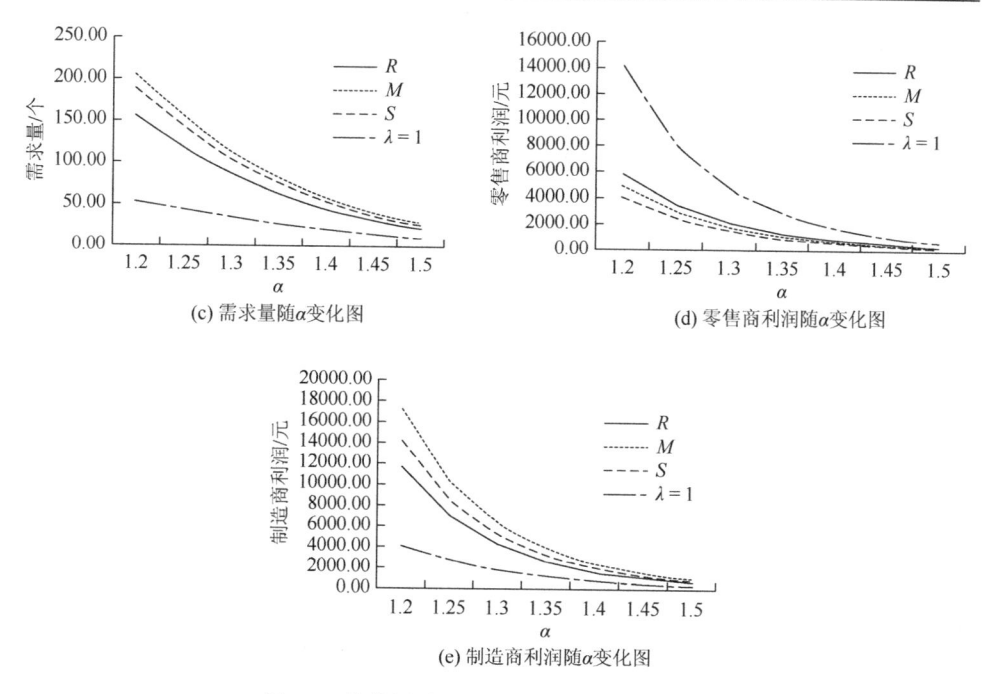

(d) 零售商利润随α变化图

(e) 制造商利润随α变化图

图 7.1 价格因子 α 对决策和目标函数的影响

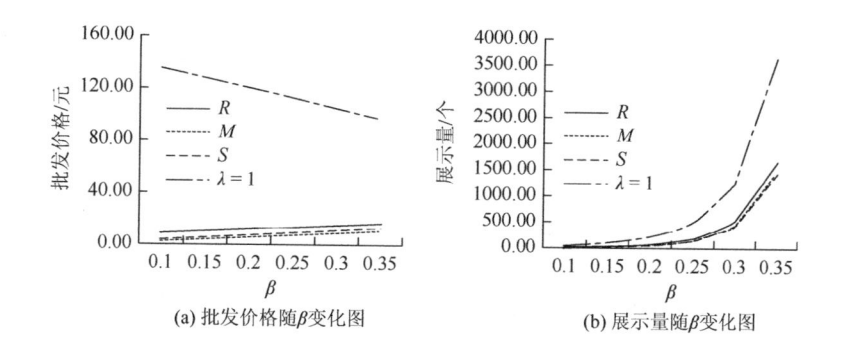

2) 展示因子对决策和目标函数的影响

设定 $\alpha=1.2, \gamma=0.3$，保持其他参数不变，令展示因子 β 为 0.1~0.35。批发价格随着展示因子的变化见图 7.2（a）。结果显示，收益共享契约下，展示因子越大，批发价格越高；此时零售价格不变，与展示因子无关，$p_R^* = p_M^* = p_S^* = 180$ 元。而批发价契约下，批发价格与展示因子成反比。展示量与展示因子成正比，即需求对展示量越敏感，其展示量越高（图 7.2（b））。与此同时，需求量、零售商利润和制造商利润随 β 的增大而增大（图 7.2（c）~图 7.2（e））。数值结果显示批发价契约对零售商更为有利，更不利于制造商；而制造商在收益共享契约并且独自承担促销投资费用时最为有利。

(a) 批发价格随β变化图

(b) 展示量随β变化图

(c) 需求量随β变化图

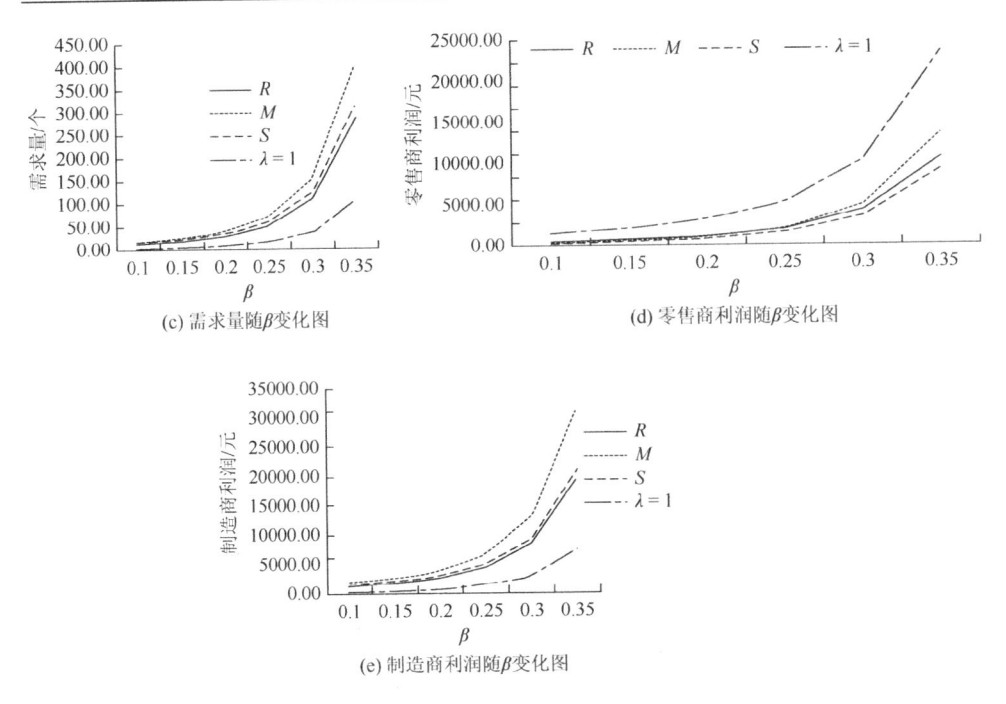

(d) 零售商利润随β变化图

(e) 制造商利润随β变化图

图 7.2 展示因子 β 对决策和目标函数的影响

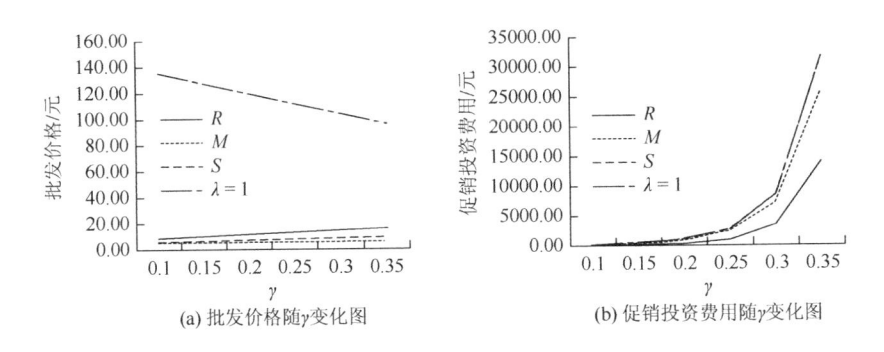

3）促销因子对决策和目标函数的影响

设定 $\alpha=1.2, \beta=0.2$，保持其他参数不变，令促销因子 γ 为 0.1~0.35，计算得到收益共享契约下 $p_R^*=p_M^*=p_S^*=180$ 元，此时零售价格不变，与促销因子无关；当促销因子增大时，批发价格和共享比例增加。而在批发价契约下，批发价格与促销因子成反比（图 7.3（a））。促销投资费用与促销因子成正比，即需求对促销力度越敏感，则管理者越应该增大促销投资费用以刺激需求量增大（图 7.3（b）、图 7.3（c）），与此同时，零售商和制造商的利润随之增大（图 7.3（d）、图 7.3（e））。类似地，结果显示批发价契约对零售商更为有利，而制造商在收益共享契约并且独自承担促销投资费用时最为有利。

(a) 批发价格随γ变化图

(b) 促销投资费用随γ变化图

(c) 需求量随γ变化图

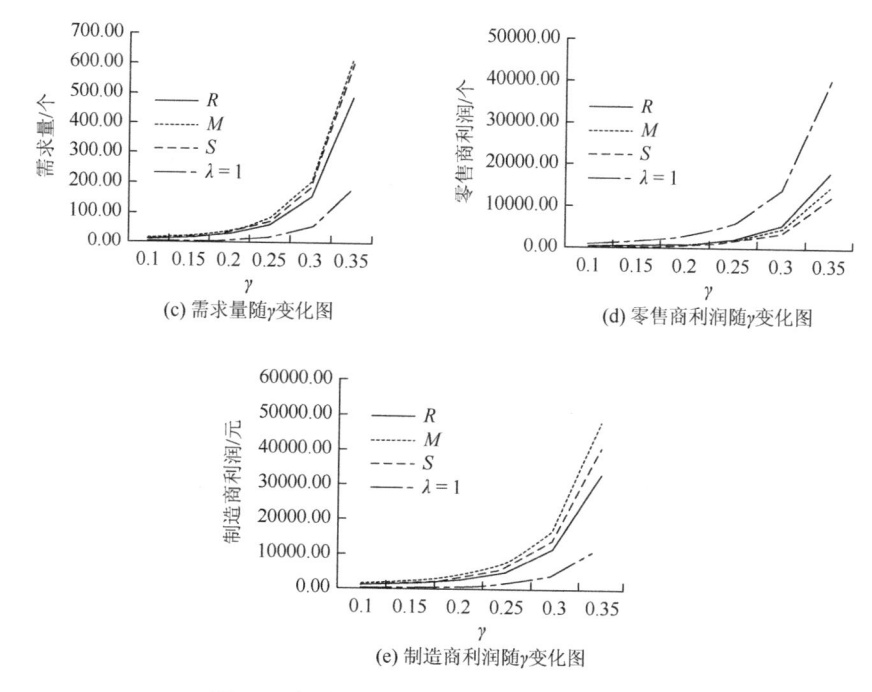

(d) 零售商利润随γ变化图

(e) 制造商利润随γ变化图

图 7.3 促销因子 γ 对决策和目标函数的影响

7.6 本章小结

本章研究供应链环境下，当需求受到价格、促销以及货架展示量等多种因素影响时，制造商和零售商采用不同的商业契约对双方决策以及利润的影响，进一步探讨了促销投资费用由不同的供应链成员承担时对供应链决策的影响。研究发现以下几方面。

（1）需求影响因子对于供应链成员的决策和利润有重要影响。价格因子与需求及供应链成员利润负相关，而展示因子和促销因子与需求及供应链成员利润正相关。

（2）收益共享契约下，供应链成员承担促销投资费用的方式不影响零售商的零售价格。零售商单独承担促销投资费用，可以获得更高的收益共享比例，然而批发价格更高。反之，如果制造商单独承担促销投资费用，则其会制定更加低廉的批发价格和收益共享比例。

（3）和制造商独自承担促销投资费用相比，零售商分担部分促销投资费用会促进整体促销投资费用的增加。

（4）数值分析结果显示批发价契约对零售商更为有利，而收益共享契约有利于制造商，且其独自承担促销投资费用对制造商最为有利。

最后指出本书的不足之处：①本书假设促销投资费用是可核实的，而实际情况中难以核实或者核实费用很高，这可能会导致收益共享契约下双方共同承担促销投资费用的情况难以实施；②出于技术原因，本书假设并仅讨论 $0<\beta+\gamma<1$ 的情况，对于 $\beta+\gamma>1$ 的情况，本书未讨论；③由于模型的复杂性，本书仅讨论确定性需求的情况，将需求视为可预测的，且需求函数为特定形式。

参 考 文 献

曹宗宏，周永务. 2008. 价格和库存量影响需求的供应链量折扣定价模型[J]. 系统工程学报，23（1）：67-73.

王素娟，胡奇英. 2011. 3C 零售商商业模式研究：促销与贸易方式交互影响[J]. 管理科学学报，14（4）：1-11.

Devangan L, Amit R K, Mehta P, et al. 2013. Individually rational buyback contracts with inventory level dependent demand[J]. International Journal of Production Economics, 142（2）: 381-387.

Huang J, Leng M M, Parlar M. 2013. Demand functions in decision modeling: A comprehensive survey and research directions[J]. Decision Sciences, 44（3）: 557-609.

Sudhir K. 2001. Structural analysis of manufacturer pricing in the presence of a strategic retailer[J]. Marketing Science, 20（3）: 244-264.

Urban G L. 1969. A mathematical modeling approach to product line decisions[J]. Journal of Marketing Research, 6（1）: 40-47.

Wang Y Z, Gerchak Y. 2001. Supply chain coordination when demand is shelf-space dependent[J]. Manufacturing & Service Operations Management, 3（1）: 82-87.

附　　录

1. 命题 7-1 的证明

证明 由式（7.3.6）的最优化一阶条件得

$$\frac{\partial \pi_m}{\partial \lambda} = A\lambda^{\frac{\alpha}{1-\beta-\gamma}-1} \frac{-\alpha}{\beta+\gamma-1} w^{\frac{\alpha-\beta-\gamma}{\beta+\gamma-1}} \left[\frac{\alpha w}{(\alpha-1)\lambda} - \frac{w}{\alpha-1} - c_m\right]$$

$$+ A\lambda^{\frac{\alpha}{1-\beta-\gamma}} w^{\frac{\alpha-\beta-\gamma}{\beta+\gamma-1}} \frac{-\alpha w}{(\alpha-1)\lambda^2} = 0$$

$$\frac{\partial \pi_m}{\partial w} = A\lambda^{\frac{\alpha}{1-\beta-\gamma}} \frac{\alpha-\beta-\gamma}{\beta+\gamma-1} w^{\frac{\alpha-\beta-\gamma}{\beta+\gamma-1}-1} \left[\frac{\alpha w}{(\alpha-1)\lambda} - \frac{w}{\alpha-1} - c_m\right]$$

$$+ A\lambda^{\frac{\alpha}{1-\beta-\gamma}} w^{\frac{\alpha-\beta-\gamma}{\beta+\gamma-1}} \left[\frac{\alpha}{(\alpha-1)\lambda} - \frac{1}{\alpha-1}\right] = 0$$

分别对以上两式化简可得

$$w = \frac{c_m(\alpha-1)\lambda}{\alpha+\beta+\gamma-1-\lambda}$$

$$w = \frac{c_m(\alpha-\beta-\gamma)\lambda}{\alpha-\lambda}$$

联立可解得最优批发价格和最优收益共享比例分别为

$$w_R^* = (\beta+\gamma)c_m \tag{7.1}$$

$$\lambda_R^* = \beta+\gamma \tag{7.2}$$

由此命题 7-1①、命题 7-1②得证。

将式（7.1）和式（7.2）代入式（7.3.2）~式（7.3.4）可以得出零售商的最优决策如下：

$$p_R^* = \frac{\alpha c_m}{\alpha-1}, \quad s_R^* = \left[\frac{h_r(\alpha-1)}{\beta k}\left(\frac{h_r\gamma}{\beta}\right)^{-\gamma}\left(\frac{\alpha}{\alpha-1}\right)^{\alpha}\right]^{\frac{1}{\beta+\gamma-1}} c_m^{\frac{\alpha-1}{\beta+\gamma-1}}(\beta+\gamma)^{\frac{1}{1-(\beta+\gamma)}}$$

令 $B = h_r\left[\dfrac{h_r(\alpha-1)}{\beta k}\left(\dfrac{h_r\gamma}{\beta}\right)^{-\gamma}\left(\dfrac{\alpha}{\alpha-1}\right)^{\alpha}\right]^{\frac{1}{\beta+\gamma-1}} c_m^{\frac{\alpha-1}{\beta+\gamma-1}} = A\dfrac{\beta}{\alpha-1}c_m^{\frac{\alpha-1}{\beta+\gamma-1}}$，则有

$$s_R^* = B/h_r(\beta+\gamma)^{\frac{1}{1-(\beta+\gamma)}}, \quad e_R^* = \frac{B\gamma}{\beta}(\beta+\gamma)^{\frac{1}{1-(\beta+\gamma)}}$$

命题 7-1③~命题 7-1⑤得证。

2. 命题 7-2 的证明

证明 对式（7.3.11）取最优化一阶条件得

$$\frac{\partial \pi_m}{\partial w} = M\frac{\alpha-\beta}{\beta-1}w^{\frac{\alpha-1}{\beta-1}-1}e^{\frac{\gamma}{1-\beta}}\lambda^{\frac{\alpha}{1-\beta}}\left[\frac{\alpha w}{(\alpha-1)\lambda}-\frac{w}{\alpha-1}-c_m\right]$$

$$+ Mw^{\frac{\alpha-1}{\beta-1}}e^{\frac{\gamma}{1-\beta}}\lambda^{\frac{\alpha}{1-\beta}}\left[\frac{\alpha}{(\alpha-1)\lambda}-\frac{1}{\alpha-1}\right] = 0$$

由此，$\dfrac{w}{\lambda} = \dfrac{w+(\alpha-\beta)c_m}{\alpha}$。

$$\frac{\partial \pi_m}{\partial \lambda} = M\frac{\alpha}{1-\beta}w^{\frac{\alpha-1}{\beta-1}}e^{\frac{\gamma}{1-\beta}}\lambda^{\frac{\alpha}{1-\beta}-1}\left[\frac{\alpha w}{(\alpha-1)\lambda}-\frac{w}{\alpha-1}-c_m\right]$$

$$+ Mw^{\frac{\alpha-1}{\beta-1}}e^{\frac{\gamma}{1-\beta}}\lambda^{\frac{\alpha}{1-\beta}}\frac{-\alpha w}{(\alpha-1)\lambda^2} = 0$$

由此，$\dfrac{w}{\lambda} = \dfrac{w+(\alpha-1)c_m}{\alpha+\beta-1}$。

$$\frac{\partial \pi_m}{\partial e} = \frac{h_r(\alpha-1)}{\beta}\left[\frac{h_r(\alpha-1)}{\beta k}\left(\frac{\alpha}{\alpha-1}\right)^{\alpha}\right]^{\frac{1}{\beta-1}} w^{\frac{\alpha-\beta}{\beta-1}}\lambda^{\frac{-\alpha}{\beta-1}}\frac{-\gamma}{\beta-1}e^{\frac{-\gamma}{\beta-1}-1}$$

$$\cdot\left[\frac{\alpha w}{(\alpha-1)\lambda}-\frac{w}{\alpha-1}-c_m\right] - 1 = 0$$

联立可解得

$$w_M^* = \beta c_m \quad (7.3)$$

$$\lambda_M^* = \beta \quad (7.4)$$

$$e_M^* = \left(\frac{h_r \gamma c_m}{\beta}\right)^{\frac{1-\beta}{1-(\beta+\gamma)}} \left[\frac{h_r(\alpha-1)}{\beta k}\left(\frac{\alpha}{\alpha-1}\right)^{\alpha}\right]^{\frac{1}{\beta+\gamma-1}} c_m^{\frac{\alpha}{\beta+\gamma-1}} (\beta c_m)^{\frac{\beta}{1-(\beta+\gamma)}} = B\gamma / \beta \beta^{\frac{\beta}{1-(\beta+\gamma)}} \quad (7.5)$$

从而命题 7-2①~命题 7-2③得证。

将式（7.3）~式（7.5）代入式（7.3.8）和式（7.3.9）化简得 $p_M^* = \frac{\alpha c_m}{\alpha - 1}$，$s_M^* = \frac{B}{(1-\beta)h_r}\beta^{\frac{1-\gamma}{1-(\beta+\gamma)}}$，命题 7-2④、命题 7-2⑤得证。

3. 命题 7-3 的证明

证明 对式（7.3.17）取最优化一阶条件得

$$\frac{\partial \pi_m}{\partial \lambda} = A\lambda^{\frac{\gamma-\alpha}{1-\beta-\gamma}-1}\frac{\gamma-\alpha}{\beta+\gamma-1}w^{\frac{\alpha-1}{\beta+\gamma-1}}\left[\frac{\alpha}{\lambda}-1-\frac{c_m(\alpha-1)}{w}-\frac{\gamma(1-\lambda)}{\lambda}\right]$$

$$+ A\lambda^{\frac{\alpha}{1-\beta-\gamma}}w^{\frac{\alpha-1}{\beta+\gamma-1}}\left(\frac{-\alpha}{\lambda^2}-\frac{\gamma}{\lambda^2}\right) = 0 \Rightarrow \frac{\alpha+\beta-1}{\lambda} = 1-\gamma+\frac{c_m}{w}(\alpha-1)$$

$$\frac{\partial \pi_m}{\partial w} = A\lambda^{\frac{\gamma-\alpha}{1-\beta-\gamma}}\frac{\alpha-1}{\beta+\gamma-1}w^{\frac{\alpha-1}{\beta+\gamma-1}-1}\left[\frac{\alpha}{\lambda}-1-\frac{c_m(\alpha-1)}{w}-\frac{\gamma(1-\lambda)}{\lambda}\right]$$

$$+ A\lambda^{\frac{\alpha}{1-\beta-\gamma}}w^{\frac{\alpha-1}{\beta+\gamma-1}}\frac{c_m(\alpha-1)}{w^2} = 0 \Rightarrow \left(\frac{\alpha-\gamma}{\lambda}+\gamma-1\right) = (\alpha-\beta-\gamma)\frac{c_m}{w}$$

联立可解得，$w_S^* = \beta c_m/(1-\gamma)$，$\lambda_S^* = \beta/(1-\gamma)$。将其代入式（7.3.13）~式（7.3.15）得

$$s_S^* = \left(\frac{h_r \gamma c_m}{\beta}\right)^{\frac{1-\beta}{1-(\beta+\gamma)}}\left[\frac{h_r(\alpha-1)}{\beta k}\left(\frac{h_r\gamma}{\beta}\right)^{-\gamma}\left(\frac{\alpha}{\alpha-1}\right)^{\alpha}\right]^{\frac{1}{\beta+\gamma-1}} c_m^{\frac{\alpha-1}{\beta+\gamma-1}}\left(\frac{\beta}{1-\gamma}\right)^{\frac{1-\gamma}{1-(\beta+\gamma)}}$$

$$= B / h_r \left(\frac{\beta}{1-\gamma}\right)^{\frac{1-\gamma}{1-(\beta+\gamma)}}$$

$$p_S^* = \alpha c_m / (\alpha - 1)$$

$$e_S^* = B\gamma / \beta \left(\frac{\beta}{1-\gamma}\right)^{\frac{\beta}{1-(\beta+\gamma)}}$$

得证。

4. 定理 7-1 的证明

证明 注意到 $0<\beta,\gamma<1$ 且 $0<(\beta+\gamma)<1$，易得 $\beta<\dfrac{\beta}{1-\gamma}<\beta+\gamma$，因此 $w_M^*=\beta c_m<w_S^*=\beta c_m/(1-\gamma)<w_R^*=(\beta+\gamma)c_m<c_m$，定理 7-1①得证。根据命题 7-1~命题 7-3 中收益共享比例和定价的最优决策，定理 7-1②和定理 7-1③成立。

注意到 $0<-\beta/(\beta+\gamma-1)<1$，且 $0<\beta<\beta/(1-\gamma)<1$，则 $\beta^{\frac{-\beta}{\beta+\gamma-1}}<\left(\dfrac{\beta}{1-\gamma}\right)^{\frac{-\beta}{\beta+\gamma-1}}$ 成立，即 $e_M^*<e_S^*$ 成立，定理 7-1④得证。

5. 命题 7-4 的证明

证明 由式（7.4.6）的最优化一阶条件得

$$\frac{\partial \pi_m}{\partial w}=A\frac{\alpha-\beta-\gamma}{\beta+\gamma-1}w^{\frac{\alpha-\beta-\gamma}{\beta+\gamma-1}-1}(w-c_m)+Aw^{\frac{\alpha-\beta-\gamma}{\beta+\gamma-1}}=0$$

由上式可以得出制造商的最优批发价格满足 $w_{W,R}^*=\dfrac{\alpha-\beta-\gamma}{\alpha-1}c_m$，命题 7-4①得证。

将 $w_{W,R}^*$ 代入式（7.4.2）~式（7.4.4）可得

$$p_{W,R}^*=\frac{\alpha(\alpha-\beta-\gamma)}{(\alpha-1)^2}c_m \tag{7.6}$$

$$\begin{aligned}s_{W,R}^*&=\left[\frac{h_r(\alpha-1)}{\beta k}\left(\frac{h_r\gamma}{\beta}\right)^{-\gamma}\left(\frac{\alpha}{\alpha-1}\right)^{\alpha}\right]^{\frac{1}{\beta+\gamma-1}}c_m^{\frac{\alpha-1}{\beta+\gamma-1}}\left(\frac{\alpha-\beta-\gamma}{\alpha-1}\right)^{\frac{\alpha-1}{\beta+\gamma-1}}\\&=B\frac{1}{h_r}\left(\frac{\alpha-\beta-\gamma}{\alpha-1}\right)^{\frac{\alpha-1}{\beta+\gamma-1}}\end{aligned} \tag{7.7}$$

$$e_{W,R}^*=\frac{B\gamma}{\beta}\left(\frac{\alpha-\beta-\gamma}{\alpha-1}\right)^{\frac{\alpha-1}{\beta+\gamma-1}} \tag{7.8}$$

命题 7-4②~命题 7-4④得证。

6. 命题 7-5 的证明

证明 由式（7.4.11）的最优化一阶条件得

$$\frac{\partial \pi_m}{\partial w}=A\frac{\alpha-\beta}{\beta-1}w^{\frac{\alpha-\beta}{\beta-1}}e^{\frac{-\gamma}{\beta-1}}(w-c_m)+Aw^{\frac{\alpha-\beta}{\beta-1}}e^{\frac{-\gamma}{\beta-1}}=0$$

$$\frac{\partial \pi_m}{\partial e}=Aw^{\frac{\alpha-\beta}{\beta-1}}\frac{-\gamma}{\beta-1}e^{\frac{-\gamma}{\beta-1}-1}(w-c_m)-1=0$$

联立化简，命题 7-5①和命题 7-5②可得证。

将 $w_{W,M}^*$ 和 $e_{W,M}^*$ 代入式（7.4.8）、式（7.4.9）可以得 $p_{W,M}^* = \dfrac{\alpha(\alpha-\beta)}{(\alpha-1)^2}c_m$，$s_{W,M}^* = B\dfrac{1}{h_r}\left(\dfrac{\alpha-\beta}{\alpha-1}\right)^{\frac{\alpha+\gamma-1}{\beta+\gamma-1}}$，命题 7-5③和命题 7-5④得证。

7. 定理 7-2 的证明

证明 （1）由前面结论可得，$w_{W,R}^* = \dfrac{\alpha-\beta-\gamma}{\alpha-1}c_m < w_{W,M}^* = \dfrac{\alpha-\beta}{\alpha-1}c_m$，根据本书假设，有 $\alpha > 1 > \beta+\gamma$，且 $\beta > 0$，$\gamma < 1$，所以定理 7-2①得证。

（2）类似地，$p_{W,R}^* = \dfrac{\alpha(\alpha-\beta-\gamma)}{(\alpha-1)^2}c_m < p_{W,M}^* = \dfrac{\alpha(\alpha-\beta)}{(\alpha-1)^2}c_m$，定理 7-2②得证。

（3）因为 $\alpha > 1 > \beta+\gamma$，易得 $1 < \dfrac{\alpha-\beta-\gamma}{\alpha-1} < \dfrac{\alpha-\beta}{\alpha-1}$，且 $\dfrac{\alpha-1}{\beta+\gamma-1} < 0$。因此，$s_{W,R}^* = B\dfrac{1}{h_r}\left(\dfrac{\alpha-\beta-\gamma}{\alpha-1}\right)^{\frac{\alpha-1}{\beta+\gamma-1}} > B\dfrac{1}{h_r}\left(\dfrac{\alpha-\beta}{\alpha-1}\right)^{\frac{\alpha-1}{\beta+\gamma-1}}$。

注意到 $\dfrac{\alpha+\gamma-1}{\beta+\gamma-1} < \dfrac{\alpha-1}{\beta+\gamma-1} < 0$，有 $s_{W,M}^* = B\dfrac{1}{h_r}\left(\dfrac{\alpha-\beta}{\alpha-1}\right)^{\frac{\alpha+\gamma-1}{\beta+\gamma-1}} < B\dfrac{1}{h_r}\left(\dfrac{\alpha-\beta}{\alpha-1}\right)^{\frac{\alpha-1}{\beta+\gamma-1}}$，所以 $s_{W,R}^* > s_{W,M}^*$ 成立。

定理 7-2④的证明与定理 7-2③类似。因为 $\alpha > 1 > \beta+\gamma$，易得 $1 < \dfrac{\alpha-\beta-\gamma}{\alpha-1} < \dfrac{\alpha-\beta}{\alpha-1}$，且 $\dfrac{\alpha-1}{\beta+\gamma-1} < 0$。因此，$e_{W,R}^* = \dfrac{B\gamma}{\beta}\left(\dfrac{\alpha-\beta-\gamma}{\alpha-1}\right)^{\frac{\alpha-1}{\beta+\gamma-1}} > \dfrac{B\gamma}{\beta}\left(\dfrac{\alpha-\beta}{\alpha-1}\right)^{\frac{\alpha-1}{\beta+\gamma-1}}$。

注意到 $\alpha > 1 > \beta$，$\dfrac{\alpha-\beta}{\beta+\lambda-1} < \dfrac{\alpha-1}{\beta+\lambda-1} < 0$，有 $e_{W,M}^* = \dfrac{B\gamma}{\beta}\left(\dfrac{\alpha-\beta}{\alpha-1}\right)^{\frac{\alpha-\beta}{\beta+\gamma-1}} < \dfrac{B\gamma}{\beta}\left(\dfrac{\alpha-\beta}{\alpha-1}\right)^{\frac{\alpha-1}{\beta+\gamma-1}}$，所以 $e_{W,R}^* > e_{W,M}^*$ 成立。

（4）由表 7.2，有 $\dfrac{\pi_{m,W,R}^*}{\pi_{m,W,M}^*} = \left(\dfrac{\alpha-\beta-\gamma}{\alpha-1}\right)^{\frac{\alpha-\beta}{\beta+\gamma-1}}\left(\dfrac{\alpha-1}{\alpha-\beta-\gamma}\right)^{\frac{\gamma}{\beta+\gamma-1}}$，因为 $0 < \dfrac{\alpha-\beta-\gamma}{\alpha-\beta} < 1$，且 $\dfrac{\alpha-\beta}{\beta+\gamma-1} < 0$，所以等式右边第一项 >1；再有 $0 < \dfrac{\alpha-1}{\alpha-\beta-\gamma} < 1$，且 $\dfrac{\gamma}{\beta+\gamma-1} < 0$，所以等式右边第二项大于 1。因此 $\pi_{m,W,M}^* < \pi_{m,W,R}^*$ 成立。

8. 命题 7-6 的证明

证明 （1）由前面结论有，$w_R^* = (\beta+\gamma)c_m < c_m$，而 $w_{W,R}^* = \dfrac{\alpha-\beta-\gamma}{\alpha-1}c_m > c_m$，因此 $w_R^* < w_{W,R}^*$ 得证。类似地，$w_M^* = \beta c_m < c_m$，而 $w_{W,M}^* = \dfrac{\alpha-\beta}{\alpha-1}c_m > c_m$，因此 $w_M^* < w_{W,M}^*$ 得证。

（2）$p_R^* = \dfrac{\alpha c_m}{\alpha-1} < \dfrac{\alpha(\alpha-\beta-\gamma)}{(\alpha-1)^2}c_m = p_{W,R}^*$，根据假设，有 $\alpha > 1 > \beta+\gamma$，所以得证。

类似地，$p_M^* = \dfrac{\alpha c_m}{\alpha-1} < \dfrac{\alpha(\alpha-\beta)}{(\alpha-1)^2}c_m = p_{W,M}^*$，得证。

第四篇　商品组合与订购联合决策研究

第 8 章 商品组合与订购问题描述

8.1 研究背景与问题概述

商品组合决策是零售商面临的重要决策之一,简单来说,是指零售商决定售卖哪些商品。与将不同商品捆绑在一起进行销售不同,商品组合是指单独售卖不同的、但是可能存在一定相关性的商品。商品组合最开始是从制造商的角度研究的,主要探讨产品生产组合的多样性。制造商面临的问题侧重于产品生产线设计,如产量、质量以及价格,从而决定其与竞争对手相比的产品定位问题。而零售商面临的商品组合决策问题侧重于在多个相互关联的商品种类、商品订购量和服务水平之间进行权衡。给定服务水平,如何权衡商品种类和订购量的决策是一个重要的问题。

随着全球经济一体化和电子商务的迅猛发展,中国跨境电商近些年来强势增长,占据进出口贸易总额的比例不断攀升。相关数据显示,预计到 2020 年,中国跨境电商交易规模将达 12 万亿元,约占货物进出口总额的 37.6%(图 8.1)。最新的电子商务研究中心(http://www.100ec.cn)监测数据显示,2017 年,中国出口跨境电商网络交易规模为 6.3 万亿元,同比增长 14.5%,其中零售市场交易规模为 1.2 万亿元,同比增长 21.2%。中小型跨境电商数量持续增加,融资规模和金

图 8.1 中国跨境电商交易规模、货物进出口总额变化情况

资料来源:阿里研究院

额不断扩大,已成为推动我国经济发展的一股不可忽视的力量。

和传统线下零售行业相比,中小型跨境电商运营存在以下特征。

(1) 电商运营以线上消费为主要销售渠道,线上消费者和线下消费者呈现出不同的决策特点。消费者在线下选购商品时侧重于店铺的地理位置、交通便捷程度、天气状况等;在线选购为消费者带来更加便利的消费模式,以及更加低廉的信息收集成本,消费者决定购买与否时会考虑商品的排名信息、评分、图片等。不过无论哪种消费渠道,商品的价格、促销与否以及品牌等产品的基本属性都是消费者考虑的重要因素。

(2) 电商商家对于消费者决策过程的把控更为精准。线下销售时,零售商家只能根据商品的销量情况以及消费者的购买历史信息估计消费者的决策偏好。电商可以抓取消费者在选购商品时的决策过程数据,如线上商城的访客数,商品的浏览量,商品的实际购买信息,以及用户的决策时间、决策轨迹、历史信息等,从而可以更加精准地预测消费者的决策偏好以及商品销量。

(3) 中小型跨境电商存在供应链较长,境内、境外存储成本差异大,企业受资金约束、存储空间约束较大的问题。跨境电商供应链涉及境内、境外物流仓储,订购控制,商品组合和客户服务等各个环节。境内存储空间较大,成本较低;而境外存储空间较小,成本较高,如何控制境内外存储仓物流的频次和数量成为跨境电商供应链管理的一个重要问题。此外,中小型电商企业面临资金约束大、现金流紧张、贷款难、资金机会成本高等实际问题,资金约束成为企业的另一个重要考量。

综上所述,跨境电商的经营环境、消费特点以及供应链与线下实体店相比存在较大的差异,企业需要对新的经营模式进行深入分析,如果单纯地采用以往的线下经验进行决策,势必导致企业盈利表现和供应链绩效表现欠佳。

基于以上研究背景,本篇以某中小型跨境电商 A 企业为研究对象,结合企业数据,探讨消费者在电商平台上的商品选购行为,并综合考虑不同商品组合下其相互替代性对需求量的影响,制定商品组合与订购联合决策方案,以达到企业利润最大化。研究方法为数学建模分析和智能算法求解并重。研究内容包括以下三部分。

研究内容一:电商平台消费者的购买行为研究及需求预测。消费者在电商平台购物可以分为两个阶段:首先,决定是否购买商品;其次,决定购买哪个商品。基于电商 A 企业的实际运营数据,可以构建出每种商品在消费者选择模型中的各个相关的系数,并基于此预测商品的需求量。

研究内容二:考虑商品可替代性的消费者选择行为研究及需求预测。考虑到商品具有可替代性,即如果对于消费者第一偏好的商品,企业不销售或缺货,消费者会选择购买另一种商品或者放弃购买。本篇探究商品替代性对需求量的影响,运用相关的研究成果统计出各商品之间的替代概率,以便更加准确地预测产品需求。

第 8 章 商品组合与订购问题描述

研究内容三：带资金或者仓储空间约束的商品组合与订购联合决策求解。考虑到实际生活中企业面临着资金有限或者仓储空间有限等实际约束，本书更进一步研究在资金或仓储空间约束情况下的企业商品组合与订购联合决策。计算和比较经验性决策、不考虑替代性决策及考虑替代性决策的商品组合与订购联合决策的不同，以及各种情境下企业总利润的差异。

本章结合 A 企业实践，提出商品组合与订购联合决策的研究问题。第 9 章探讨基于商品组合的消费者选择模型：不考虑替代性和考虑替代性。不考虑替代性时，基于电商数据建立消费者选择模型，分析消费者在选购商品的过程决策，以多项式对数（multinomial logit，MNL）模型确定消费者对商品选择的效用值，使得商品基础需求量的预测更准确。考虑替代性时，利用实际的销售数据估算商品种类的替代率以及同一品类内商品间的替代概率，分析不同组合宽度引起的商品替代行为间的差异。第 10 章面向商品组合与订购联合决策问题，提出模型求解应用的基本算法和思路，并设计遗传算法进行优化求解。基于 A 企业的实际销售数据，比较不考虑替代性决策、考虑替代性决策，以及经验性决策三种情境下的商品组合与订购联合决策及企业利润。研究总体路线如图 8.2 所示。

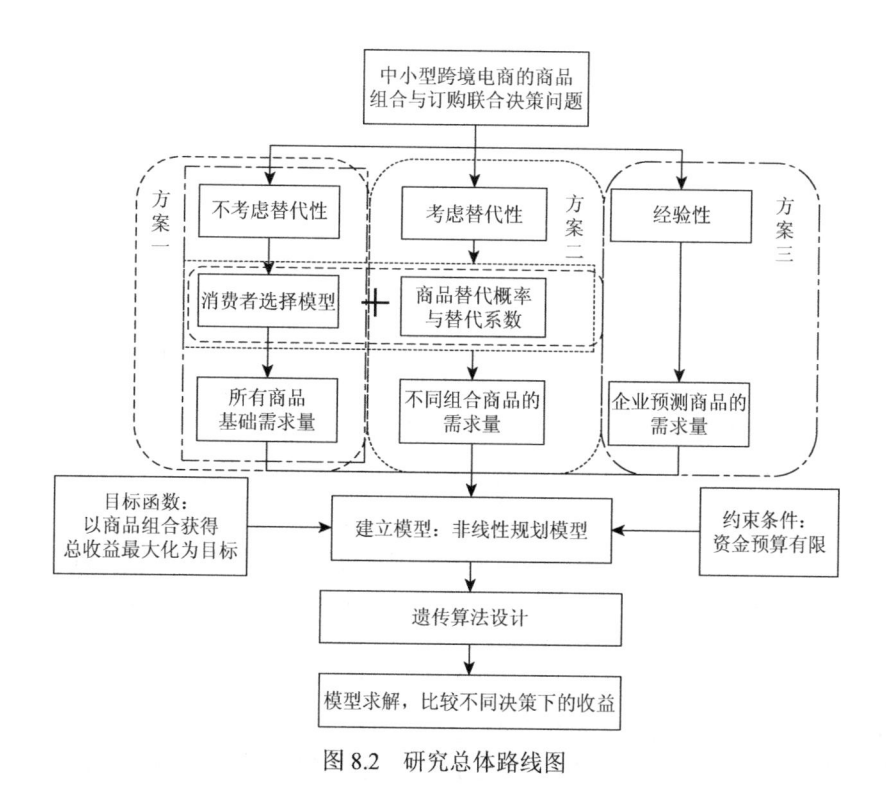

图 8.2 研究总体路线图

8.2 相关理论与文献

本节简要回顾有关研究，包括商品组合优化决策问题、消费者决策与遗传算法研究。库存决策模型在此不再赘述。

8.2.1 商品组合优化决策研究

商品组合优化决策问题在学术界受到广泛关注。Kök 等（2008）定义商品组合规划问题为以最大化销量或利润为目的，满足采购预算、摆放空间以及各种其他约束下的商品选择决策问题。Kahn（1999）指出商品组合优化问题不单指在货架空间约束下的优化问题，还存在诸多相关问题，如消费者选择变化，以及在不同商店之间商品组合的竞争性问题等。

商品组合研究主要探讨商品组合对消费者购买选择的影响、组合优化算法设计和求解。Kök 等（2008）对如何刻画消费者基于不同商品组合的购买与选择决策及不同消费者选择模型的方法进行了总结和回顾。其中 MNL 模型的消费者选择模型（Fisher and Vaidyanathan，2014；Kök and Fisher，2007）是较为常用的一种。基于 MNL 模型，Cachon 和 Kök（2007）探讨了商品多样性对于消费者购买的影响，以及对于商品管理的影响。基于 MNL 模型，Davis 等（2013）探讨了组合优化问题的求解。他们提出一系列带约束的商品组合优化问题可以通过变换转化为线性规划问题进行解决。

商品的可替代性研究是商品组合研究中的一个重要问题。可替代性是指在某一特定品类中可以用一个商品满足另一个商品需求的性质。通常商品的可替代性的相关研究考虑基于缺货产生的替代行为（stockout-based substitution），即消费者最喜欢的商品在网店里是有售卖的，但是由于商品缺货不得不选择替代商品的行为，以及基于商品组合大小的替代行为（assortment-based substitution），即消费者发现他最喜欢的商品在网店里并没有售卖而选择一个替代商品的行为。

考虑到商品组合的可替代性，Gaur 和 Honhon（2006）基于消费者地理位置模型（locational model）探讨了单一属性维度下静态和动态商品可替代性对于商品组合决策的影响。Mahajan 和 van Ryzin（2001）考虑商品缺货产生的替代行为，基于各季节的订购数据，提出了一种启发式算法对模型进行求解。Kök 和 Fisher（2007）考虑商品组合以及缺货对商品替代的影响，结合实际超市数据提出了一种可以优化货架空间分配和订购水平的算法。Chong 等（2001）针对容易发生重复购买行为的商品组合，提出了分层级市场模型以解决最终目标函数的复杂性问题。Sauré 和 Zeevi（2013）研究了在展示空间有限、对顾客信息了解有限的情况下，零售商如何通过学习顾客购买行为动态地调整商品组合决策，从而达到收益最大。

Goyal 等（2016）考虑动态替代和随机需求下的单周期不同商品组合大小与库存规划问题，并为问题存在的多种情形提出精确算法，以获得最优化的解。Mahajan 和 van Ryzin（2001）提出了考虑组合大小和缺货的替代行为影响下的随机样本路径的优化方法，并用此方法很好地解决了组合优化问题。Honhon 等（2010）研究了基于缺货替代的单阶段问题动态规划算法，用来确定最优的商品组合与订购水平。Bernstein 等（2015）提出在有缺货替代行为下如何预测消费者需求，并结合销售数据和缺货情况求得商品间的替代概率。

此外，当前商品组合优化问题主要局限在单一品类的研究，现实中消费者经常会在不同品类商品中产生购买行为。Messaoud 和 Debabi（2016）指出，由于存在品牌效应，消费者在面临不同品类的商品组合决策时的忠诚度存在差异。从实际应用角度来看，商品组合问题应用的难点还在于数据的可获性、模型的复杂性、证明的方便性以及成本效益的可行性。

8.2.2 线下线上消费者决策研究

通常认为，消费者在作购买决策时以追求感知价值最大化为目标，其决策过程分为问题认知—信息搜索—选择评价—购买决策—购买后的行为等阶段。每个阶段消费者都在收集和加工各种信息，获得最大效用值，从而选择和购买商品。

消费者在线购买模式与实体店购买模式有着明显的区别。当前商品组合优化模型大多以线下零售店为研究对象，影响消费者购买与选择的因素多为天气、店铺规模、交通便捷性等（王卫红，2004）。Rooderkerk 等（2013）提出针对不同规模的网店的商品组合模型，以此调节网店占地面积以及所在地域人口数量所造成的规模差异问题。Shaouf 等（2016）发现线上的网页视觉设计影响消费者的购买欲望。美国市场调研机构 NPD 集团公司[①]（前 National Purchase Diary Panel Inc.）发现，消费者会认为在搜索结果中排名靠前的商品具有较高的品牌知名度和相关性，他们会更倾向于这些有高知名度品牌的结果项链接。对比 Google 等关键字搜索显示排名的点击率数据可知，商家排名的位置越高，被消费者所关注的可能性越高。消费者对排名较好的商家或商品的信任度更高。

线上评论已经成为电商平台上消费者选购商品的重要依据之一。Chevalier 和

[①] www.npd.com。

Mayzlin（2006）研究了在线评论对亚马逊书店和 BARNES&NOBLE 网站的书籍销量的影响，发现评论对书籍销量存在显著影响。在线评论数量的增加可以提升网站书籍的销售量，相比商品的好评率，差评率更加显著地从负面影响书籍销量。Park 等（2007）的研究表明顾客评论对于顾客选择有重要影响。

8.2.3 遗传算法

企业运营过程中存在大量组合优化决策问题。这类问题的主要特征是可行解有限，对于这种有限解问题，可以通过简单的枚举法加以求解。实践中当研究问题的可行解规模较大时，采用枚举法求解耗时长、成本高。如何在有限的资源环境下，运筹帷幄、科学决策，从而提升效率，这是个有意义且普遍的问题。对于此类问题，实践中常采用启发式搜索方法。其中，遗传算法在组合优化问题上的应用较为广泛和有效。

自 20 世纪 60 年代以来，研究者对生物模拟以及由此衍生的运筹优化问题的算法展开了大量的探索和研究。遗传算法模拟生物进化过程，是当前研究生物进化最有效和最广泛的计算方法之一，在解决随机搜索和仿真优化问题上体现出了很强的适应性。关于遗传算法的基本知识可参见 Whitley（1994）。遗传算法可以归纳为以下几个基本组成部分。

（1）问题可行解的编码。
（2）创建解的初始种群的方法。
（3）通过计算染色体的适应值，得到个体优劣程度。
（4）通过遗传算子，改变遗传过程中新个体的染色体。
（5）遗传算子的参数设置。

遗传算法在每一次迭代过程中始终维持固定个体组成的种群 $P(t)$（t 代表遗传代数），每一个种群的个体均表示问题的一个解。应用评价函数对种群中每一个个体进行优劣评价，以此得到适应值。在遗传过程中，某些染色体需要进行遗传操作的随机变换，从而生成子代的新染色体。当前研究的变换方法主要有两个：一是变异，改变染色体基因的构成，生成新的个体；二是杂交，将两个染色体的部分相关联基因进行组合变换，生成新的个体。新的个体会继续在评价函数下继续被评价优劣，当算法最终收敛到一个个体时，该个体很有可能代表着该问题的最优解或次优解。

组合优化问题的求解首先要明确所有可能存在的排列和组合。利用遗传算法求解这类问题常用的方法：一是借助遗传算法罗列问题中的排列和组合；二是在排列和组合确定的基础上，借助启发式搜索方法构造问题的解。遗传算法在运输问题、路径优化问题的应用参见李锋（2011）、李锋和魏莹（2009）。

8.3 商品组合与订购联合决策问题描述

8.3.1 中小型跨境电商 A 企业供应链现状

A 企业是一家中小型的出口跨境电商，主要通过美国亚马逊网站销售中国的商品。图 8.3 描述了 A 企业的供应链现状以及决策过程。由负责亚马逊需求的员工发出备货计划，向本地供应商发出采购订单，供应商按照采购要求将商品发送到指定国内仓库，经过质检、包装等操作流程后，A 企业安排向海外仓调货。物品运输通过第三方物流公司实现跨境运输，以海运/空运方式运送商品到 A 企业在海外的仓储（美国仓）。每个月初，A 企业产品经理决定本月的上架销售商品（商品组合决策），以满足亚马逊顾客的要求。一旦从亚马逊收到顾客订单，立即通知海外仓发货，通过美国本土物流公司配送到顾客手中。

美国仓库从下单到收货大概需要 20 天，其中申请审批和下单 2~3 天，采购周期 7 天，质检打包 3 天，空运 7 天。中国供应商的供应提前期为 4~7 天。美国仓库需要提前进行备货，按照一定的订购策略向中国仓库发出订单。中国仓库根据美国仓库的需求进行订购，考虑到海外仓产生的存储成本远高于中国仓，A 企业倾向于在中国仓备货。跨境供应链长，供应提前期也相应较长，商品需求量的预测影响后续库存决策，因此有效的预测非常重要。考虑到企业规模较小，同时正处在高速成长的阶段，为了能更合理有效地使用资金，A 企业对每一品类商品的采购预算金额有严格的控制，一般为两万美元。

图 8.3 A 企业的供应链现状以及决策过程

8.3.2 商品需求预测

给定商品组合，A 企业对单个商品的需求作出预测，在此基础上企业进一步决定订购决策。预测准确与否直接影响企业的供货决策。

当前 A 企业以 30 天的商品历史销量作为下一计划周期内的需求预测量，该方法虽然简单易行，但显然没有结合更多的信息源进行更高质量的销售预测。

结合现有研究，本书提出将商品的排名信息、价格等属性信息引入消费者购买模型；另外，考虑到外部环境对消费者选择的影响，如节假日、促销与否等，进一步将影响购买的外部因素纳入消费者购买模型。

8.3.3 商品替代性

A 企业提供的商品较为多元化，但是很多商品由于使用价值相近或商品本身的相似性，它们之间具有可替代性。以图 8.4 为例，消费者对商品组合 A、B、C 的购买量分别为 A 商品 3 个，B 商品 4 个，C 商品 5 个；当调整商品组合为 A、B 时，购买不到 C 的消费者有 40% 会选择不购买直接离开，而剩下的 60% 的消费者中，有一个选择买 A 商品作为替代品，有两个消费者选择买 B 商品作为替代品，最终 A、B 组合下 A 商品的购买量增加到 4 个，B 商品的购买量增加到 6 个。本书仅考虑不同商品组合的替代性，不考虑缺货替代。

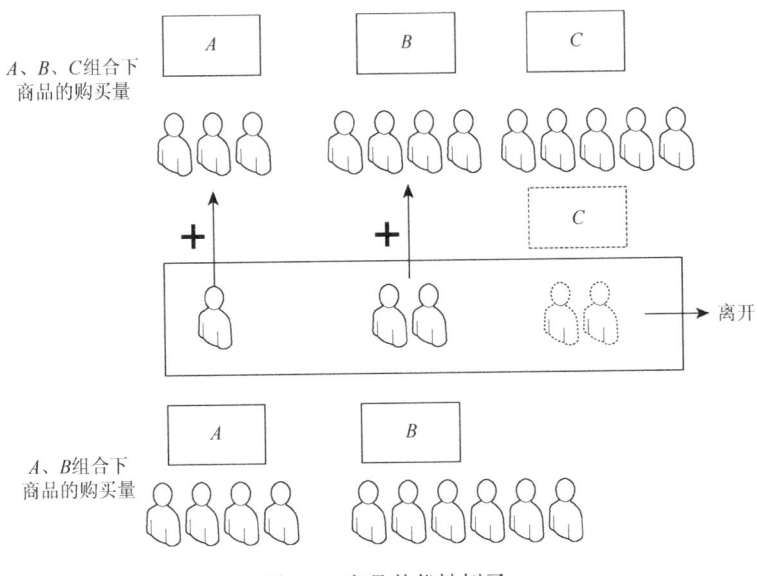

图 8.4 商品替代性例子

8.3.4 商品组合与订购联合决策

目前 A 企业美国仓库的商品组合与订购联合决策如下：①需求预测，以 30 天的历史销量作为下一月份的需求预测量；②确定商品组合，每月从原有既定商品组合中移除或增加一到两个商品，移除依据是商品在以往 30 天的盈利表现；③确定订购量，在预算约束下，采用批量经济订购（economic order quantity，EOQ）模型计算得到的最佳订购量进行备货。

显然，A 企业现行商品组合与订购联合决策方法存在诸多局限。首先，需求预测方法虽然简单易行，但预测误差偏大；其次，调整商品组合宽度的方法过于经验化，在移除商品时虽然运用了贪婪思想确定盈利不佳的商品，但新增商品的规则受决策者主观偏好影响较大，并没有很好地利用现有数据资源；最后，订购决策仅考虑成本最低，并没有更好地结合商品组合决策优化企业盈利。

A 企业隶属于中小型跨境电商，资金预算有限。每一品类的产品采购额度不超过两万美元。根据 A 企业商品组合的历史情况来看，商品组合越多，组合内商品的总销量越大，与此同时商品的订购成本也会越高；商品组合越少，组合内商品的总销量越小，商品订购成本也越低。如何权衡商品组合与订购联合决策，从而使得企业利润最大，这是本书拟解决的问题。如何利用 A 企业的数据资源，合理地控制商品组合的宽度，并联立制定企业订购决策以最大化企业利润，这是 A 企业面临的实际问题，也是本篇研究的实践意义所在。

8.4 本章小结

本章结合跨境电商的消费特点与供应链实践，研究了商品组合与订购联合决策问题，总结相关理论与研究文献，以 A 企业为例，描述了典型中小型跨境电商的商业情境，总结运作现状，提出了研究问题。

现有商品组合优化问题主要侧重于在传统线下零售环境下的应用，考虑到消费者的购买行为决策在线上与线下的区别较大，消费者在各个购买阶段感知价值的影响因素也有所不同，本章提出了考虑跨境电商商业情境下的商品组合与库存决策问题，结合理论研究与电商的真实销售数据，一方面拓展了商品组合与库存决策的理论研究，另一方面，能够基于实际数据进行模型拟合、预测和决策，对跨境电商的企业实践有较好的指导作用。

参 考 文 献

阿里研究院. 2016. 重磅报告：阿里研究院 40 页 PPT 读懂跨境电子商务贸易的未来. [2016-09-01]. http://www.aliresearch.com/blog/article/detail/id/21054.html.

李锋. 2011. 基于偏好信息的多目标旅行商问题 Pareto 优化求解[J]. 系统工程学报，26（2）：592-598.

李锋，魏莹. 2009. 基于仿真的遗传算法求解动态旅行商问题[J]. 系统管理学报，18（5）：591-595.

王卫红. 2004. 零售消费者行为理论与我国零售业发展策略[J]. 江苏商论，(10)：24-26.

Bernstein F，Kök A G，Xie L. 2015. Dynamic assortment customization with limited inventories[J]. Manufacturing & Service Operations Management，17（4）：538-553.

Cachon G P，Kök A G. 2007. Category management and coordination in retail assortment planning in the presence of basket shopping consumers[J]. Management Science，53（6）：934-951.

Chevalier J A，Mayzlin D. 2006. The effect of word of mouth on sales: Online book reviews[J]. Journal of Marketing Research，43（3）：345-354.

Chong J K，Ho T H，Tang C S. 2001. A modeling framework for category assortment planning[J]. Manufacturing & Service Operations Management，3（3）：191-210.

Davis J M，Gallego G，Topaloglu H. 2013. Assortment planning under the multinomial logit model with totally unimodular constraint structures[J]. Working paper. Department of IEOR，Columbia University.

Fisher M，Vaidyanathan R. 2014. A demand estimation procedure for retail assortment optimization with results from implementations[J]. Management Science，60（10）：2401-2415.

Gaur V，Honhon D. 2006. Assortment planning and inventory decisions under a locational choice model[J]. Management Science，52（10）：1528-1543.

Goyal V，Levi R，Segev D. 2016. Near-optimal algorithms for the assortment planning problem under dynamic substitution and stochastic demand[J]. Operations Research，64（1）：219-235.

Honhon D，Gaur V，Seshadri S，et al. 2010. Assortment planning and inventory decisions under stockout-based substitution[J].Operations Research，58（5）：1364-1379.

Kahn B E. 1999. Introduction to the special issue: Assortment planning[J]. Journal of Retailing，75（3）：289-293.

Kök A G，Fisher M L. 2007. Demand estimation and assortment optimization under substitution: Methodology and application[J]. Operations Research，55（6）：1001-1021.

Kök A G，Fisher M L，Vaidyanathan R. 2008. Assortment Planning: Review of Literature and Industry Practice[M]// Agrawal N，Smith S. Retail Supply Chain Management. International Series in Operations Research & Management Science. Boston: Springer.

Mahajan S，van Ryzin G. 2001. Inventory competition under dynamic consumer choice[J]. Operations Research，49（5）：446-657.

Messaoud A B，Debabi M. 2016. Regional product assortment and customer loyalty to the point of sale[J]. Journal of Research in Marketing，6（2）：445-452.

Park D H，Lee J，Han I. 2007. The effect of on-line consumer reviews on consumer purchasing intention: The moderating role of involvement[J]. International Journal of Electronic Commerce，11（4）：125-148.

Rooderkerk R P，van Heerde H J，Bijmolt T H A. 2013. Optimizing retail assortments[J]. Marketing Science，32（5）：699-715.

Sauré D，Zeevi A. 2013. Optimal dynamic assortment planning with demand learning[J]. Manufacturing & Service Operations Management，15（3）：387-404.

Shaouf A，Lu K ，Li X Y. 2016. The effect of web advertising visual design on online purchase intention: An examination across gender[J]. Computers in Human Behavior，60：622-634.

Whitley D. 1994. A genetic algorithm tutorial[J]. Statistics and Computing，4（2）：65-85.

第 9 章 基于商品组合的消费者选择与需求预测

本章探讨给定商品组合下，消费者如何选择购买决策，企业如何刻画其需求预测函数。9.1 节为模型描述与假设；9.2 节探讨不考虑商品替代性情况下的消费者选择与需求预测；9.3 节探讨考虑商品替代性情况下的消费者选择与需求预测；9.4 总结全章。

9.1 模型描述与假设

A 企业是一个总部在中国广州的中小型跨境电商，产品主要通过亚马逊面向美国市场在线售卖。面向规划周期 T，A 企业从 N 种可供选择的商品中选取售卖哪些商品，以及从中国发多少货到美国海外仓以满足顾客需求。令商品组合为 S，$S = \{1, 2, \cdots j, \cdots\}$。$x_j = 1$ 表示商品 j 被选中，否则 $x_j = 0$。给定商品组合 S，对其中某商品 j，$j = 1, 2, \cdots, N$，给定商品价格为 p_j，企业预测其需求为 D_{Sj}。A 企业同时决定美国仓的周期订购决策。在规划周期内，给定商品组合 S 和单个产品的需求量 D_{Sj}，令 Q_{Sj} 为组合 S 下商品 j 的周期性订购量。订购发生的单位订购成本为 c_j，单位持有成本为 h_j，固定订购成本为 K。规划周期内每种商品的订购周期不固定，订购次数也不固定，且订购周期相互独立，互不影响。订购决策受到资金约束，企业一次订购商品的采购资金不超过 B。企业目标为：在满足采购资金预算的前提下，选择合适的商品组合并确定商品的订购量，使得企业总利润最大化。显然这是一个组合商品选品以及库存决策的联合决策问题。

由于商品的可替代性对需求量 D_{Sj} 的确定有至关重要的影响，商品可替代性可分为两个部分的作用，其一是组合宽度不同导致需求量 D_{Sj} 的变化，其二是缺货导致需求量 D_{Sj} 的变化。本章主要探讨组合宽度不同对需求量 D_{Sj} 的影响。

模型基于以下假设。

假设 1　进入网店的消费者同质，所有顾客对商品各项属性的敏感程度一致。

假设 2　消费者购买与选择过程分为两阶段。在第一阶段（购买欲望阶段），消费者决定是否要从页面的某一品类的商品中进行购买；第二阶段（购买选择阶段），有了购买欲望后消费者决定购买哪一种商品（选择商品）以及购买多少个商品（购买数量）。这种两阶段模型是市场学研究中常用的刻画方式，参见文献，如 Kök 和 Fisher（2007）、Chintagunta（1993）、Bucklin 和 Gupta（1992）。

假设 3 消费者从某一品类所有商品中选择最喜欢的商品进行购买。

假设 4 假如因为各种原因消费者不能购买到最喜欢的商品，那么他选择第二喜欢商品的概率为 δ，选择不购买的概率为 $1-\delta$，选择用商品 i 替代商品 j 的概率为 α_{ij}。

假设 5 对于替代商品而言，其会被消费者成功购买，或不被购买造成销售损失，不存在其他替代情况的发生。假设缺货和由缺货引起消费者选择替代商品的行为可以忽略，即不考虑缺货替代（Kök and Fisher，2007）。

假设 6 上一规划周期商品的预测需求量与下一规划周期商品的实际销量一致。

相关参数变量和符号设定如下。

N：所有可供选择的商品数量。

j：单个商品编号，$j = 1, 2, \cdots, N$。

c_j：第 j 种商品的单位订购成本。

P_j：第 j 种商品的销售价格。

h_j：第 j 种商品的单位持有成本。

K：商品每次订购的固定订购成本。

B：每次订购可占用的总采购资金上限。

$\mathbb{N}$：商品完全组合，代表所有商品都被选中。$\mathbb{N} = \{1, 2, \cdots, N\}$。

S：商品组合，代表选中的商品的集合，$S = \{1, 2, \cdots, j, \cdots\}$。对于 $j \in \{1, 2, \cdots, N\}$，$x_j = 1$ 表示商品 j 被选中，否则 $x_j = 0$。

D_{Sj}：给定商品组合 S，第 j 种商品在规划周期内的需求量。

δ：商品的替代系数。

$Q(S)$：给定商品组合 S 下的订购量，$Q(S) = (Q_{S1}, Q_{S2}, \cdots, Q_{Sj}, \cdots, Q_{SN})$，其中 Q_{Sj} 为给定商品组合 S 下第 j 种商品的订购量。

n_{Sj}：给定商品组合 S，规划期内第 j 种商品的订购次数。

$P[S, Q(S)]$：给定商品组合 S 和订购量 $Q(S)$ 下的企业的利润。

由此，企业制定商品组合 S 以及订购量 $Q(S)$ 从而最大化目标利润，此时满足的相关约束如下：

$$\text{Maximize } P[S, Q(S)] = \sum_{j=1}^{N} x_j \left(P_j D_{Sj} - K \frac{D_{Sj}}{Q_{Sj}} - h_j \frac{Q_{Sj}}{2} - c_j D_{Sj} \right) \quad (9.1.1)$$

$$\text{s.t.} \sum_{j=1}^{N} c_j Q_{Sj} \leq B \tag{9.1.2}$$

$$n_{Sj} = D_{Sj} / Q_{Sj} \tag{9.1.3}$$

$$Q_{Sj} \geq 0, \quad n_{Sj} \geq 0, \quad j=1,2,\cdots,N \tag{9.1.4}$$

目标函数（9.1.1）为企业在规划周期的所有商品的利润总值。其中 $P_j D_{Sj}$ 为商品 j 的销售收入，$K \dfrac{D_{Sj}}{Q_{Sj}}$ 为商品 j 的订购成本，$h_j \dfrac{Q_{Sj}}{2}$ 为商品 j 的存储成本，$c_j D_{Sj}$ 为商品 j 的采购成本。当 $x_j = 1$ 时，商品 j 被选中；否则 x_j 为 0。

约束（9.1.2）确保一次订购费用在预算范围内。

约束（9.1.3）和约束（9.1.4）确保订购的次数为整数，并确保订购量不为负值。

本书研究问题的关键点及难点有两个：①需求量 D_{Sj} 的预测；②如何有效地求解该组合优化 NP-难问题。

需求函数的刻画是关键。本章拟分析不存在商品组合替代性，以及存在商品替代性两种情况，结合现有研究成果以及 A 企业的实际数据，描绘并刻画需求预测。详见 9.2 节和 9.3 节。

给定 N 个商品，其商品组合的可能一共有 $C_N^1 + C_N^2 + C_N^3 + \cdots + C_N^N$ 种。当商品数量 N 较小时，可以运用枚举法罗列所有商品组合 S 的可能性，以出现最佳目标函数值为依据，选择最佳的商品组合 S 和每个商品的订购量 Q_{Sj}；当商品数量 N 较大时，商品组合 S 的可能性增多，求解复杂度会指数倍增加。考虑到该优化问题为 NP-难问题，需要有效的启发式算法求解，本篇采用遗传算法提升求解的效率和精度，详见第 10 章。

9.2 不考虑替代性的消费者选择及需求预测

沿袭市场营销领域关于消费者分层决策的刻画（Chintagunta，1993；Bucklin and Gupta，1992），消费者购买可以分为两个阶段：①决定是否要从页面的某一品类的商品中进行购买（购买欲望）；②有了购买欲望后，决定购买哪一种商品（选择商品），以及购买多少个商品（购买数量）。消费者的决策过程如图 9.1 所示。

给定某品类的最大可选商品组合为 $\mathbb{N}$，$\mathbb{N} = \{1,2,3,\cdots,j,\cdots,N\}$，商家从所有商品组合 $\mathbb{N}$ 中选择部分商品进行售卖，令其商品组合为 S，$S \subseteq \mathbb{N}$。假定消费者理

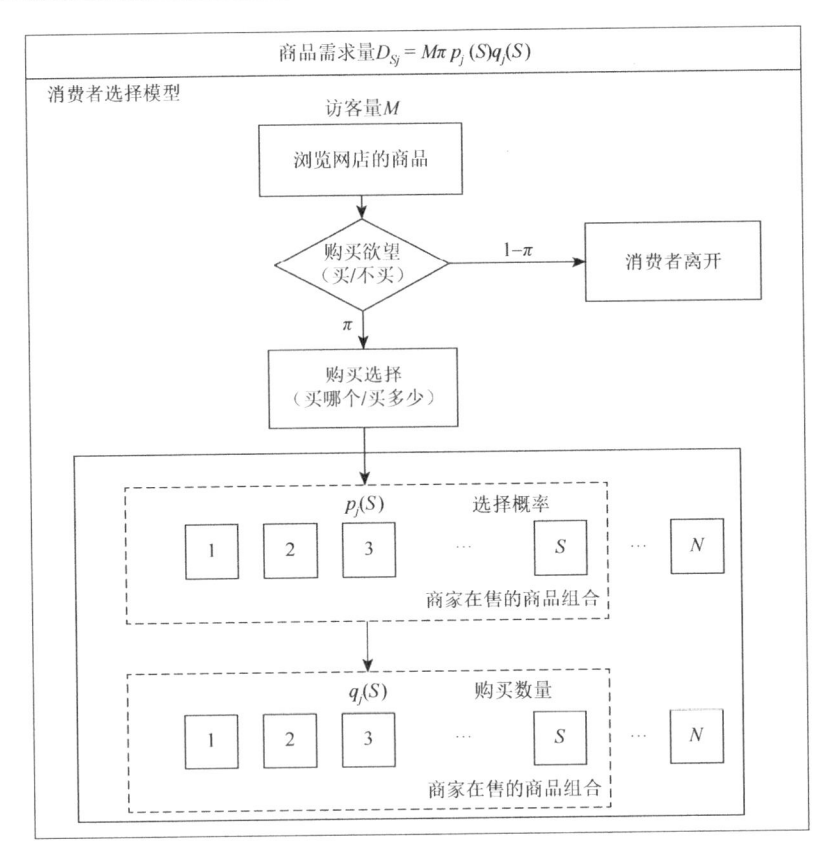

图 9.1 消费者的决策过程

性且同质,基于效用值最大化作出购买与否、购买哪种商品的决策。给定商品组合 S,商品 j,$j=1,2,\cdots$,进一步将规划周期 T 细分为若干日期 t,$t=1,2,\cdots,T$,在日期 t 的需求量 D_{Sjt} 为

$$D_{Sjt} = M_t \pi_t p_{jt}(S) q_{jt}(S) \quad (9.2.1)$$

其中,M_t 是日期 t 该网店的访客量;π_t 是日期 t 消费者有购买欲望的概率(消费者在网店浏览后决定从某一品类的商品进行购买的可能性);$p_{jt}(S)$ 是日期 t 消费者在决定购买后选中商品 j 的概率;$q_{jt}(S)$ 是单个消费者购买商品 j 的平均量。对 D_{Sjt} 在规划周期内求和,即可得总需求量 $D_{Sj} = \sum_{t \in T} D_{Sjt}$。下面进一步分阶段探讨如何获得 D_{Sjt}。

9.2.1 消费者购买欲望阶段

不考虑商品组合替代性,给定商品组合 S,消费者购买欲望模型解释消费在浏览网店后对商品产生购买欲望的可能性。本书基于 MNL 模型建立消费者选择购买或者不购买商品的过程。令 V 为消费者购买商品发生的效用，V 由固定部分 v 和随机部分 ε_j 加和组成。其中 ε_j 满足均值为 0 的 Gumbel 分布。消费者选择不购买时，其效用值为 0。当效用值大于 0 时，消费者选择使其效用值最大的商品 j。

采用 MNL 模型刻画消费者对商品的感知价值有两个关键问题：首先，效用值无法直接从商家的业务数据计算得出，本书利用消费者的消费行为记录来获取；其次，同一个商品的效用值实际上会因为消费者具有的偏好的多样性而有所不同。MNL 模型中，经常将消费者偏好的多样性作为效用值的随机组成部分。MNL 模型假设商品之间彼此不关联且独立。如果某一品类的商品里还存在隶属类目（如考虑商品的品牌或者码数），那么 MNL 模型不适用。本书考虑同一品类的相关独立的不同商品，不考虑隶属类目。

令下标 t 表示观察的日期，则消费者有购买欲望的概率可以用式（9.2.2）表达：

$$\pi_t = \frac{e^{v_t}}{1+e^{v_t}} \tag{9.2.2}$$

其中，e 是自然对数；v_t 是日期 t 内购买某品类商品的期望效用，视为该品类商品下各种需求影响因素的线性组合。这里的影响因素主要指工作日与否、促销与否，以及节假日与否。该模型参考 Kök 和 Fisher（2007），不过在其基础上进行了修正。Kök 和 Fisher（2007）主要探讨线下零售店的消费者选择，因此影响需求的因素还有天气、温度、湿度等环境因素。考虑到线上购买与环境因素相关性不大，这里去除了该类因素。

本书中对 π_t 的求解，即消费者对商品产生购买欲望的概率计算，主要基于网店的销售数据统计出消费者在日期 t 从商品组合 S 中购买的比例。通过电商历史销售数据应用线性回归模型可以估算出 γ_l，$l=1,2,\cdots,4$：

$$\ln\left(\frac{\pi_t}{1-\pi_t}\right) = v_t = \gamma_1 + \gamma_2 B_t + \gamma_3 \overline{A}_t + \gamma_4 E_t \tag{9.2.3}$$

其中，t 是日期；S 是网店售卖的商品组合；

$$B_t = \begin{cases} 1, & \text{日期 } t \text{ 为一周中的工作日} \\ 0, & \text{其他} \end{cases}$$

$$A_{Sjt} = \begin{cases} 1, & \text{日期 } t \text{ 商品 } j \text{ 刚好在网店有做促销活动} \\ 0, & \text{其他} \end{cases}$$

$\overline{A}_t = \dfrac{\sum_{j\in S} A_{Sjt}}{|S|}$ 是网店在日期 t 内商品组合 S 的平均促销水平；

$$E_t = \begin{cases} 1, & \text{日期 } t \text{ 里有某特殊事件} \\ 0, & \text{其他} \end{cases}$$

对于西方国家，特殊事件指 13 个主要节日，如圣诞节、复活节以及其他一般节假日等。

9.2.2 消费者选择购买阶段

一旦消费者决定购买，接下来消费者要在商品组合中选择哪个商品进行购买，并确定购买数量。消费者进入网店后，会对平台内大量的商品信息进行浏览。消费者通过页面上不同商品的属性信息，比较各个商品的价格、销量排名、评分、评论数等多项指标，依据商品带来的感知价值进行选择。与第一阶段类似，消费者仍然采用 MNL 模型进行效用最大化选择。

在日期 t 消费者选择购买商品 j 发生的效用包括两部分：确定性分量 u_{jt} 和随机分量 ε_j，其中随机分量 ε_j 服从均值为 0，方差为 $\pi^2/6$ 的 Gumbel 分布。基于 MNL 模型，消费者在网店从商品组合 S 中选择商品 j，$j \in S$ 的概率为

$$p_{jt} = \dfrac{\mathrm{e}^{u_{jt}}}{\sum_{k\in S}\mathrm{e}^{u_{kt}}} \tag{9.2.4}$$

其中，u_{jt} 是影响商品效用因素的线性组合，$u_{jt} = \beta\omega_{jt}$，视为影响商品效用因素的线性组合。电商环境下影响商品效用值 u_{jt} 的因素 ω_{jt} 包括商品属性和市场因素，如价格、评分、销量排名、促销等。本章应用日期 t 销售数据中商品 j 的浏览量与所在品类浏览量的比值求解得到 p_{jt}。

接下来采用对数转化的方法估算系数 β_k，$k = 1, 2, \cdots, N, N+1, N+2, N+3$，类似的方法在 Kök 和 Fisher（2007），以及 Cooper 和 Nakanishi（1988）中均有用到。对式（9.2.4）取对数并且变换后可得

$$\ln\left(\dfrac{p_{jt}}{\overline{p}_t}\right) = \beta\omega_{jt} = \sum_{k\in S}\beta_k I_{jk} + \beta_{N+1}(R_{jt} - \overline{R}_t) + \beta_{N+2}(\mathrm{SL}_{jt} - \overline{\mathrm{SL}}_t) + \beta_{N+3}(P_{jt} - \overline{P}_t) \tag{9.2.5}$$

其中，$\overline{p}_t = \left(\prod_{j\in S} p_{jt}\right)^{1/|S|}$；$I_{jk} = \begin{cases} 1, & j = k \\ 0, & \text{其他} \end{cases}$；$S$ 是网店售卖的商品组合；R_{jt} 是日期 t

内商品 j 的评分；$\overline{R}_t$ 是日期 t 内某品类商品评分的平均值；SL_{jt} 是日期 t 内记录商品 j 的销量；$\overline{SL}_t$ 是日期 t 内某品类商品销量的平均值；P_{jt} 是日期 t 内商品 j 的价格；$\overline{P}_t$ 是日期 t 内某品类商品价格的平均值。

消费者在日期 t 购买商品 j 的平均数量 q_{jt} 可以应用销售数据中商品 j 的购买总量除以购买商品 j 的顾客总数计算得到。采用类似 Kök 和 Fisher（2007）的方法，该平均数量可以视为以下因素的线性组合：

$$q_{jt} = \sum_{k \in S} \zeta_k I_{jk} + \zeta_{N+1}(P_{jt} - \overline{P}_t) + \zeta_{N+2}(A_{Sjt} - \overline{A}_t) \qquad (9.2.6)$$

其中，ζ_k 是购买商品 k 的数量的系数，$k = 1, 2, \cdots, N, N+1, N+2$。

式（9.2.5）与式（9.2.6）中，截距 β_k 和 ζ_k 与特定商品 j 相关联，而其他的系数对于同一品类内不同商品都是一样的，如式（9.2.5）中的评分、销量和价格系数，式（9.2.6）中的价格、促销力度系数等。这是因为假设消费者同质，所以这些因素（商品评分、节假日等）对每位消费者的影响相同。

9.2.3 应用：商品需求量预测

本小节应用 9.2.2 小节的方法，结合 A 企业实际数据，对不考虑替代效应下的商品需求进行预测，过程如下。

1. **数据预处理**

由于现实中企业经营产生的数据常常是"脏"的，表现为含有噪声、不完全和不一致的情况，这样的数据无法直接进行分析，必须对其进行一定的处理，以便于研究工作的进行。对"脏"数据进行处理的过程称为数据预处理，高质量的决策来自高质量的数据，因此数据预处理是决策工作的一个重要步骤。本书的数据预处理需要用到以下技术。

1) 数据准备

电子商务的数据库由很多数据组成：销售记录数据、订购数据、采购数据、商品属性数据、店铺运营数据等。经过分析，从这些数据中选出与分析主题相关的几个数据，分别是销售记录数据、采购数据和商品属性数据。

2) 数据清洗

由于基础数据中有些数据项不是必填项，数据中会有部分数据缺失的情况。对于空缺值的处理，本书采用对数据平均值进行填充的方法，如销售日期空缺的，按照商品所属月份的销售日期均值进行填充。对不相关信息，如订单中的客户信息、收件人信息等与商品的需求分析不相关联的信息，予以删除。

3）数据的归纳与集成

为了便于商品需求量的计算，需要对多个数据进行转化，变成适合数据分析的形式。在计算商品需求量时，本书根据消费者选择模型进行估算，在消费者不同的选择阶段需利用的数据也各有不同。如果根据消费者的选择阶段分步统计数据，则会使数据集过大，在数据处理过程将会花费过多的时间，导致研究工作缓慢。而对数据进行集成和归纳可以将其压缩成相对小，但仍接近于保持原数据完整性的数据集，这样对归纳后的数据集进行数据分析时将获得较高的分析精度和效率。

下面对经过清洗的数据进行归纳集成。

从店铺运营数据表中选出日期、访客数、促销商品数、支付订单数四个数据项组成一个基础数据集合，以日期为基础的数据项生成是否为工作日以及是否为节假日两项延伸属性，同时用促销商品数量除以该品类的在销商品数量，将其定义为促销水平。

从销售记录数据表中选出日期、商品编号、成交数、评分、销量排名、价格这六个数据项组成一个基础的数据集合，根据日期、商品编号、评分这几个数据项可以计算出某一天某品类商品的平均评分。同样用日期、商品编号和价格也可以计算出某一天某品类商品的平均价格。根据式（9.2.5），需要计算两个延伸属性的值，分别是某商品的价格与平均价格的差值，以及某商品的评分与平均评分的差值。

接下来对上面的数据进行相应的合并。由于企业在不同月份销售的商品组合不尽相同，本书选定一个月份的数据为一个阶段。所以一年的销售数据有12个阶段的数据。为了计算商品基础需求量，需要用到在该阶段中销售全部商品组合的数据。例如，假定商品总数为10，若1月份销售出所有的商品，2月份仅销售8种商品，那么1月份的数据才是计算商品基础需求量所需要的。基于此思路，对每个商品的数据进行汇总，并进行类似的处理，如计算商品1的基础需求量，会使用到的数据包含：日期、是否为工作日、是否为节假日、促销水平、访客数、支付订单数、商品1的销量、评分-平均评分、价格-平均价格、排名、购买欲望概率和购买选择概率等。准备好数据源，接下来就可以根据之前的模型（如式（9.2.1））计算出商品的基础需求量。

2. 多元线性回归分析

从前面的分析可知，商品需求量与消费者选择模型中的一些因素呈现（对数）线性关系。预测需求中一个重要的步骤是确定这些相关因素的系数。本书将从回归分析出发，以这些因素为自变量，以商品的 π_s（该时段消费者有购买欲望的概率）、$p_j(S)$（消费者决定购买后，选择商品 j 的概率）、$q_j(S)$（单个消费者购买

商品 j 的平均量）为因变量，利用多元线性回归方程对数据建立模型。首先结合 A 企业实际数据对该模型进行统计检验，验证该模型的有效性；然后基于估算参数，利用该多元线性回归模型对商品的需求量进行估计。

这里的数据选自 A 企业中包含所有商品组合的销售周期数据，数据经过了清洗、归纳和集成，回归分析过程采用 R 语言统计分析软件，具体计算过程见附录 A。

9.3　考虑替代性的消费者选择及需求预测

如果商品组合中没有提供消费者最喜欢的商品，消费者会在商品组合中自愿地选择一个可以替代第一偏好的商品（Gaur and Honhon，2006）。当消费者对第一偏好的商品的心理预期超过一定的拒绝程度（如价格过高）时，他们也会选择可替代性强且符合心理预期的商品。在这种情况下，即使第一偏好的商品并不缺货，消费者也会产生这种自愿替代商品的行为。这种替代性称为商品组合替代，本节探讨考虑商品组合替代效应的需求预测。在方法上，本节沿袭 Kök 和 Fisher（2007），数据源来自 A 企业实际数据。

9.3.1　替代效应与替代概率

消费者的选择和决策模型与 9.2 节类似。假设消费者根据网店的商品信息和促销节假日情况，初步形成有购买欲望的概率 π_t，然后在选择阶段，选择并购买自己喜欢的商品 j 的概率为 p_{jt}，购买数量为 q_{jt}。

令 d_j 为商品 $j=\{1,2,\cdots,N\}$ 的基本需求量（完全商品组合下对商品 j 的需求量）。如果 $S=\mathbb{N}$，则 $D_{Sj}=d_j$，$j=\{1,2,\cdots,N\}$，此时无替代效应。如果 $D_{Sj}>d_j$，$j\in S$，则表明在 S 中存在替代效应。

假设 A 企业销售的商品组合里仅包括品类内的部分商品，即 $S\neq\mathbb{N}$。从 A 企业销售数据中观察到，商品组合 S 中的销量（发生替代行为后的需求量），比不考虑替代性的需求量更大，因此，品类内的商品存在可替代现象，即 $\delta>0$。替代效应如图 9.2 所示。

考虑商品组合替代效应，如果消费者首选商品不在可选组合内，根据商品替代的概率矩阵 $\alpha_0=(\alpha_{ij})_{i,j\in\mathbb{N}}$ 选择替代商品。假设替代概率与商品的基础需求量大小成比例，即消费者选择用商品 i 替代商品 j 的概率为

$$\alpha_{ji}=\delta\frac{d_i}{\sum_{k\in\mathbb{N}\setminus\{j\}}d_k} \tag{9.3.1}$$

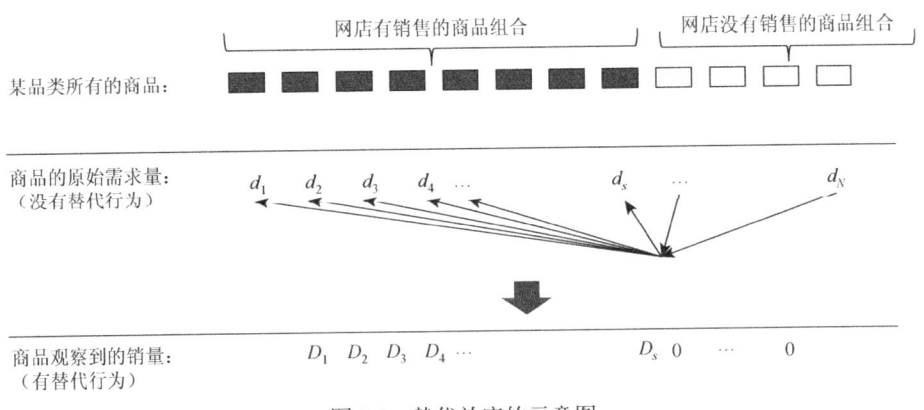

某品类所有的商品： 网店有销售的商品组合 | 网店没有销售的商品组合

商品的原始需求量：（没有替代行为） d_1 d_2 d_3 d_4 ... d_s ... d_N

商品观察到的销量：（有替代行为） D_1 D_2 D_3 D_4 ... D_s 0 ... 0

图 9.2 替代效应的示意图

其中，δ 是替代系数，该系数与商品的品类相关。一般来说，不同品类的商品，其替代系数也各不相同。例如，水果的替代系数比化妆品的替代系数更高。这种相对简单的单参数模型能够涵盖商品替代行为很多重要的方面，因此实用性较强。对式（9.3.1）进一步说明如下。

（1）在需求模型下：$\sum_{k \in N} d_k$ 表示在商品组合 N 中，消费者对该品类的总需求量（基础需求量）。

（2）$\sum_{j \in N \setminus S} d_j \delta \dfrac{\sum_{i \in N} d_i}{\sum_{k \in N \setminus \{j\}} d_k}$ 表示消费者发生商品替代行为时对原有商品组合 S 增加的替代性需求总量。

（3）如果 $d_i > d_k$，则有 $\alpha_{ji} > \alpha_{jk}$。$d_i > d_k$ 等价于 $D_i > D_k$。

（4）如果某网店仅销售该品类的部分商品，即 $N \setminus S \neq \varnothing$，那么从商品 j 替代到商品 $i, i \in N \setminus S$，产生的销量为 $\delta \sum_{i \in N \setminus S} d_i / \sum_{k \in N \setminus \{j\}} d_k$，在本书中将其直接定义为销售丢失；在此情境下也可能发生第二次商品替代行为，但本书对此不予考虑。因此商品 j 的实际替代率为 $\sum_{i \in S} \alpha_{ji} = \delta \sum_{i \in S} d_i / \sum_{k \in N \setminus \{j\}} d_k$。注意到商品的实际替代系数与商品组合 S 的大小成正比，即当消费者在网店中找不到他最喜欢的商品时，选择替代商品的可能性会随着可替代商品组合的增大而增大。

9.3.2 可替代需求预测模型

下面进一步探究销售数量与基础需求量的关系。图 9.3 刻画了商品基础需求量与累计销量的关系。图 9.3 中横轴为完全商品组合内商品的基础需求量。假定库存足够,不存在缺货,那么完全商品组合下观察到的商品销量可视为基础需求量,即不存在商品替代行为,商品累计销量在图 9.3 中显示为斜率为 1 的直线。而存在商品替代行为下的商品累计销量超出斜率为 1 的直线,其偏离率为该品类的商品替代系数 δ。

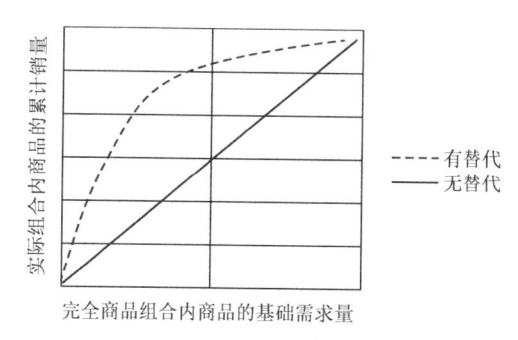

图 9.3 商品基础需求量与累计销量的关系

结合之前的分析思路与 A 企业的数据,可以将某时段 t 内某品类商品的交易数据绘制成相应的曲线图。如果网店销售某品类的所有商品,那么该网店就不会出现因商品组合大小而发生的商品替代行为,此时观察到的销量与真实的需求量是相等的。结合完全商品组合下的销量数据,通过回归模型(式(9.2.3)、式(9.2.5)、式(9.2.6))进行参数估计,由式(9.2.1)可预测基础需求量,本篇称为通用性模型。基于该模型,可以计算出在没有商品替代行为下仅销售部分商品组合的基础需求量,即 $S \subset \mathbb{N}$,也可以计算出完全商品组合下的销售总量(基础需求量),即 $S = \mathbb{N}$。给定 $S_1 \subset S_2 = \mathbb{N}$,对于 $j \in S_1$ 且 $j \in S_2$,完全商品组合 $\mathbb{N}$ 下商品 j 的基础需求量与部分商品组合 S 下商品 j 的基础需求量相等。

类似地,给定商品组合 S,结合 A 企业的销售数据,通过回归模型(式(9.2.3)、式(9.2.5)、式(9.2.6))进行参数估计,由式(9.2.1)可预测存在商品替代行为下的需求量,本篇称为单一性模型。

用上标 n 表示通用性模型,例如,给定商品组合 S_i,p_{ji} 表示基于单一性模型估算的选购商品 j 的概率,p_{ji}^n 代表基于通用性模型的估算。令 X 轴为没有商品替代行为下商品组合的基础销量,Y 轴为存在商品替代行为下某品类商品观察到的销量。定义如下:

(Y 轴)$(\mathrm{PQ})_i^y = \pi_i \sum_{j \in S_i} p_{ji} q_{ji}$,基于单一性模型 i 和商品组合 S_i 估算的需求量。

(X 轴)$(\mathrm{PQ})_i^x = \pi_i^n \sum_{j \in S_i} p_{ji}^n q_{ji}^n$,基于通用性模型和商品组合 S_i 估算的需求量。

$$(PQ)_i^{full} = \pi_i^n \sum_{j \in N} p_{ji}^n q_{ji}^n$$，基于通用性模型和商品组合 N 估算的需求量。

为方便计算，增加时间下标 t。给定商品组合 S，令时段 t 内观察到的商品销量为 $(PQ)_{it}^y$。结合通用性模型和给定的替代系数，预测 t 时段 A 企业的需求量为

$$\widehat{(PQ)}_{it}^y = (PQ)_{it}^x + \sum_{j \in S_i} \sum_{k \in N \setminus S_i} \alpha_{kj}[(PQ)_{it}^{full} - (PQ)_{it}^x]$$

由式（9.3.1），上式近似为

$$\widehat{(PQ)}_{it}^y = (PQ)_{it}^x + \delta \frac{(PQ)_{it}^x}{(PQ)_{it}^{full}}[(PQ)_{it}^{full} - (PQ)_{it}^x]$$

因此，可以计算最优替代系数 $\delta^*, 0 \leq \delta^* \leq 1$，使得所有阶段预测需求与实际需求误差的平方最小，即

$$\delta^* = \mathrm{argmin} \sum_t \sum_i [\widehat{(PQ)}_{it}^y - (PQ)_{it}^y]^2 \tag{9.3.2}$$

因此，考虑商品替代行为，可得商品需求量的预测公式如下：

$$D_{Sjt}(\delta) = \begin{cases} \left\{(PQ)_{it}^x + \delta^* \dfrac{(PQ)_{it}^x}{(PQ)_{it}^{full}}[(PQ)_{it}^{full} - (PQ)_{it}^x]\right\} N_t, & j \in S_i \\ 0, & j \notin S_i \end{cases} \tag{9.3.3}$$

结合 A 企业数据，附录 B 给出了详细计算过程。

9.4 本章小结

根据第 8 章提出的研究问题，本章进一步构建了数学模型，提出了相关假设，并对其进行了初步分析。商品组合与订购联合决策问题的第一个关键在于如何构建并分析消费者选择的模型，以及如何基于消费者的选择预测需求。本章分别从不考虑商品替代性情况以及考虑商品替代性情况两个角度，刻画消费者的选择，构建需求预测函数，并结合 A 企业的实际数据，估算需求函数的参数值，在此基础上预测 A 企业的未来需求。

参 考 文 献

约翰逊 R A，威克恩 D W. 2008. 实用多元统计分析[M]. 6 版. 陆旋，叶俊，译. 北京：清华大学出版社.
Bucklin R E, Gupta E S. 1992. Brand choice, purchase incidence, and segmentation: An integrated modeling approach[J]. Journal of Marketing Research, 29（12）：201-215.

Chintagunta P K. 1993. Investigating purchase incidence, brand choice and purchase quantity decisions of households[J]. Marketing Science, 12 (2): 184-208.

Cooper L G, Nakanishi M. 1988. Market-Share Analysis: Evaluating Competitive Marketing Effectiveness[M]. Amsterdam: Kluwer Academic Publishers.

Gaur V, Honhon D. 2006. Assortment planning and inventory decisions under a locational choice model[J]. Management Science, 52 (10): 1528-1543.

Kök A G, Fisher M L. 2007. Demand estimation and assortment optimization under substitution: Methodology and application[J]. Operations Research, 55 (6): 1001-1021.

附录 A　商品基础需求量的计算

1）购买欲望阶段的线性回归分析

（1）π_s 影响因子的主成分分析。将基础数据归一化后的自变量数据作为输入数据进行主成分分析，根据结果编制 R 程序，变量说明：$X_1 = 1/0$，是否为工作日；$X_2 = 1/0$，是否为节假日；$X_3 =$ 平均促销水平；Y 为购买欲望效用值。经过计算，数据的三个主成分系数如附图 9.1 所示。

```
> r<-princomp(~dat2$X1+dat2$X2+dat2$X3,scale = TRUE,cor=TRUE,scores=TRUE)
> summary(r,loadings=TRUE)
Importance of components:
                          Comp.1    Comp.2     Comp.3
Standard deviation     1.3857881 0.9417713 0.43892864
Proportion of Variance 0.6401362 0.2956444 0.06421945
Cumulative Proportion  0.6401362 0.9357805 1.00000000

Loadings:
         Comp.1 Comp.2 Comp.3
dat2$X1   0.335  0.940
dat2$X2  -0.659  0.285 -0.696
dat2$X3  -0.673  0.189  0.715
```

附图 9.1　π_s 模型主成分分析

第一个主成分信息来源于 X_2、X_3 这两个变量，第二个主成分信息来源于 X_1，前两个主成分就已经包含所有变量的信息。用 R 软件运行出载荷结果：

$$Y_1 = 0.335X_1 - 0.659X_2 - 0.673X_3$$
$$Y_2 = 0.940X_1 + 0.285X_2 + 0.189X_3$$
$$Y_3 = -0.696X_2 + 0.715X_3$$

根据主成分分析结果可以看出，在购买欲望阶段选择的三个变量均为有效变量，可以用于建立多元线性回归模型。

（2）π_s 模型的建立。在已知三个变量均为有效变量的条件下，用 R 语言编程对数据进行多元线性回归模型的求解及残差分析，运行结果如附图 9.2 所示。

```
> lm1<-lm(pi~dat2$X1+dat2$X2+dat2$X3)
> summary(lm1)

Call:
lm(formula = pi ~ dat2$X1 + dat2$X2 + dat2$X3)

Residuals:
      Min        1Q    Median        3Q       Max
-0.181812 -0.034624 -0.002002  0.037514  0.108200

Coefficients:
             Estimate Std. Error t value Pr(>|t|)
(Intercept) -3.57526    0.07127 -50.165  < 2e-16 ***
dat2$X1     -0.14400    0.03813  -3.777 0.000834 ***
dat2$X2      0.05222    0.07003   0.746 0.462547
dat2$X3      1.10604    0.17776   6.222 1.39e-06 ***
---
Signif. codes:  0 '***' 0.001 '**' 0.01 '*' 0.05 '.' 0.1 ' ' 1

Residual standard error: 0.06839 on 26 degrees of freedom
Multiple R-squared:  0.8713,    Adjusted R-squared:  0.8565
F-statistic: 58.68 on 3 and 26 DF,  p-value: 1.042e-11
```

附图 9.2　π_s 模型运行结果

可得 $Y = -3.57526 - 0.14400X_1 + 0.05222X_2 + 1.10604X_3$。

通过对购买欲望效用值与是否为工作日、是否为节假日、平均促销水平这三个变量进行多元统计分析，得出购买欲望效用值的回归模型。从回归方程可以看出，购买欲望与是否为工作日因素呈负相关，与是否为节假日和平均促销水平呈正相关。同时，运行结果中，可决系数 $R^2 = 0.8565$，指示数据间具有较强的回归关系，该回归方程是适合的。

（3）π_s 模型检验。通过残差分析图判断该模型的有效性，如附图 9.3 所示，模型回归效果基本良好。关于多元统计分析方法和基本概念可参见约翰逊和威克恩（2008），在此不作赘述。

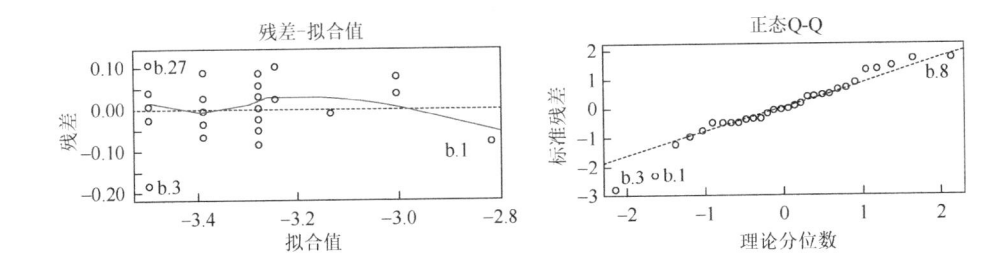

附图9.3 π_s 模型残差分析图

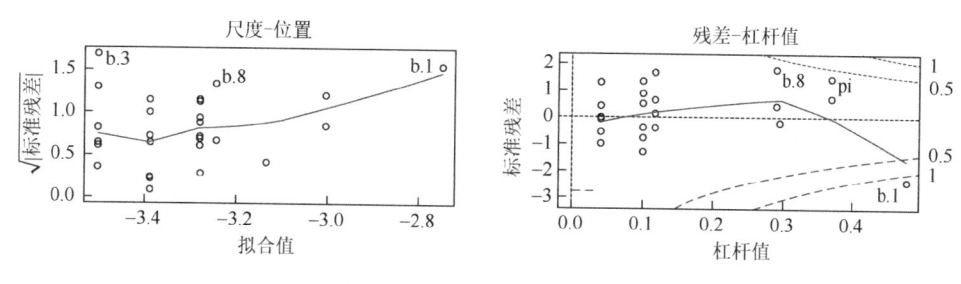

通过附图9.3可以看出，残差分析图显示了一个较好的回归诊断，在残差-拟合值图中没有特别的模型，大多数呈现随机分布；在正态Q-Q图中的点基本落在线上，这表明残差服从正态分布；在尺度-位置图和残差-杠杆值图中，点以小组形式分布并且离中心不远。

2）选择购买阶段的线性回归分析

（1）$p_j(S)$影响因子的主成分分析。在1月份中选择一个商品的数据作为输入变量，归一化后进行主成分分析，根据结果编制R程序，变量说明为X_1=商品1评分与平均评分的差值；X_2=销量排名；X_3=商品2价格与平均价格的差值；Y为商品1购买选择的效用值。经过计算，数据的三个主成分系数如附图9.4所示。

```
> r<-princomp(~dat2$X1+dat2$X2+dat2$X3,scale=TRUE,cor=TRUE,score=TRUE)
> summary(r,loadings=TRUE)
Importance of components:
                          Comp.1    Comp.2    Comp.3
Standard deviation      1.156045 1.0272909 0.7798933
Proportion of Variance  0.445480 0.3517755 0.2027445
Cumulative Proportion   0.445480 0.7972555 1.0000000

Loadings:
         Comp.1 Comp.2 Comp.3
dat2$X1   0.732         -0.679
dat2$X2  -0.365 -0.812  -0.455
dat2$X3  -0.575  0.581  -0.576
```

附图9.4 $p_j(S)$模型主成分分析

第一个主成分信息来源于X_1这个变量，第二个主成分信息来源于X_2和X_3，前两个主成分已经包含所有变量的信息。用R软件运行出载荷结果：

$$Y_1 = 0.732X_1 - 0.365X_2 - 0.575X_3$$

$$Y_2 = -0.812X_2 + 0.581X_3$$

$$Y_3 = -0.679X_1 - 0.455X_2 - 0.576X_3$$

根据主成分分析结果可以看出，在购买欲望阶段选择的三个变量均为有效变量，可以用于建立多元线性回归模型。

（2）$p_j(S)$ 模型的建立。在已知三个变量均为有效的条件下，用 R 语言编程对数据进行多元线性回归模型的求解及残差分析，运行结果如附图 9.5 所示。

```
> lm2<-lm(Y~X1+X2+X3,data=dat2)
> summary(lm2)

Call:
lm(formula = Y ~ X1 + X2 + X3, data = dat2)

Residuals:
      Min        1Q    Median        3Q       Max
-0.061287 -0.030848 -0.007033  0.022002  0.104035

Coefficients:
             Estimate Std. Error t value Pr(>|t|)
(Intercept)  0.745955   0.099533   7.495 5.88e-08 ***
X1           0.739194   0.202717   3.646  0.00117 **
X2          -0.030770   0.005495  -5.600 6.95e-06 ***
X3          -0.037400   0.010966  -3.410  0.00213 **
---
Signif. codes:  0 '***' 0.001 '**' 0.01 '*' 0.05 '.' 0.1 ' ' 1

Residual standard error: 0.04218 on 26 degrees of freedom
Multiple R-squared:  0.8928,    Adjusted R-squared:  0.8805
F-statistic: 72.21 on 3 and 26 DF,  p-value: 9.76e-13
```

附图 9.5　$p_j(S)$ 模型运行结果

$$Y = 0.745955 + 0.739194X_1 - 0.030770X_2 - 0.037400X_3$$

通过对商品 1 购买选择的效用值与商品 1 的评分、销量排名、价格这三个变量进行多元统计分析，得出其购买选择效用值的回归模型。从回归方程可以看出，购买选择与销量排名呈负相关，也就是说销量排名越靠前越会引起购买选择，与评分和价格呈正相关。同时，运行结果中，$R^2 = 0.8805$，指示数据间具有较强的回归关系，该回归方程是适合的。

（3）$p_j(S)$ 模型检验。通过残差分析图判断该模型的有效性，如附图 9.6 所示，模型回归效果基本良好。

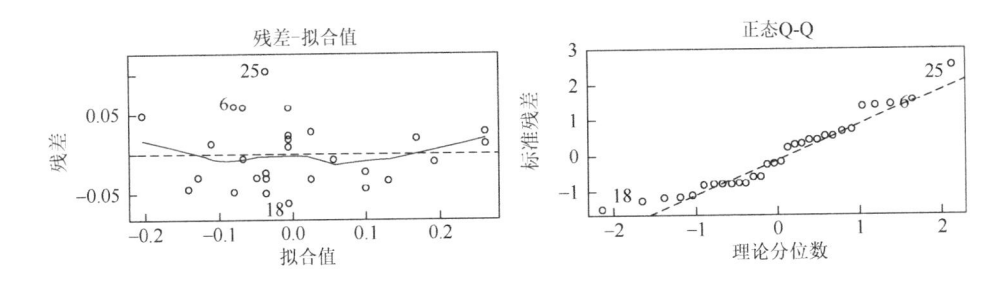

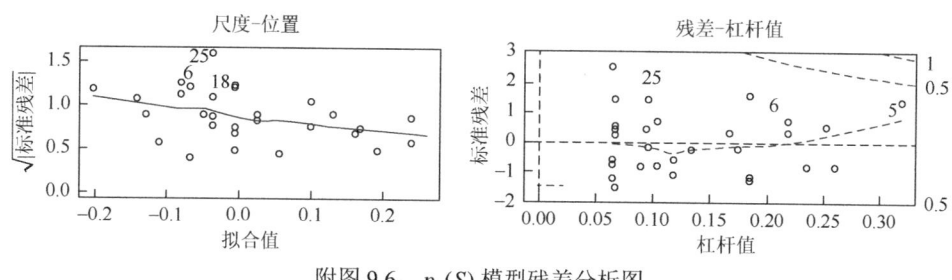

附图9.6　$p_j(S)$ 模型残差分析图

通过附图9.6可以看出，残差分析图显示了一个较好的回归诊断，在残差-拟合值图中没有特别的模型，大多数呈现随机分布；正态 Q-Q 图中的点基本落在线上，这表明残差服从正态分布；在尺度-位置图和残差-杠杆植图中，点以小组形式分布并且离中心不远。

（4）$q_j(S)$ 影响因子的主成分分析。同样选择商品1的数据作为输入变量，归一化后进行主成分分析，根据结果编制 R 程序，变量说明为 X_1 = 商品1价格与平均价格的差值；X_2 = 商品1促销水平与该月份商品1的平均促销水平的差值。Y 为商品1购买数量的效用值。经过计算，数据的两个主成分系数如附图9.7所示。

```
> r<-princomp(~dat2$X1+dat2$X2,scale=TRUE,cor=TRUE,score=TRUE)
> summary(r,loadings=TRUE)
Importance of components:
                          Comp.1     Comp.2
Standard deviation      1.2693776  0.6234424
Proportion of Variance  0.8056598  0.1943402
Cumulative Proportion   0.8056598  1.0000000

Loadings:
         Comp.1 Comp.2
dat2$X1  -0.707 -0.707
dat2$X2   0.707 -0.707
```

附图9.7　$q_j(S)$ 模型主成分分析

两个主成分信息均包含了两个变量。用 R 软件运行出载荷结果：
$$Y_1 = -0.707X_1 + 0.707X_2$$
$$Y_2 = -0.707X_1 - 0.707X_2$$

根据主成分分析结果可以看出，在购买欲望阶段选择的两个变量均为有效变量，可以用于建立多元线性回归模型。

（5）$q_j(S)$ 模型的建立。在已知两个变量均为有效的条件下，用 R 语言编程对数据进行多元线性回归模型的求解及残差分析，运行结果如附图9.8所示。

```
> lm2<-lm(Y~X1+X2,data=dat2)
> summary(lm2)

Call:
lm(formula = Y ~ X1 + X2, data = dat2)

Residuals:
    Min      1Q  Median      3Q     Max
-0.9856 -0.2991 -0.2495  0.1932  1.3873

Coefficients:
            Estimate Std. Error t value Pr(>|t|)
(Intercept)   2.3902     0.1332  17.938  < 2e-16 ***
X1           -0.7936     0.1431  -5.544 7.08e-06 ***
X2            6.8647     1.2879   5.330 1.26e-05 ***
---
Signif. codes:  0 '***' 0.001 '**' 0.01 '*' 0.05 '.' 0.1 ' ' 1

Residual standard error: 0.6712 on 27 degrees of freedom
  (1 observation deleted due to missingness)
Multiple R-squared:  0.8493,    Adjusted R-squared:  0.8381
F-statistic: 76.07 on 2 and 27 DF,  p-value: 8.038e-12
```

附图 9.8　$q_j(S)$ 模型运行结果

$$Y = 2.3902 - 0.7936X_1 + 6.8647X_2$$

通过对商品 1 购买数量的效用值和商品 1 的价格与平均价格的差值、商品 1 促销水平与该月份商品 1 的平均促销水平的差值这两个变量进行多元统计分析，得出商品 1 购买数量的效用值的回归模型。从回归方程可以看出，购买数量与 X_1 呈负相关，与 X_2 呈正相关。同时，运行结果中，$R^2 = 0.8381$，指示数据间具有较强的回归关系，该回归方程是适合的。

（6）$q_j(S)$ 模型检验。通过残差分析图可判断该模型的有效性，模型回归效果基本良好。

通过附图 9.9 可以看出，残差分析图显示了一个较好的回归诊断，在残差-拟合值图中没有特别的模型，大多数呈现随机分布；正态 Q-Q 图中的点基本落在线上，这表明残差服从正态分布；在尺度-位置图和残差-杠杆值图中，点以小组形式分布，并且离中心不远。

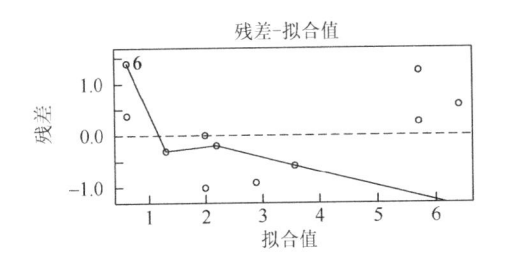

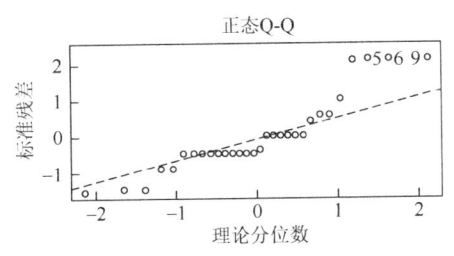

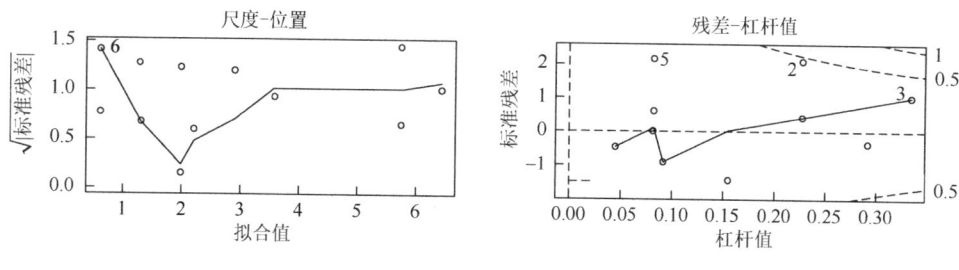

第9章 基于商品组合的消费者选择与需求预测

附图9.9 $q_j(S)$ 模型残差分析图

3）商品基础需求量的计算

下面利用需求预测公式（9.2.1），估算商品1在新的阶段（3月份）的基础需求量 d_1。已知商品1在3月份日均访客数为9000，促销水平为0.35，网店平均促销水平为0.3，商品评分为4.3，商品平均评分为4.6，销量排名为15，价格为19美元，商品平均价格为20美元，其中3月8日为妇女节。

（1）消费者购买欲望概率 π_t：

$$\pi_t = \frac{e^{v_t}}{1+e^{v_t}}$$

其中，$v_t = \gamma_1 + \gamma_2 B_t + \gamma_3 \overline{A}_t + \gamma_4 E_t$，代入购买欲望模型系数有

$$v_t = -3.57526 - 0.14400 B_t + 0.05222 E_t + 1.10604 A_t$$

则可以求得 π_t 的值（$t \in \{1,2,\cdots,31\}$）。

（2）消费者选择商品1的概率 p_{1t}：

$$p_{1t} = \frac{e^{\omega_{1t}}}{1+e^{\omega_{1t}}}$$

$$\omega_{1t} = \beta_1 + \beta_2 R_{1t} + \beta_3 (S_{1t} - \overline{S_{1t}}) + \beta_4 (P_{1t} - \overline{P_{1t}})$$

代入选择购买商品1模型的系数，有

$$\omega_{1t} = 0.745955 + 0.739194(S_{1t} - \overline{S_{1t}}) + 0.030770 R_{1t} - 0.037400(P_{1t} - \overline{P_{1t}})$$

则可以求得 p_{1t} 的值（$t \in \{1,2,\cdots,31\}$）。

消费者选择购买商品1的数量 q_{1t}：

$$q_{1t} = \zeta_1 + \zeta_2 (P_{1t} - \overline{P_t}) + \zeta_3 (A_{1t} - \overline{A_t})$$

代入选择购买商品1模型的系数，则

$$q_{1t} = 2.3902 - 0.7936(P_{1t} - \overline{P_t}) + 6.8647(A_{1t} - \overline{A_t})$$

同样可以求得 q_{1t} 的值（$t \in \{1,2,\cdots,31\}$）。

（3）经过上式的计算，可以计算得出商品1在3月份的基础需求量，具体如附表9.1所示。

附表 9.1　商品 1 在 3 月份的基础需求量

日期	3月1日	…	3月8日	…	3月31日	汇总
基础需求量/个	18	…	19	…	18	561

因此，商品 1 在新一阶段（3 月份）的基础需求量 $d_1 = 561$ 个。

同理，可以求解出在新一阶段所有商品的基础需求量，即 $d_2, d_3, \cdots, d_n (n=20)$，最终的结果如附表 9.2 所示。

附表 9.2　商品在新阶段的基础需求量汇总表

商品号	1	2	3	4	5	6	7	8	9	10
基础需求量/个	561	575	633	683	681	672	700	843	565	726
商品号	11	12	13	14	15	16	17	18	19	20
基础需求量/个	671	640	534	627	530	740	718	583	689	707

附录 B　商品替代系数的计算过程

这里的数据选自不包含所有商品组合的 7 个阶段的数据，如阶段 1 的商品组合仅包括商品 1～商品 13（可供选择的商品种类总数量为 20），选取这些数据源是因为消费者在不完全商品组合的情境下才会发生商品替代行为，数据在应用过程中经过了清洗、归纳和集成。

根据 9.3 节的方法，估算某品类商品的商品替代系数，需要知道每一阶段的 $(PQ)_i^y$、$(PQ)_i^x$、$(PQ)_i^{full}$，由于 $(PQ)_i^y$ 是商品发生替代行为的销售总量，此数据可以直接从销售数据中观察得出。$(PQ)_i^x$ 和 $(PQ)_i^{full}$ 需要计算。已知每个阶段的 $(PQ)_i^y$、$(PQ)_i^x$、$(PQ)_i^{full}$，在公式 $(PQ)_i^y = (PQ)_i^x + \delta \dfrac{(PQ)_i^x}{(PQ)_i^{full}}[(PQ)_i^{full} - (PQ)_i^x]$ 下，可以将每个阶段的数据标记为坐标系上一点，根据这些点绘制得出的直线斜率就是该品类商品的替代系数。下面以计算阶段 1 的 $(PQ)_1^y$、$(PQ)_1^x$、$(PQ)_1^{full}$ 为例，再类比推算出其他阶段的解。

（1）$(PQ)_1^{full}$ 的计算：

$$(PQ)_1^{full} = \pi_1^n \sum_{j \in N} p_{j1}^n q_{j1}^n$$

其中，PQ 是在通用性模型和商品组合 N 下估算的，即直接应用通用性模型，阶

段 1 的访客数以及其他变量作为输入变量，那么可以计算出商品组合 N 下每种商品在阶段 1 的基础需求量。则有

$$(PQ)_1^{full} = 874+865+990+1064+1055+1058+1084+1311+899+1174+1023 \\ +979+827+985+799+1126+1121+893+1069+1091 = 20287(个)$$

（2） $(PQ)_1^x$ 的计算：

$$(PQ)_1^x = \pi_1^n \sum_{j \in S_1} p_{j1}^n q_{j1}^n$$

其中，PQ 是在通用性模型和商品组合 S_1 下估算的，即将通用性模型应用于阶段 1 的数据进行求解，求解过程与 $(PQ)_1^{full}$ 一样，只是求和的范围为商品组合 S_1 下的数据。则有

$$(PQ)_1^x = 874+865+990+1064+1055+1058+1084+1311+899+1174+1023 \\ +979+827 = 13203(个)$$

由阶段 1 的销售数据可以得到

$$(PQ)_1^y = 1083+1075+1218+1319+1294+1283+1339+1592+1081+1447 \\ +1252+1173+1040 = 16196(个)$$

因此，阶段 1 不完全商品组合下的 $(PQ)_1^x = 13203$ 个， $(PQ)_1^y = 16196$ 个， $(PQ)_1^{full} = 20287$ 个。

同理，可以依据此计算过程得出阶段 2～阶段 7 的 $(PQ)_i^x$、$(PQ)_i^y$、$(PQ)_i^{full}$，最终结果如附表 9.3 所示。

附表 9.3 预测需求汇总表

阶段	$(PQ)_i^x$/个	$(PQ)_i^y$/个	$(PQ)_i^{full}$/个	$\dfrac{(PQ)_i^x}{(PQ)_i^{full}}[(PQ)_i^{full}-(PQ)_i^x]$/个[①]	$(PQ)_i^y - (PQ)_i^x$/个
1	13203	16196	20287	4611	2993
2	8110	11365	20273	4866	3255
3	10532	13882	20300	5068	3350
4	11570	14896	20339	4989	3326
5	9882	13261	20242	5058	3379
6	14350	17168	20416	4264	2818
7	16343	18510	20310	3193	2167

① 此列数据向上取整。

根据公式 $(PQ)_i^y = (PQ)_i^x + \delta \dfrac{(PQ)_i^x}{(PQ)_i^{full}}[(PQ)_i^{full} - (PQ)_i^x]$，在坐标图上画出这些阶段的散点，并绘制线性拟合线，其斜率为 δ，结果如附图9.10所示。

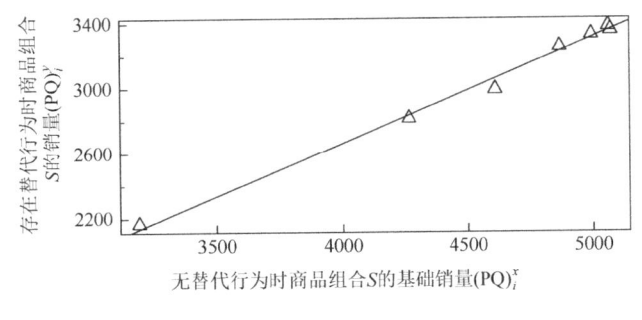

附图9.10　需求预测拟合图

其拟合方程为 $y = 0.6463x + 82.578$，即该品类的商品替代系数为0.6463。

第 10 章　商品组合与订购联合决策求解

基于第 9 章的需求预测，本章进一步探讨如何制定优化的商品组合与订购联合决策，使得企业利润最大化。考虑到该组合优化问题为 NP-难问题，10.1 节提出并设计遗传算法进行优化求解。10.2 节结合 A 企业的实际数据，比较三种不同方案下的决策：不考虑替代性的商品组合与订购联合决策、考虑替代性的商品组合与订购联合决策，以及基于经验性决策的商品组合与订购联合决策。10.3 节总结管理启示。

10.1　基于遗传算法的商品组合与订购联合决策求解

回顾本书，决策量为商品组合 S 和订购量 Q，目标函数为式（9.1.1）。这是一个带约束的非线性组合优化问题。随着商品组合数的增加，商品组合与订购联合决策问题求解复杂度增大，组合优化问题的搜索空间也急剧增大，采用枚举的方法很难有效地求得优化解。对于这类复杂问题，一种解决思路是采用启发式算法，不要求精确优化解。遗传算法是其中一种较为有效的方法，已经在求解背包问题、旅行商问题等方面得到成功的应用。

遗传算法是一类借鉴生物界的进化规律（适者生存、优胜劣汰遗传机制）演化而来的随机化搜索方法，由美国的 Holland 在 1975 年首次提出。遗传算法模拟生物基因选择、遗传、变异的过程。在遗传算法中，首先通过编码组成初始群体；然后对初始群体的个体按照它们对环境的适应度（适应度评估）施加一定的操作（选择、交叉、变异），从而实现优胜劣汰的进化过程。从优化搜索的角度而言，遗传操作能够使问题的解得到一代又一代的优化，并逼近最优解。遗传算法设计的标准流程如下。

(1) 编码。由于遗传算法有时不能直接处理问题空间的参数，必须将其转化为一定结构的染色体或个体。目前几种常用的编码技术有二进制编码、浮点数编码、字符编码、编程编码等，其中二进制编码可以表示问题空间的候选解，具有简单易行、符合最小字符集编码原则以及便于模式定理分析的优点。

(2) 初始种群生成。随机生成 n 个初始种群规模，初始种群的规模影响求解的速度和质量，初始种群规模越大，相应地，其获得优秀基因的概率越高，但会造成运行效率低的问题。n 一般设置为 20～400。

（3）适应度函数评估检测。适应度用来判断一个个体对于环境的适应能力，也是其繁衍后代的能力，在遗传算法中经常使用适应度函数判断染色体的优劣程度，它是根据所求问题的目标函数值来评估的。这个判断依据的选择是遗传算法的关键。

（4）选择。选择的目的是从交换后的群体中选出优良的个体，使得它们有机会成为父代繁衍后代。遗传算法进行选择的原则是让适应性强的个体作为父代被选中的概率更大。

（5）交叉。交叉是遗传算法中最主要的遗传操作。交叉概率是控制染色体交叉运算的概率，一般来说取值越大，运行效率越快，但过大反而会破坏种群的优良模式，导致进化存有盲目性，一般设置为0.6~1。

（6）变异。变异是在群体中随机选择一定数量的个体，对于选中的个体以一定概率随机改变某个基因的值。变异概率的设定与保护群体的优良模式和过早收敛相关联，变异概率越大，则种群的优良模式被破坏的概率越高，搜索越趋于随机性，甚至不收敛。变异概率一般设置为0.0001~0.1。

（7）终止。当给定一个最大的迭代次数或者监控得到的算法再进化已无法改进解的性能，即解的适应度无法再提高时，运算停止。

详细说明如下。其中5）~7）为遗传算子。

1）编码方案

在一个商品组合调整周期中，对于每个商品而言，其面临的只有被选中与不被选中两种情况，对于 N 个商品，即一个商品组合而言，其可能组合的情况有 $C_N^1 + C_N^2 + \ldots + C_N^{N-1} + C_N^N$ 种。在本书中可以用简单的二进制编码方式，用0表示商品不被选中，1表示商品被选中，这样就可以把 N 个商品选择决策信息包含在染色体的编码中。

假如在一个商品组合调整周期内，各商品编号分别为1、2、3、4、5、6、7、8、9、10，分别对应商品组合选择决策的染色体编码。如表10.1所示，染色体编码方案为1101101101，表示商品1、2、4、5、7、8、10被选中，商品3、6、9不被选中。本书采用二进制编码规则，每个商品仅有0和1的变化，这符合商品组合在商品选择中的实际情形。

表10.1 编码方案示意图

商品编号	1	2	3	4	5	6	7	8	9	10
染色体编码	1	1	0	1	1	0	1	1	0	1

2）初始种群生成

根据前面的编码方案，对于 N 个商品的组合，这里采用存储单位为 N 的二进制编码生成染色体，得到一个商品组合选择的方案。为了防止近亲遗传出现的早熟现象，在初始种群中尽量以 N 倍的数量生成种群，以确保种群的多样性，对重复的个体保留其中一个，使初始种群多样化。

3）适应度函数评估检测

根据式（9.1.1），优化的目标为最大化企业利润，即 Maximize $P[S,Q(S)] = \sum_{j \in S} x_j \left(p_j D_{sj} - K \frac{D_{sj}}{Q_{sj}} - h_j \frac{Q_{sj}}{2} - c_j D_{sj} \right)$，$\sum_{j=1}^{N} c_j Q_{sj} \leq B$，其中 p_j、K、h_j、c_j、B 已知。关键问题是如何选择商品组合 S，即染色体编码方案。一旦确定 S，则需求可以获得，相应的订购量 Q_{sj} 可以通过求解非线性规划模型获得，代入目标函数由此获得该染色体编码方案下的目标函数值 $P[S,Q(S)]$。因此，设定 $P[S,Q(S)]$ 为适应度函数。

4）选择

选择运算是遗传算法模拟生物进化过程的关键因子之一，把当前种群中适应度较高的个体保留或复制，使得种群最优个体可以不断迭代，直到获得最优解。本书采用与适应度成正比的概率来确定种群个体复制到下一代种群中的数量。

其具体计算过程如下：首先，计算出群体中所有个体的适应度总和；其次，计算出每一个个体相对适应度的值，即每个个体被遗传给下一代的概率；最后，产生一个 0~1 的随机数，依据该随机数出现在上述哪个概率区间内来确定各个个体被选中的次数。

为了便于解释选择运算的操作过程，假设商品组合个数为 6 个，即染色体基因为 6，初始种群数为 4，其适应度分别为 300、300、200、400，占比分别为 0.25、0.25、0.10、0.40，然后随机产生 4 个 0~1 的随机数，根据结果选择哪个染色体为父代，因此适应度占比越高的染色体，被选择的概率越高，如表 10.2 所示，111001 染色体占比最高，被选择的次数也最大。

表 10.2 选择运算的操作示意图

种群编号	初始种群	适应度	占比	选择次数	选择结果
1	011101	300	0.25	1	011101
2	010101	300	0.25	1	010101
3	011100	200	0.10	0	111001
4	111001	400	0.40	2	111001
总和		1200	1		

5）交叉

交叉重组是生物遗传和进化过程中的一个主要环节，遗传算法中使用交叉运算来产生新的个体。交叉运算是遗传算法中最主要的遗传运算，本书采用了单点交叉法，它是指在个体编码串中随机设置一个交叉点，然后在该点相互交换两个配体个体的部分染色体。表10.3为单点交叉运算的示意图。

表10.3 单点交叉运算的示意图

种群编号	选择结果	配对情况	交叉点位置	交叉结果
1	0 1 1 1 0 1	1-3	1-3：2	011001
3	1 1 1 0 0 1			111101
2	0 1 0 1 0 1	2-4	2-4：3	010001
4	1 1 1 0 0 1			111101

首先进行随机双亲选择，假设种群1和3配对，种群2和4配对，然后在配对的种群中随机设置交叉点位置，将双亲在交叉点后面的位串进行替换。配对群1-3的交叉点位置为2，即将种群1中的1101换到种群3对应的位置，将种群3中的1001换到种群1对应的位置，交叉的结果如表10.3所示。

6）变异

在遗传算法中变异运算也是比较重要的遗传算子，它既可产生种群中没有的较优基因，也可恢复被遗失的基因，以维持种群的多样性。变异运算是对染色体中某一个或某些基因值按某一较小的概率进行改变，在本书中主要采用基本位变异的方法来进行变异运算，如表10.4所示。

表10.4 基本位变异运算的示意图

种群编号	交叉结果	变异点	变异结果	子代群体
1	011001	3	010001	010001
3	111101	5	111111	111111
2	010001	2	000001	000001
4	111101	4	111001	111001

首先确定每个染色体的基因变异位置，该位置为随机生成的变异点，其中表10.4的变异点数值表示变异点位置；然后按照某一概率将变异点的原有基因值取反。

7）终止

设定迭代最大次数为 500 次,当连续出现数目 10 的未改善世代后,遗传算法搜索终止。

10.2 不同方案分析与比较

本节以 A 企业 2016 年 12 月之前的相关数据为依据,采用遗传算法对该组合优化模型进行优化求解。比较分析三种不同情境下的商品组合与订购联合决策及其利润。

方案一：基于经验性决策。当前 A 企业将以往月份的销量作为当前月份的需求量,每月对商品组合进行调整,剔除一个或两个上一月份利润贡献最低的商品。订购决策采用非线性规划模型决策最大化目标函数（式（9.1.1））。

方案二：不考虑商品替代性。根据 9.2 节的方法对当前月份需求量进行预测。运用遗传算法求解商品组合与订购联合决策。

方案三：考虑商品替代性。根据 9.3 节的方法对当前月份需求量进行预测,运用遗传算法求解商品组合与订购联合决策。

其他相关的数据如下：企业每种商品每次订购的固定订购成本 K 为 800 美元,当前订购可用的资金预算 B 为 20000 美元,20 种商品的价格、单位订购成本和单位持有成本如表 10.5 所示。

表 10.5　A 企业 20 种商品的价格、单位订购成本和单位持有成本　（单位：美元）

商品号	1	2	3	4	5	6	7	8	9	10
价格 p_j	10	9	11	7	9	8	10	6	8	9
单位订购成本 c_j	3	5	3	4	3	4	6	3	4	5
单位持有成本 h_j	0.3	0.5	0.3	0.4	0.3	0.4	0.5	0.2	0.4	0.5
商品号	11	12	13	14	15	16	17	18	19	20
价格 p_j	8	14	9	8	7	13	13	6	9	10
单位订购成本 c_j	5	7	3	4	4	6	7	3	6	5
单位持有成本 h_j	0.4	0.4	0.3	0.3	0.3	0.4	0.5	0.2	0.4	0.6

注：因需遵守企业相关商品保密文件的约定,在本书中以商品编号表示商品。

10.2.1　基于经验性决策的商品组合与订购联合决策

在经验性决策的指导下,以 11 月份的 17 种商品的销售量作为 12 月份各商品的需求量，在进行组合决策时会以每种商品的利润贡献比（该商品的利润除以当前所有组合的总利润）为依据，移除一个或几个利润贡献比最低的商品。A 企业根据 11 月份的销售情况，决定移除第 11 和第 15 这两个利润贡献比最低的商品，如表 10.6 所示，即 12 月份的商品组合为 15 种，将这 15 种商品在 11 月份的销售量作为预测需求量，如表 10.7 所示。

表 10.6　A 企业 11 月份 17 种商品的实际销售量

商品号	1	2	3	4	5	6	7	8	9
销售量/个	614	641	698	755	754	740	768	931	615
利润贡献比	7.24%	4.32%	9.41%	3.82%	7.62%	4.99%	5.18%	4.70%	4.14%
商品号	10	11	12	13	14	15	16	17	
销售量/个	803	741	704	590	692	584	813	788	
利润贡献比	5.41%	3.75%	8.30%	5.97%	4.66%	2.95%	9.58%	7.97%	

表 10.7　A 企业 12 月份 15 种商品的经验预测需求量

商品号	1	2	3	4	5	6	7	8	9
需求量/个	614	641	698	755	754	740	768	931	615
商品号	10	11	12	13	14	15	16	17	
需求量/个	803	—	704	590	692	—	813	788	

由此，在方案一基于经验性决策下，以最大化式（9.1.1）为目标，满足相关约束条件，可以计算得到对应各商品每批次的订购量 Q_{Sj} 和目标函数值，如表 10.8 所示。基于经验性决策，A 企业可获得的利润 $P(S, Q) = 25266.28$ 美元。

表 10.8　经验性决策下的商品组合与订购联合决策

商品号	1	2	3	4	5	6	7	8	9
订购量/个	338	267	360	324	374	321	268	418	293
商品号	10	11	12	13	14	15	16	17	
订购量/个	299	—	239	331	312	—	277	252	

10.2.2　不考虑替代性的商品组合与订购联合决策

经验性决策直接将上一个月份的销售量作为当期商品的需求量，组合的扩充或者缩小仅依据上月份的商品组合与订购联合决策。不考虑替代性的商品组合与订购联合决策基于商品的历史销售数据，以及顾客的购买行为，以此来确定不存在商品组合替代行为时的基本需求量。

运用 A 企业的历史销售数据和消费者以往购买行为的数据，可以计算得出这 20 种商品的基础需求量，计算过程如第 9 章附录 A 所示。表 10.9 列出了 A 企业 20 种商品的基础需求量。

表 10.9　A 企业 20 种商品的基础需求量 D_{sj}

商品号	1	2	3	4	5	6	7	8	9	10
基础需求量/个	561	575	633	683	681	672	700	843	565	726
商品号	11	12	13	14	15	16	17	18	19	20
基础需求量/个	671	640	534	627	530	740	718	583	689	707

商品组合与订购联合决策采用遗传算法进行求解，本书遗传算法采用 R 语言软件编程，在中央处理器（central processing unit，CPU）为 Inter$^{(R)}$Core$^{(TM)}$i5-5200U，内存为 4GB 的计算机上运行。算法初始种群规模设置为 50 个，交叉概率设置为 0.8，变异概率设置为 0.1，终止迭代最大次数为 500 次，连续出现数目 10 的未改善世代后，遗传算法搜索终止。

图 10.1 描述了不考虑替代性的最优目标函数随着迭代次数的增加而变化的趋势。初始迭代的最优目标函数值是 242840.81 美元，在进化到 27 代之后其最优目标函数值是 26926.97 美元，迭代终止。对应的最优商品组合与订购联合决策如表 10.10 所示。

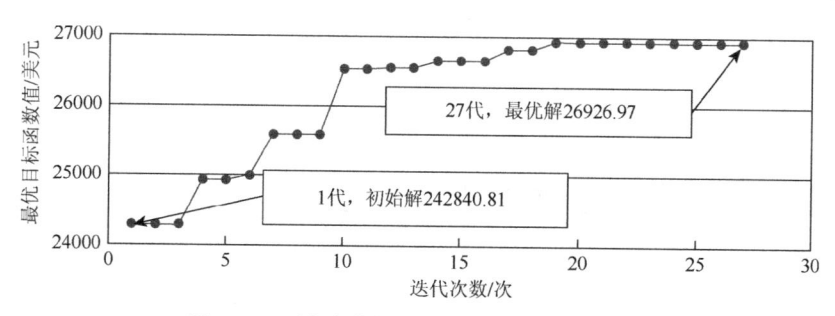

图 10.1　不考虑替代性的遗传算法收敛效果图

表 10.10　不考虑替代性的最优商品组合与订购联合决策

商品号	1	2	3	4	5	6	7	8	9	10
订购量/个	464	—	493	—	512	440	—	576	—	—
商品号	11	12	13	14	15	16	17	18	19	20
订购量/个	—	330	453	429	—	381	347	—	—	401

10.2.3 考虑替代性的商品组合与订购联合决策

考虑商品替代性更契合消费者在选购商品过程中的实际行为,这样商品组合内商品种类减少,其组合内商品需求量会增加,那么在资金足够的条件下,其订购量也会随之增加。

考虑替代性商品组合与订购联合决策的流程和不考虑替代性的流程大致相同,不同点在于需求预测公式不同。根据 9.3 节可以计算得到考虑商品替代性的需求量。采用遗传算法进行求解,采用 R 语言软件编程,在 CPU 为 Inter$^{(R)}$Core$^{(TM)}$i5-5200U,内存为 4GB 的计算机上运行。算法初始种群规模设置为 50 个,交叉概率设置为 0.8,变异概率设置为 0.1,终止迭代最大次数为 500 次,连续出现数目 10 的未改善世代后,遗传算法搜索终止。

图 10.2 描述了考虑替代性的最优目标函数值随着迭代次数的增加而变化的过程。初始迭代最优目标函数值为 28840.81 美元,进化到 21 代之后其最优目标函数值是 36347.01 美元,至此,算法终止。其对应的最优商品组合与订购联合决策见表 10.11。

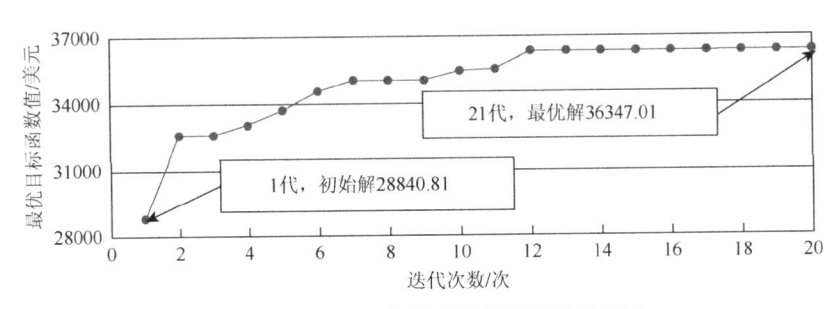

图 10.2 考虑替代性的遗传算法收敛效果图

表 10.11 考虑替代性的最优商品组合与订购联合决策

商品号	1	2	3	4	5	6	7	8	9	10
订购量/个	561	—	595	—	617	531	—	—	—	—
商品号	11	12	13	14	15	16	17	18	19	20
订购量/个	—	398	547	—	—	461	419	—	—	483

10.2.4 三种方案对比

前面基于 A 企业的实际数据讨论了三种不同情境下商品组合与订购联合决

策,以及其对应的企业利润。接下来进一步比较三种方案下经济效果、商品组合决策与订购决策的不同。

1) 经济效果对比分析

表 10.12 对比了三种不同方案下相关收入、成本,以及利润的情况。

表 10.12 三种方案下的经济效果对比

对比项	销售收入/美元	订购成本/美元	存储成本/美元	净利润/美元
经验性决策	55386.99	28724.11	1396.60	25266.28
不考虑替代性决策	41509.0	13740.8	847.1	26926.97
优化效果	−25.06%	−52.16%	−39.35%	+6.57% ⬆
考虑替代性决策	50208.30	12995.30	875.70	36347.01
优化效果	−9.35%	−54.76%	−37.30%	+43.86% ⬆

表 10.12 显示,不考虑替代性与考虑替代性的决策在销售收入上低于经验性决策。这是因为在经验性决策下,商品组合更加宽广,所以需求和销量更多。但是后两者在订购成本和存储成本上有较大优化,因此相比经验性决策,企业总利润有较大的提升。其中考虑替代性的决策更优于不考虑替代性的决策。

2) 商品组合决策与订购决策对比分析

表 10.13 对比了三种不同方案下的商品组合决策以及订购决策。

表 10.13 三种方案下商品组合决策和订购决策对比

商品号	1	2	3	4	5	6	7	8	9	10
订购量	▪▪	▪▪			▪▪	▪▪▪		▪	▪	▪
商品号	11	12	13	14	15	16	17	18	19	20
订购量		▪▪	▪▪	▪		▪▪	▪▪			▪▪

经验性决策 ■　　不考虑替代性决策 ■　　考虑替代性决策 ■

从表 10.13 中可以看出不同商品的订购量在不同决策下呈现一定的分布规律,大致可以分为四类。

其一,该商品在经验性决策时有订购,同时在考虑替代性决策、不考虑替代性决策下也有订购,且订购量稳步上升,如下图所示。

其二，该商品在经验性决策时无订购，但在考虑替代性决策和不考虑替代性决策下有订购，且订购量稳步上升，如下图所示。

其三，该商品在经验性决策或不考虑替代性决策时有订购，但在考虑替代性决策时无订购，如下图所示。

其四，该商品无论在哪种决策下均无订购。

符合第一类特征的商品有 1、3、5、6、12、13、16、17，共有 8 个商品；符合第二类特征的商品有 20，共 1 个商品；符合第三类特征的商品有 2、4、7、8、9、10、14，共 7 个商品；符合第四类特征的商品有 11、15、18、19，共 4 个商品。为了便于说明这四类商品的经济特征，本书以不考虑替代性下所有商品组合为例，分析其各自的投资回报率（return on investment，ROI，ROI = 收入/（订购费用 + 库存费用）），如表 10.14 所示。

表 10.14　不考虑替代性的商品组合决策中各个商品的经济特征（单位：美元）

商品号	1	2	3	4	5	6	7	8	9	10
收入	5610	5175	6963	4781	6129	5376	7000	5058	4520	6534
订购费用	1683	2875	1899	2732	2043	2688	4200	2529	2260	3630
库存费用	1805	2361	1916	2735	1988	2279	2836	2186	2089	2649
ROI	1.61	0.99	1.83	0.87	1.52	1.08	0.99	1.07	1.04	1.04
商品号	11	12	13	14	15	16	17	18	19	20
收入	5368	8960	4806	5016	3710	9620	9334	3498	6201	7070
订购费用	3355	4480	1602	2508	2120	4440	5026	1749	4134	3535
库存费用	2528	2912	1760	2188	2013	2901	3086	1820	2796	2626
ROI	0.91	1.21	1.43	1.07	0.90	1.31	1.15	0.98	0.89	1.15

从表 10.14 可以看出，从第一类到第四类商品基本符合价值递减的规律，这也与现实中消费者会对 ROI 高的商品尽可能地多订购，ROI 低的商品尽量少订或不订的决策相吻合。

10.3　本 章 小 结

本章结合前面关于需求预测模型以及组合优化问题的提炼，提出了利用遗传算法优化求解商品组合与订购联合决策问题，进一步比较分析了企业在经验性决策、不考虑商品替代性以及考虑商品替代性三种情境下的优化决策以及企业利润。本章的管理启示有利于指导中小型电商企业进行决策。

第五篇 总 结 篇

第 11 章　总结与展望

组合市场决策和运营决策是近二三十年兴起的一个研究领域。本书探讨了不同商业情景和供应链环境下，企业一方面通过价格、促销等销售杠杆，以及商品组合等市场决策影响需求，另一方面制定合理的库存决策以满足供给，从而最大化企业利润。

本书首先研究组合市场决策的多周期库存优化模型。假设需求随机并依赖于销售杠杆。除固定和可变订购成本、持有和缺货成本等一般性库存成本之外，本书还考虑了执行销售杠杆所产生的成本。基于这些考虑，类单周期期望利润函数 $f(y)$ 的单峰性很难满足。本书放宽该假设；认为 $f(y)$ 函数存在有限个局部最大值。对于这样的模型，本书重点关注 (s,S,z) 策略。根据 (s,S,z) 策略，当库存水平下降到或低于 s 时，下达订单使得库存水平重新达到 S；当库存水平高于 s 时，不发出订单；根据库存水平确定销售杠杆 z。本书的贡献主要有两个：①发现求解最优 (s,S,z) 策略的有效方法；②找到 (s,S,z) 策略全局最优的条件。本书首先研究未满足需求延期交货的情况，然后扩展到销售丢失的情况。此外，通过数值分析，本书比较了动态销售杠杆控制的利润和半动态或静态销售杠杆控制的利润，发现动态销售杠杆可显著控制利润。

然后本书研究了简单二级供应链环境下，需求受市场决策影响时的供应链决策。本书研究对比了两种常见的供应链契约：收益共享契约和批发价契约，探讨了不同的促销投资费用承担方式对于零售价格、批发价格等决策的影响。不足之处在于本书假设需求为确定性的。

最后，本书结合某跨境电商企业的实际运作流程和实际数据，研究了商品组合与订购联合决策问题。根据在线消费者的特点，将商品排名等因素纳入消费者决策模型，在此基础上计算得到基础需求量。进一步考虑到商品具有可替代性，在决定商品组合决策时，根据商品间的替代概率修正组合后的需求量。利用遗传算法求解商品组合与订购联合决策。本书比较分析了企业在经验性决策、不考虑商品替代性以及考虑商品替代性三种情境下的优化决策和企业利润，不足之处在于：第一，未考虑在线评论对消费者决策的影响；第二，考虑商品替代性时，只讨论了商品组合大小引起的替代性，未考虑缺货替代。

随着信息技术和科学技术的迅猛发展，企业掌握了大量的数据资源，能够以更低的成本、更便利的方式了解顾客需求，同时能够更好地优化供给端的运营操作，从而降低供给-需求的不匹配成本。如何将这些数据资源转化为价值是当今业界和学术界共同关注的问题。本书试图从市场-运营联合决策的角度提供思路，一方面通过理论分析的优化结果为业界决策提供管理启示，另一方面通过 A 企业的实际数据介绍如何将数据资源和理论成果相结合，从而将数据资源"兑现"，为企业带来实际利益。

展望未来，近些年大数据、信息技术、人工智能的迅速发展，为管理科学与运筹优化学科的发展和应用提供了一片新的广阔天地。企业供应链管理的能力及其量化的商业分析能力对于提升未来企业竞争地位尤为重要。基于企业实际数据，联合优化其市场和运营决策，将为企业带来更显著的营利优势和竞争优势。